Stefanie Westermayr

# Poetry Slam in Deutschland

Stefanie Westermayr

# Poetry Slam in Deutschland
Theorie und Praxis einer multimedialen Kunstform

Tectum Verlag

Stefanie Westermayr

Poetry Slam in Deutschland.
Theorie und Praxis einer multimedialen Kunstform
2., erweiterte Auflage
ISBN: 978-3-8288-2383-9
Umschlagfoto: © Oliver Gaußmann
© Tectum Verlag Marburg, 2010

Besuchen Sie uns im Internet
www.tectum-verlag.de

**Bibliografische Informationen der Deutschen Nationalbibliothek**
Die Deutsche Nationalbibliothek verzeichnet diese Publikation in der
Deutschen Nationalbibliografie; detaillierte bibliografische Angaben sind
im Internet über http://dnb.ddb.de abrufbar.

# Inhaltsverzeichnis

Vorwort

1. Einleitung..................................................................11
   1.1 Ausgangspunkt...........................................................11
   1.2 Zur Forschung...........................................................14
2. Die Traditionen der gesprochenen Worte ....................17
   2.1 Genese in den USA......................................................17
      2.1.1 Spoken-Word-Dichtung..............................................17
      2.1.2 Entstehung der Kunstform Poetry Slam............................20
      2.1.3 Einflüsse des Rap und HipHop ....................................25
   2.2 Entwicklung in der Bundesrepublik Deutschland.........................28
      2.2.1 Die Social-Beat-Bewegung und ihr Einfluss ......................30
      2.2.2 Inspirationen durch deutschsprachigen Rap......................31
      2.2.3 Die deutschen Poetry Slams .....................................32
3. Darstellung eines Slams – Erfolgsfaktoren ..................37
   3.1 Bedeutung des Veranstaltungsortes.....................................37
   3.2 Unterschiedliche Rollen der Beteiligten...............................39
      3.2.1 Veranstalter und ihr Organisationskonzept .....................39
      3.2.2 Der Moderator – „MC" ...........................................41
      3.2.3 Die Slammer.....................................................42
      3.2.4 Rezipienten: Die Wertung des Publikums .........................48
      3.2.5 Die urteilende Jury.............................................49
   3.3 Möglichkeiten des Ablaufs ............................................50
      3.3.1 Offene Liste ...................................................50
      3.3.2 Challenging System .............................................51
   3.4 Strategien bei Vortrag und Performance ...............................51
      3.4.1 Phänomen der Extemporiertheit ..................................52
      3.4.2 Interaktionismus................................................53
   3.5 Poetry Slam als Event ................................................55
4. Poetry-Slam-Veranstaltungen in der
   Bundesrepublik Deutschland ..................................59

4.1 Etablierung in Städten ............................................................. 59
    4.1.1 Köln .................................................................................. 60
    4.1.2 Berlin ................................................................................ 62
    4.1.3 München .......................................................................... 64
    4.1.4 Hamburg .......................................................................... 67
    4.1.5 Weitere Städte .................................................................. 69
4.2 Die deutschsprachigen Meisterschaften: GIPS/Slam ................... 71
    4.2.1 GIPS 1997–2002 ................................................................ 72
    4.2.2 GIPS 2003 in Darmstadt und Frankfurt ........................ 73
    4.2.3 Slam 2004 – 2006 ............................................................. 75
    4.2.4 Slam 2007 – 2009 ............................................................. 77
4.3 Landesmeisterschaften ................................................................... 78
4.4 U20- und U18-Slams – Jugendslams ............................................ 79
    4.4.1 Veranstaltungen .............................................................. 80
    4.4.2 Didaktik ........................................................................... 82
4.5 Varianten und neue Formate ......................................................... 83
    4.5.1 Motto-Slams und Science Slam .................................... 83
    4.5.2 Deaf Slam – Poetry Slam für Gehörlose ....................... 84
4.6 Internationales und nationales Netzwerk ................................... 86
4.7 Diskussion um Kommerzialisierung ............................................ 87

# 5. Exemplarische Darlegung der Gattung Slam Poetry .... 91

5.1 Themen und Texte ........................................................................... 91
5.2 Sprache ............................................................................................. 98
5.3 Textinterpretationen ....................................................................... 99
    5.3.1 Sebastian Krämer: Durchgebrannt ............................. 100
    5.3.2 Xóchil A. Schütz: tschi tschi ........................................ 104
    5.3.3 Moses Wolff: Das Lied ................................................. 107

# 6. Slam-Poetry-Publikationen und -Dokumentationen . 113

6.1 Anthologien ................................................................................... 113
6.2 Verlage ........................................................................................... 119
6.3 Publikationen und Programme von Slammern ...................... 121
6.4 Magazine und Fotodokumentation ........................................... 123

6.5 Berichterstattung in den Medien .................................................. 125
## 7. Multimediale Trends ........................................................ 129
7.1 Poetryfilm ................................................................................ 129
7.2 Poetry Clips .............................................................................. 131
7.3 Fusion von Musik und Slam Poetry ....................................... 134
## 8. Neue Medien und Rundfunk .......................................... 139
8.1 Internet ..................................................................................... 139
       8.1.1 Poetry Slam – online ..................................................... 141
       8.1.2 Soziale Netzwerke – Slam 2.0 ...................................... 144
8.2 TV und Radio ........................................................................... 146
8.3 DVD und CD ............................................................................ 150
## Schlussbetrachtung ............................................................. 153
## Glossar ...................................................................................... 157
## Poetry Slam in Deutschland -
    Städte und Veranstaltungen ................................... 161
## Bibliografie ............................................................................. 165

# Vorwort

Die erste Auflage von „Poetry Slam in Deutschland – Theorie und Praxis einer multimedialen Kunstform" erschien Ende 2004 im Tectum Verlag. Seitdem gehört „Poetry Slam in Deutschland" als Standardwerk zur Rezeption des Poetry Slam. Als Handbuch diente es vor allem im wissenschaftlichen Bereich als oft zitierte Quelle. Doch bei einer so jungen Kunstform sind die Entwicklungen schnell und die Veränderungen weitreichend.

Dies ist Anlass genug, eine erweiterte, aktualisierte und korrigierte Fassung dieses Buchs herauszugeben. Quellen wurden überprüft und aktualisiert – dies galt vor allem für die, oft nur flüchtig existierenden, Internetadressen. Einige Kapitel wurden komplett überarbeitet, um sie den neueren Entwicklungen anzupassen: Große Unternehmen erkannten den Slam als Multiplikator für ihre Zielgruppe, Fernsehsender, Tageszeitungen und Websitebetreiber sprangen auf den äußerst erfolgreichen *Poetry-Slam*-Zug auf. Denn mit dem Web 2.0 kam der Slam 2.0. Veranstalter, Slammer und Interessierte kommunizieren im Internet, es wird im Web geslammt und bewertet – der User wird zur Jury. Eine Kunstform, die als Subkultur begann und nun mehr denn je zum kulturellen Alltagsgeschehen beiträgt:

Das ist Poetry Slam in Deutschland.

Stefanie Westermayr

# 1. Einleitung

## 1.1 Ausgangspunkt

Der *Poetry Slam* entwickelte sich seit Mitte der Neunziger Jahre durch wachsende Veranstaltungs- und Publikumszahlen in der Bundesrepublik Deutschland zu einem erfolgreichen Format. Die Vielfältigkeit der Texte – von Lautgedichten bis hin zu Prosaminiaturen – gibt Anlass, diese Kunstform literaturwissenschaftlich zu untersuchen, vor allem, da alte literarische Traditionen aufgegriffen und medial übergreifend weiterentwickelt wurden. Zudem wurden für die Rezipienten vor allem in der lyrischen Gattung neue Dimensionen entwickelt. War doch die Dichtung neben einem rhythmischen und sinnstiftenden Sprachgefüge schon immer ein sinnlich akustisches Erlebnis. Diverse Begriffe und Bezeichnungen dokumentieren auch in den modernen Zeiten der Verschriftlichung noch die ursprüngliche Nähe der Dichtung zur Musik. Dazu gehört das Wort Lyrik, dass aus dem griechischen λυρικός (lyrikós), 'zum Spiel der Lyra gehörig'[1], entstand und in Urgrund und Ursprung aller Dichtung auf die Bindung an die Musik weist. In der Musik wie in der Lyrik spricht man von Metrik, die Bezeichnung Ballade geht auf das lateinische Wort ballare, 'tanzen'[2] zurück, Sonett bedeutet wörtlich übersetzt aus dem italienischen soviel wie „Liedchen"[3]. Die Lyrik hat durch den *Poetry Slam* auf sinnliche Art und Weise wieder ein offenes Publikum gefunden.

Neben der Vielfältigkeit der Darstellungs- und Vortragsmöglichkeiten ist es vor allem die Mündlichkeit der *Slam Poetry*, die eine neue Ästhetik in dieser Dichtung bewirkt. Kommunizierbarkeit und Zugänglichkeit müssen sich durch neue Paradigmen wie Präsenz, Persönlichkeit und *Performance* in der interaktiven und multimedialen Kultur behaupten.

Hier möchte dieses Buch ansetzen: Wie kann man sich der multimedialen Kunstform *Poetry Slam* und deren Entwicklung in der Bundesrepublik aus theoretischer und praktischer Sicht nähern? Charakteristische Merkmale des hier fokussierten Themas sind vor allem die Besonderheiten der *Performance*s und des Wettbewerbs.

Der Hauptaspekt liegt auf der nationalen *Poetry-Slam*-Bewegung. Dennoch ist es notwendig, die Entwicklung in den USA einleitend knapp zu skizzieren, liegen hier doch die Ursprünge der Bewegung. Die Vorläufer

---

[1]  Seebold, Elmar (Bearb.): Etymologisches Wörterbuch der deutschen Sprache, Kluge. 23, erw. Auflage. Berlin; New York: de Gruyter, 1999. S. 529.
[2]  Ebd. S. 76.
[3]  Ebd. S. 771.

der Bewegung, wie die *Spoken-Word*-Bewegung der sechziger und siebziger Jahre des 20. Jahrhunderts, die die frühen amerikanischen *Poetry-Slam*-Texte beeinflussten, sowie die Popkultur mit *Rap* und *HipHop* und deren Einwirkungen auf spätere Texte werden kurz im zweiten Kapitel vorgestellt.

Da sich im Zuge der *Poetry-Slam*-Entwicklung eine eigene Kunstsprache herausgebildet hat, werden Begrifflichkeiten wie *Poetry Slam, Slam Poetry, Slammer, MC, Performance, Spoken Word* etc. verwendet. In einem Glossar im Anhang werden diese Begriffe einzeln aufgeführt und erklärt.

Nach der Darstellung der Genese in den USA wird der Schwerpunkt auf *Poetry Slam* in Deutschland gelegt: Die Entwicklung und die gegenwärtige Situation sowie die multimediale Umsetzung des *Poetry Slam*. Allerdings wird sich die Darlegung der Entwicklung der *Poetry Slams* in der Bundesrepublik auf die wesentlichen Jahre ab ca. 1995 beschränken[4] und nur kurz etwaige Vorläufer wie zum Beispiel den experimentellen Sprechgesang deutscher Musiker sowie die *Social-Beat*-Bewegung Anfang der neunziger Jahre streifen. Primär möchte die Untersuchung die Einführung des *Poetry Slam* in der Bundesrepublik Deutschland darstellen und die Etablierung dieser Kunstform schildern. Besonders auffällig ist die gegenwärtige Situation der wenig vorhandenen Sekundärliteratur, darauf wird im Abschnitt zur Forschung näher eingegangen.

Weiterhin erfolgen die Darstellung und auch die Erfolgsfaktoren eines *Slams*. Hierbei wird die Besonderheit dieser Kunstform am deutlichsten: *Slam*-Literatur ist orale Literatur, sie lebt von der Mündlichkeit, dem „live" vorgetragenen Text. Dementsprechend lief die Recherche größtenteils anthropologisch ab: Durch Besuche von diversen regional veranstalteten *Slams* und dem mehrtägigen „German International Poetry Slam 2003" (GIPS) in Darmstadt sowie dem GIPS 2006 in München und 2009 in Düsseldorf, Interviews mit *Slammern*, Autoren und Veranstaltern.

Die Rollen der Beteiligten eines deutschen *Poetry Slam* werden im dritten Kapitel näher erläutert. Die Funktion eines *Master of Ceremony* sowie der Veranstalter, der Jury, des Publikums und natürlich der *Slammer* werden genau untersucht. Dabei werden auch die *Team-Slams* erwähnt, die vor allem in den letzten Jahren, auch außerhalb der Meisterschaften, große Popularität erlangten. Beim Vortrag, der auch gerne als *Performance* bezeichnet wird, gilt es, das Publikum mittels Mündlichkeit von den eigenen Texten zu überzeugen – dabei gibt es viele Methoden und Techni-

---

[4] Auf Genres wie zum Beispiel den Dadaismus, der wiederholt in der Geschichte der *Performance Arts* berechtigterweise als früher Vorläufer der *Slam Poetry* aufgezählt wird, kann in diesem Rahmen nicht näher eingegangen werden, da der Schwerpunkt der umfassenden Untersuchung auf die Neunziger Jahre des 20. Jahrhunderts sowie der ersten Jahre des 21. Jahrhunderts gelegt wurde.

ken, vor allem das situative Moment und die Interaktion, die zwischen Publikum und Vortragendem herrscht, auszunutzen.

In Kapitel vier werden die *Poetry-Slam*-Veranstaltungen in der Bundesrepublik vorgestellt. Da die ersten regelmäßigen *Slams* in Städten wie Köln, Berlin, Hamburg und München stattfanden, wird ihre *Slam*-Historie gesondert hervorgehoben. Die Probleme und Schwächen, die mit den ersten Veranstaltungen einhergingen, und wie sich die Pioniere unter den Veranstaltern damit auseinandersetzten, werden aufgezeigt. Besonders interessant ist die Entwicklung der *Poetry Slams* in der gesamten Bundesrepublik. Die Anzahl der Veranstaltungen – vor allem in kleineren Städten – hat nicht nur quantitativ zugenommen, sondern auch qualitativ diese Kunstform so bereichert, dass auch dies eingehend untersucht wird. Eine bedeutende Rolle hat der größte Wettbewerb eingenommen, die deutschprachigen Meisterschaften, GIPS oder Slam genannt, der jährlich in wechselnden deutschen Städten ausgetragen wird. Seit Bestehen des Wettbewerbs 1997 hat sich die Anzahl der Teilnehmer wie auch die Menge der Zuhörerschaft rasant vermehrt. Ich stelle die Entwicklung von 1997 bis 2009 kurz dar und widme dem „German International Poetry Slam 2003" einen eigenen Abschnitt, da sich dieser von der Planung, dem Format und der Umsetzung her sehr von den vorherigen Wettbewerben unterscheidet. Relativ neu auf der Veranstaltungsebene sind die Landesmeisterschaften, die in Baden-Württemberg, Bayern, Hessen, Nordrhein-Westfalen und Sachsen durchgeführt werden.

Besonders stark entwickelt hat sich die Nachwuchsförderung bei den unter Zwanzigjährigen. Die U20-, U18- bzw. Jugendslams sind in und außerhalb der Szene, in Schulen, Theatern und Vereinen, stark vertreten. Auch in der Didaktik hat die *Slam Poetry* ihren Platz gefunden.

Der Kreativität an neuen Veranstaltungsformaten und Varianten des *Poetry Slams* sind keine Grenzen gesetzt. Zusätzlich zu den bekannten *Poetry Slams*, die regelmäßig veranstaltet werden und sich in vielen Städten als kulturelle und literarische Veranstaltungen etabliert haben, werden von experimentierfreudigen und offenen Veranstaltern neue Formate initiiert. Mit diesen Veranstaltungen werden neue Zielgruppen angesprochen, bei Teilnehmern wie Zuschauern. Es werden neue Möglichkeiten erschlossen, sich mit einer ganz eigenen Sprache zu äußern: Verschiedene „Motto-Slams" und der *Deaf Slam* werden kurz vorgestellt. Ein großes Publikums- und Medieninteresse bringt neben einem gut funktionierenden – auch internationalen – Netzwerk sowie Sponsoren jedoch auch den Vorwurf der Kommerzialisierung mit sich.

Im fünften Kapitel wird die Gattung *Slam Poetry* beispielhaft mit den Themen und Texten der *Slammer* dargelegt und die Vielfältigkeit und Uneinheitlichkeit der *Slam Poetry* in Struktur und Sprache vorgestellt. Anhand von drei ausgewählten *Slam*-Texten von Sebastian Krämer,

Xòchil A. Schütz und Moses Wolff werde ich dies genauer aufzeigen. Hierbei wird auf thematische, strukturelle und semantische Merkmale eingegangen und versucht, die Besonderheiten, die durch den mündlichen Vortrag der Texte normalerweise entstehen, deutlich zu machen.

Anschließend widmet sich das sechste Kapitel den schriftlichen Publikationen: Eine Auswahl von Anthologien und Einzelwerken wird vorgestellt sowie Verlage, die sich in ihren Programmen um die *Slam Poetry* verdient gemacht haben. Ob Skeptizismus, Lobhudelei, Unkenntnis oder einfach mal wieder abgeschrieben – die Medien berichteten von Anfang an über *Poetry Slams*. Ob mehr oder weniger gekonnt, wird kurz dargelegt.

Vor allem das Thema Multimedialität ist in den letzten Jahren für den *Poetry Slam* und die Akteure immer wichtiger geworden. Der Enthusiasmus und die Kreativität von *Poetry-Slam*-Begeisterten zeigen sich inzwischen vielfältig in Filmen und Videoclips, so genannten *Poetry-Clips*. Auch die Fusion von Musik und *Slam Poetry* hat sich stetig weiter entwickelt und ist ein eigenständiges Format geworden.

Das Internet hat seinen Beitrag zur Entwicklung des *Poetry Slam* insofern geleistet, als dass es eine Selbstdarstellung, Netzwerke und schnellen Informationsaustausch über Veranstaltungen und Inhalte ermöglicht. Die wichtigsten Portale und Websites werden vorgestellt. Im Rundfunk hat der *Poetry Slam* nun auch seinen Platz gefunden und wurde dabei, trotz anfänglicher Skepsis, sehr erfolgreich. Als Medienträger haben sich CDs und DVDs inzwischen etabliert, um die *Slam Poetry* hör- und sehbar zu machen.

Zum Schluss wird aufgezeigt, welche Perspektive der *Poetry Slam* als literarisches und multimediales Format hat.

## 1.2 Zur Forschung

Seit 1998 liegt der Forschungsschwerpunkt der Autorin des vorliegenden Buches auf Gegenwartsliteratur, der Kunstform *Poetry Slam* und Literaturvermittlung der Gegenwart. Der *Poetry Slam* wird als zeitgenössisches Phänomen untersucht, wegen der Aktualität des Formats liegt immer noch wenig Forschungsliteratur vor. Dies macht das wissenschaftliche Forschen und Vorgehen somit zu einem schwierigen Vorgang. Es gibt, seit der ersten Auflage dieses Buches im Jahr 2004, immer noch eine überschaubare Anzahl deutschsprachige Forschungsliteratur, die sich explizit mit dem *Poetry-Slam*-Standort Deutschland beschäftigt. Die wenigen deutschen literaturwissenschaftlichen Texte konzentrieren sich hauptsächlich auf die Entstehung und Durchführung des *Poetry Slam*, viele davon beziehen sich auf amerikanische *Slams*. Diese Untersuchungen wurden meist zu einem sehr frühen Zeitpunkt der deutschen *Poetry-*

*Slam*-Bewegung verfasst. Somit dienten zusätzlich aktuelle Zeitungs- und Zeitschriftenartikel und amerikanische Essaysammlungen und Anthologien[5] als Quellen.

Im Verlauf der Untersuchung und der Arbeit mit der existierenden Forschungsliteratur fiel auf, dass einige der Darstellungen nicht unbedingt als verlässlich und intensiv recherchiert betrachtet werden können. Unstimmigkeiten zeigen sich vor allem in den deutschsprachigen Aufarbeitungen der Genese des *Poetry Slam*. Aus diesem Grund ist die Benutzung von amerikanischen Quellen gerechtfertigt. Weiterhin führte eine umfangreiche Quellenforschung durch Befragungen von Veranstaltern und *Slammern* zu weiteren Erkenntnissen. Diese Interviews werden vor allem dann relevant, wenn es um Aspekte geht, die nur anhand solcher Untersuchungen geklärt werden können, da sie bis dato in der publizierten Forschungsliteratur nicht angesprochen werden.Zu diesen Aspekten gehören zum Beispiel die praktische Durchführung eines *Poetry Slams*, die geringe Anzahl von weiblichen deutschen *Slammern* sowie die sprachlichen und thematischen Merkmale der *Slam Poetry*.

---

[5] Eleveld, Mark (Hg.): The Spoken Word Revolution (slam, hip hop and the poetry of a new generation). 1. Auflage. Naperville: Sourcebooks Inc., 2003.
Glazner, Gary Mex (Hg.): Poetry Slam: The Competitive Art of Performance Poetry. 1. Auflage. San Francisco: Manic D Press, 2000.
Kane, David: All Poets Welcome: The Lower East Side Poetry Scene in the 1960s. 1. Auflage. Berkeley: University of California Press, 2003.

# 2. Die Traditionen der gesprochenen Worte

## 2.1 Genese in den USA

Weit ab vom etablierten Literaturbetrieb entstand in den USA der fünfziger Jahre *Spoken Word*. Diese alternative Ausdrucksform von Dichtung fand in den folgenden Jahrzehnten viele Anhänger. *Spoken Word* bot Raum für künstlerische Experimente und passte sich dem jeweiligen Zeitgeist an: Dadurch konnten moderne Formen wie *Poetry Slam* und *HipHop* entstehen.

### 2.1.1 Spoken-Word-Dichtung

Schon früh bewahrten die indigenen Völker Amerikas sowie die afrikanischen Sklaven ihre Tradition des mündlichen Erzählens über Generationen hinweg, förderten und pflegten damit Ursprünge ihrer Kultur. Die ersten Sklaven, die aus Westafrika in die USA verschifft wurden, brachten den ursprünglichen Sprechgesang „Tassu" mit, der zu Festen, wie zum Beispiel Hochzeiten, vorgetragen wurde.[6]

In der Welt der amerikanischen Ghettos, in denen die marginalisierten ethnischen Gruppen nach Ausdrucksformen für sozialkritischen Protest suchten, formierte sich eine multikulturelle literarische Bewegung mit Mündlichkeit als spezifischem Merkmal, die unter dem Begriff *Spoken Word* bekannt wurde. Diese gesprochene Poesie wurde seit den fünfziger Jahren mehrheitlich von afroamerikanischen und hispanischen Minoritäten in Amerika gepflegt. Da diese Minderheiten vom allgemeinen akademischen Literaturbetrieb de facto ausgeschlossen waren, pflegten sie die alte Tradition der gesprochenen Literatur und kehrten somit zu den Wurzeln der Dichtung zurück.[7]

*Spoken Word* wurde über die Ghettos hinaus bekannt: Anfang bis Mitte der sechziger Jahre entwickelte sich eine immer größer werdende „Poetry-Reading"[8] Szene in Dutzenden Cafés und Lofts in Manhattan, besonders in dem Stadtteil, der als Lower East Side bekannt ist. Es entstand eine alternative[9] poetische Gemeinschaft, abseits vom akademi-

---

[6] Vgl. Rap aus Dakar: Alif. http://www.conne-island.de/nf/97/8.html (02.05.2010)

[7] Vgl. Eleveld, Mark. Note from the publisher. In: The Spoken Word Revolution. Hrsg. von Mark Eleveld. 1. Auflage. Naperville: Sourcebooks, Inc., 2003.S. xiii.

[8] Kane, David: All Poets Welcome: The Lower East Side Poetry Scene in the 1960s.1. Auflage. Berkeley: University of California Press, 2003. S. xiii.

[9] Vgl. Kane, David: „To be "alternative" means to reject, dissent from, or mock a conventional or "academic" aesthetic – that is, a formalist aesthetic employing

schen Literaturbetrieb. „The readings served as self-consciously inscribed meeting grounds, think tanks, and community spades for poets working outside the mainstream of contemporary American poetry."[10]

Die Lesungen fanden im „Tenth Street Coffeehouse", „Les Deux Mégots Coffeehouse" oder beim „Poetry Project" in der „St. Mark's" Kirche statt. Einen besonderen Einfluss auf die Dichter hatte der Jazz. Nicht nur war die Musik Teil der Veranstaltung, auch die Autoren begannen, sich der Sprache des Jazz anzunehmen. Sie nannten ihre Gedichte „set"[11], um ihre Verbundenheit mit schwarzen Künstlern zu zeigen.[12] Bei so genannten „offenen" Lesungen gab es nur einige wenige Regeln, an die sich die Künstler halten sollten: Es durften höchstens drei „sets" gelesen werden, mit jeweils fünf Minuten Lesezeit.[13] Hier entstanden Vorreiter dessen, was später als *Poetry Slam* in die Literatur- und Kulturgeschichte eingehen sollte.

Ende der siebziger Jahre zeichnete sich eine Krise[14] in der amerikanischen Dichterbewegung ab: Die Dichtung wurde „schal und altbacken"[15]. Junge und experimentelle Dichter suchten einen Ausweg: Aus

---

regular meters and purportedly transparent paraphrasable narratives of messages – in favor of writing that is indebted to innovative laws of prosody; that uses unusual typography; that beatifies scandalous or licentious behaviour; that threatens generic distinctions between prose, poetry, performance, and visual art; and so on.". All Poets Welcome: The Lower East Side Poetry Scene in the 1960s. 1. Auflage. Berkeley: University of California Press, 2003. S. 3.

[10] Kane, David: All Poets Welcome: The Lower East Side Poetry Scene in the 1960s. 1. Auflage. Berkeley: University of California Press, 2003. S. xiii.

[11] Kane, David: „[…]jazz sets were social models for poets.".All Poets Welcome: The Lower East Side Poetry Scene in the 1960s. 1. Auflage. Berkeley: California University Press, 2003. S. 28.

[12] Kane, David: „Additionally, in terms of racial politics it is important to note that jazz language was used by poets to underscore the overall aesthetic of the Lower East Side poetry reading, particularly since jazz was mostly associated with African American performers. […]Poets adopted jazz language to ally themselves with artists (such as Thelonious Monk, Charlie Parker and Dizzy Gillespie), who, being black in pre-civil rights America, were unavoidably outsiders in terms of race […]". All Poets Welcome: The Lower East Side Poetry Scene in the 1960s. 1. Auflage. Berkeley: University of California Press, 2003. S. 29.

[13] Vgl. Kane, David: All Poets Welcome: The Lower East Side Poetry Scene in the 1960s. 1. Auflage. Berkeley: University of California Press, 2003. S. 35.

[14] Vgl. Jacobus, Terry: „[…]there was a poetic dead energy filling the disco air.". Poetic Pugilism. In: The Spoken Word Revolution. Hrsg. von Mark Eleveld. 1. Auflage. Naperville: Sourcebooks Inc, 2003. S. 84.

[15] Eleveld, Mark: „By the late '70s and early '80s, poetry had become stale, the scene dried up. Performance art giving birth to Performance poetry was one answer. Poetic boxing matches, another. And perhaps here again we find a seedling for the origins of today's poetic movement.". Introduction Competi-

der performativen Kunst entstand die performative Dichtung. Als 1980 zwei Künstler, Jim Desmond und Jerome Sala, in einer Chicagoer Bar einen heftigen Disput über ihre jeweiligen Werke austrugen, wurde der Dichter Al Simmons auf die beiden aufmerksam, und sinnierte über die Konfrontation: „I should do poetry bouts. Let 'em put up or shut up. We'll have judges, a boxing ring, ring girls etc."[16] Nach diesen Überlegungen fand er Terry Jacobus als Mitstreiter, und es wurde die „World Poetry Association", kurz WPA, gegründet. Im Frühjahr 1981 wurde der erste „Heavyweight Poetry Champion"[17] gesucht. Es traten die beiden Streithähne Jim Desmond und Jerome Sala in zehn Runden gegeneinander an, „poem vs. poem, song vs. verse"[18]. Die Wertung wurde nach dem „World Poetry Association" Zehn-Punkte-System vorgenommen: Zehn Punkte für den Gewinner, neun oder weniger für den Verlierer. Da sich dieser und auch die nachfolgenden „Kämpfe" in unregelmäßigen Abständen in Chicago abspielten, waren sie nur einem kleinen Kreis von Künstlern und Publikum bekannt. Al Simmons und vor allem Terry Jacobus merkten, was für eine Energie und Intensität diese „Dichter-Wettkämpfe" verbreiteten, und so schien für sie diese Art von Wettkampf gerade richtig für den ersten „Poetry Circus" in Taos geeignet. Eine kleine Gruppe kreativer Künstler begann mit *Spoken Word* zu experimentieren, hatte jedoch kein Publikum.[19] Um die Menschen wieder zur Dichtung zu bringen, gründeten sie zusammen 1982 im kleinen Dorf Taos in New Mexico den „Taos Poetry Circus", ein sechstägiges Literatur-Festival, das sich durch reine Mündlichkeit und performative Dichtung auszeichnete.

> To experience a poem „spoken" by the poet is to be present at the moment of creation, for once a poem has been composed, „written," the energy of its creation is accessible anew each time it's spoken aloud. For the audience, this shared experience is also an intimate connection with the poet (a word whose etymological root is "maker") as the poem is created in the listener's mind in the moment of its pronouncement.[20]

---

tive Poetry/Taos. In: The Spoken Word Revolution. Hrsg. von Mark Eleveld. 1. Auflage. Naperville: Sourcebooks Inc., 2003. S. 80.

[16] Jacobus, Terry: Poetic Pugilism. In: The Spoken Word Revolution. Hrsg. von Mark Eleveld. 1. Auflage. Naperville: Sourcebooks Inc., 2003. S. 84.

[17] Ebd. S. 85.

[18] Jacobus, Terry: Poetic Pugilism. In: The Spoken Word Revolution. Hrsg. von Mark Eleveld. 1. Auflage. Naperville: Sourcebooks Inc., 2003. S. 85.

[19] MacNaughton, Anne: „We staged readings and nobody came.[…]incredible art, but with no audience, it's wasted, gone to the wind.". The Taos Poetry Circus. In: The Spoken Word Revolution. Hrsg. von Mark Eleveld. 1. Auflage. Naperville: Sourcebooks Inc., 2003. S. 102. (Zitat von Peter Rabbit)

[20] Ebd. S. 101.

Das Dorf wurde von den Initiatoren ausgesucht, weil in diesem Gebiet die Wurzeln für eine lange mündliche literarische Tradition liegen[21], ausgehend von den ursprünglichen Bewohnern New Mexicos. „Poetic orality is not a novelty here. It exists in the soul of rural New Mexico, an organic connection to its long past."[22] Mit Allen Ginsberg, Gregory Corso und Peter Orlovsky wurden namhafte Dichter eingeladen, und es fand ein Dichter-Wettstreit zwischen Terry Jacobus und Gregory Corso statt: „The World Championship Poetry Bout".

Jacobus gewann den Titel, da Corso angeblich „von dem Wahnsinn der Veranstaltung und von Jacobus' aggressiver Taktik überwältigt war".[23]

Das Hauptanliegen der Veranstalter des „Poetry Circus" lag darin, den so genannten Minderheiten des Landes[24] eine Vortragsmöglichkeit anzubieten. Gleichzeitig wollten sie aufzeigen: „[…]the heart of the modern American poetry lies not in academic connection to the Old World as much as in the bubbling cauldron of the New."[25] Der „Taos Poetry Circus" wird auch heute noch veranstaltet. Autor und Herausgeber Mark Eleveld subsumiert die performative Art von *Spoken Word*: „[…]Spoken word encompasses many movements, yet they all share a common credo – namely, that their poetry is designed to be performed in front of an audience."[26]

### 2.1.2 Entstehung der Kunstform Poetry Slam

Mitte der Achtziger Jahre war der in Chicago als Bauarbeiter tätige Marc Smith regelmäßiger Hörer von Live-Jazz und Blues-Sessions. Genauso gerne besuchte er Lesungen in Universitäten und Buchhandlungen. Er war zwar von der Stimmung bei Jazz-Konzerten in den Clubs begeistert, fand dagegen die Lesungen langweilig und schlecht umgesetzt:

> Was ich jedoch niemals verstehen konnte, war die Art der Textvorträge und die Orte, an denen sie abgehalten wurden. Wie konnte jemand etwas, was ihm offensichtlich wichtig erschien, derart schlecht vorbereitet vortragen, und dieses dann auch noch in einer derart sterilen Atmosphäre eines nüchternen weißen

---

[21] Vgl. ebd.
[22] Ebd. S. 102.
[23] Ebd.
[24] MacNaughton, Anne: „[…]the misnamed "minorities" in this country[…]". The Taos Poetry Circus. In: The Spoken Word Revolution. Hrsg. von Mark Eleveld. 1. Auflage. Naperville: Sourcebooks Inc., 2003. S. 102.
[25] MacNaughton, Anne: The Taos Poetry Circus. In: The Spoken Word Revolution. Hrsg. von Mark Eleveld. 1. Auflage. Naperville: Sourcebooks Inc., 2003. S. 102.
[26] Eleveld, Mark: Note from the publisher. In: The Spoken Word Revolution. Hrsg. von Mark Eleveld. 1. Auflage. Naperville: Sourcebooks Inc., 2003. S. xii.

Raums mit Stuhlreihen von derselben Farbe, ohne Bar, ohne eine Flair erzeugende Beleuchtung [...] Hier hinkte die Dichtung den [...] Jazz- und Blues-Konzerten in Chicagos Clubs noch um Meilen hinterher [...].[27]

Marc Smith verfolgte ein Ziel: Er wollte Lesungen mit ähnlicher Publikumsbegeisterung abhalten wie bei Jazz-Konzerten. Er fing 1985 an, eine kleine Lesereihe in der Chicagoer Vorstadt-Jazzbar „Get Me High Lounge" abzuhalten. Seine Intention beschreibt Smith folgendermaßen:

> I was an outsider...and I thought I had something to say, like a lot of outsiders do. There were a lot of people snubbing me who shouldn't have been snubbing me. So I just ended up doing my own way, like a lot of people do [...]
> When I started, nobody wanted to go to poetry readings. Slam gave it life...a community where you didn't have to be a special something, feel bad that you weren't educated a special way...I think when poetry went from the oral tradition to the page, someone should've asked, is that really poetry? I think slam gets poetry back to its roots, breathing life into the words.[28]

Allmählich begannen sich in der „Get Me High Lounge" im Chicagoer Bucktownviertel Poeten um Smith zu versammeln, die wie er Dichtung zu einem Erlebnis machen wollten.[29] Smith veranstaltete *Open Mike*-Lesungen, bei denen jeder ambitionierte Dichter ans Mikrofon treten durfte, sowie Poetry-Jazz-Mixturen, die er „Pong Jams" nannte, und gründete 1985 mit einer Reihe von anderen Dichtern das „Chicago Poetry Ensemble", das die „Team Pieces", von mehreren Personen vorgetragene Werke, erfand.[30] Mit der Zeit wurden die Veranstaltungen immer populärer, die Lokalpresse berichtete und eine kleine Zeitschrift, „The Open Mike", entstand. Da der Publikumsandrang immer größer wurde, zog die Veranstaltung 1986 in den legendären Jazzclub „Green Mill" um. Smith fing an, seine Texte auswendig vorzutragen. Bald ging ihm der eigene Vortragsstoff aus. Die beste Lösung für die Zukunft seiner Lesungen war, andere Autoren auftreten zu lassen. Auch das war von Erfolg gekrönt. Smith entwickelte einen wöchentlich stattfindenden

---

[27] Patzak, Rayl: Der Siegeszug der lebenden Gedichte. Die Entwicklung des Poetry Slams in den USA und dem Rest der Welt. In: Poetry Slam. Was die Mikrofone halten. Hrsg. von Ko Bylanzky und Rayl Patzak. 1. Auflage. Riedstadt: Ariel Verlag, 2000. S. 135.
[28] Eleveld, Mark (Hg.): The Spoken Word Revolution. 1. Auflage. Naperville: Sourcebooks Inc., 2003. S. 2.
[29] Vgl. Patzak, Rayl: Der Geburtsort des Poetry Slam. Eine Geschichte voll lebendiger Jazzpoesie. In: Das Gedicht.Nr.7. Hrsg. von Anton G. Leitner Verlag. Weßling, Leitner, 1999. S. 86.
[30] Vgl. ebd.

*Poetry*-Abend, der aus drei Veranstaltungsblöcken bestand: einem Open Mike, einem Block mit geladenen Dichtern aus den gesamten USA sowie einem Auftritt des „Chicago Poetry Ensemble". Da es jedoch zu mühsam war, jede Woche ein neues Programm mit dem Ensemble einzustudieren, wurde schließlich der dritte Teil mit einem Dichterwettkampf belegt.[31] Um die Attraktivität des Formats aufrechtzuerhalten, gab Smith dem Publikum Einfluss auf das Geschehen, nämlich als Jury über die auftretenden Dichter. Marc Smith nannte den Teil des Dichterwettkampfes der Veranstaltung „The Uptown Poetry Slam" und formulierte die bis heute geltenden Regeln. „My first rule was never allow a poet to overstay his or her welcome. I encouraged the audience to boo, hiss, groan and snap them off the stage".[32] Neben der Vorgabe eines Zeitlimits war das Umwandeln einer Dichterlesung in eine "show" eine revolutionäre Idee. Denn für Smith machte die "show" den Slam erfolgreich, nicht der Wettbewerb. Der Wettbewerb ist für Smith ein natürliches Drama und eine aufregende Möglichkeit, einen unterhaltsamen Abend abzuschließen.[33]

*Slam* wurde hier im literarisch-künstlerischen Kontext zu einer Form des Dichterwettstreits im – sportlichen – Wettkampfstil. Erstmals erwähnt wurde diese Definition in Herbert Grafs Lexikon des „Black American English" von 1994: „(competitive) performance. From the late 1980s on, there has been a surge of largely Black, rap-influenced poetry performances in cafés like the Nuyorican in New York."[34]

„Slam" ist ein Begriff, der auch in Deutschland vor allem aus amerikanischen Sportarten bekannt ist und „kräftiger Hieb" oder „Schlag" bedeutet.[35] Im Baseball, einem Nationalsport der Amerikaner, bedeutet „to slam" einen Volltreffer oder Abschlag zu landen, beim Boxsport wird ein Schlagabtausch als „Slam" bezeichnet. Ebenso beim Basketball, dort ist ein „Slam Dunk" ein meisterlicher Treffer in den Korb, bei dem der Basketballspieler so hoch springt, dass er sich zusätzlich fast immer an den Korb hängen und somit den Ball von oben in den Korb werfen kann.[36]

---

[31] Vgl. ebd. S. 87.
[32] Smith, Marc Kelly: About slam poetry. In: The Spoken Word Revolution. Hrsg. von Mark Eleveld. 1. Auflage. Naperville: Sourcebooks Inc., 2003. S. 118.
[33] Vgl. ebd.
[34] Vgl. Graf, Hubert (Hg.): Black American English. 2., erw. und akt. Auflage. Straelen: Straelener Manuskripte, 1994. S. 142.
[35] Vgl. Beale, Paul (Hg.): A Concise Dictionary of Slang and Unconventional English. Langenscheidt: Berlin, 1989. S. 408.
[36] Vgl. Ayto, John (Hg.): The Longman Register of New Words. 2. Auflage. Harlow: Longman, 1990. S. 295.

„To Slam" bedeutet aber auch das Schmettern oder Zuschlagen einer Tür sowie harsche Kritik und Rücksichtslosigkeit.[37]

Als „Slam Dance" wird die dreiste Art zu tanzen, indem man sich gegenseitig anrempelt und zusammenprallt, bezeichnet.[38] Geprägt wurde dieser Begriff vor allem durch die Punk-Bewegung Ende der siebziger Jahre. Als „Slammer" wird auch ein besonders hochprozentiger Cocktail bezeichnet.[39]

Eine negative Belegung des Begriffes findet sich in der amerikanischen Umgangssprache, dort bedeutet „Slam" Gefängnis, Knast und „Slammer" Knast-Insasse. Diese Definition entstand wahrscheinlich durch das knallende Zuschlagen der Zellen-Türen.[40]

Ein bis heute gern zitierter Spruch des Dichters Allan Wolf beschreibt den literarischen Wettkampfgedanken treffend: „The points are not the point, the point is poetry."[41] Die lokale Presse berichtete immer öfter vom bunten Treiben in der „Green Mill", der Begriff *Poetry Slam* wurde stadtbekannt und zog immer neue Autoren an. Vor allem Marc Smiths Art, den „Uptown Poetry Slam" zu moderieren und eine dichte Atmosphäre zu kreieren, machte den *Poetry Slam* zu einer so beliebten Veranstaltung. Ein Stammgast des „Uptown Poetry Slam" beschreibt das Auftreten von Marc Smith:

> In many ways he encapsulates the mood of the neighborhood, the ambience of the bar, and the voices of all the great Chicago writers. [B]efore the show he greets new people and introduces them to people he knows. The audience is always part of the show, so that when he and anyone else is on stage, there is this open and implied connection between poet and audience.[42]

So wurde aus dem ehemaligen Bauarbeiter und passionierten Poeten eine Kultfigur der Kunstform *Poetry Slam*. Er selber nennt sich „Slampa-

---

[37] Vgl. Ayto, John und John Simpson (Hg.): Oxford Dictionary of Modern Slang. Oxford: Oxford University Press, 1992. S. 222.

[38] Vgl. Thorne, Tony (Hg.): Dictionary of Contemporary Slang. London: Bloomsbury, 1994. S. 467.

[39] Vgl. Ayto, John. The Longman Register of New Words. 2. Auflage. Harlow: Longman, 1990. S. 295.

[40] Vgl. Ayto, John und John Simpson (Hg.): Oxford Dictionary of Modern Slang. Oxford: Oxford University Press, 1992. S. 222.

[41] Glazner, Gary Mex: Poetry Slam: An Introduction. In: Poetry Slam. The Competitive Art of Performance Poetry. Hrsg. von Gary Mex Glazner. 1. Auflage. San Francisco: Manic D Press, 2000. S. 11.

[42] Prince, Richard: Once a „virgin, virgin" at the Green Mill. In: The Spoken Word Revolution. Hrsg. von Mark Eleveld. 1. Auflage. Naperville: Sourcebooks, Inc., 2003. S. 140.

pi"⁴³, und sein Ausspruch am Ende jeder Moderation – „so what!" – der vom Publikum regelrecht herbeigefiebert wird, brachte ihm den Beinamen Marc „So What" Smith ein.⁴⁴

Der *Poetry Slam* trat seinen Siegeszug durch die USA an, und so entwickelte sich das Netz der *Slam*-Events und neuer Veranstaltungsorte landesweit in vielen Städten, von der Westküste bis nach New York City. Dort fand der *Poetry Slam* seine erste Heimstatt im bereits durch die *Spoken-Word*-Bewegung berühmt gewordenen Stadtteil Lower East Side im urbanen Treffpunkt der Ausgegrenzten und Unterprivilegierten, dem „Nuyorican Poets Café". 1974 von Miguel Algarín gegründet, hatte sich das Café mit Lesungen von Beat-Legenden wie William S. Burroughs und Allen Ginsberg bereits eine literarisch-experimentelle Vergangenheit erschaffen. Algarín betrachtete seine Position als *Poetry-Slam*-Veranstalter dahingehend:

> [...] all in the service of bringing a new audience to poetry via a form of entertainment meant to tune up fresh ears to a use of language as art that has been considered dead by many.⁴⁵

Bob Holman, der den ersten *Poetry Slam* im "Nuyorican Poets Café" moderierte, sagte in seiner Einführung:

> „We disdain/ competition and its ally war/ and are fighting for our lives/ and the spinning/ of poetry's cocoon of action/ in your dailiness. We refuse/ to meld the contradictions but/ will always walk the razor / for you love. 'The best poet/always loses'"⁴⁶

Das Format des *Poetry Slam* setzte sich in New York City sofort durch – beeinflusst von *Rap*, *HipHop* und der Puertoricanischen Lyrik. Durch den Erfolg wird New York City gerne fälschlicherweise „Geburtsstätte" des *Poetry Slam* genannt. Heute werden allein im „Nuyorican Poets Café" über 100 Slams im Jahr veranstaltet.⁴⁷

Der *Poetry Slam* verbreitete sich schnell über die ganzen Vereinigten Staaten. 1990 wurden in San Francisco die ersten nationalen Wettkämpfe

---

| | |
|---|---|
| 43 | Mark Smith. Website. http://www.slampapi.com (12.01.2010) |
| 44 | Smith, Marc: About Slam Poetry. In: The Spoken Word Revolution. Hrsg. von Mark Eleveld. 1. Auflage. Naperville: Sourcebooks, Inc., 2003. S. 116. |
| 45 | Algarín, Miguel: Introduction. In: Aloud: Voices from the Nuyorican Poets Café. Hrsg. Miguel Algarín und Bob Holman. 1. Auflage. New York: Henry Holt, 1994. S. 16. |
| 46 | Ebd. |
| 47 | Vgl. Nuyorican Poets Café. http://www.nuyorican.org/Poetry/poetry.html (02.05.2010) |

ausgetragen[48], es nahmen drei Teams daran teil. Zehn Jahre später, beim „National Poetry Slam 2000" in Chicago waren es 48 Teams aus dem ganzen Land, die ihre Version von Dichtung *performten* und zelebrierten. 2010 fand der „Superbowl" des Poetry Slam mit rund 15.000 Zuschauern und mehr als 300 Poeten aus den USA, Canada und Europa in St. Paul, Minnesota statt.[49]

Um eine Koalition aller weltweiten *Slams* zu erreichen, wurde 1996 bei einem *Slamily* Treffen in Portland beschlossen, eine „non-profit Organisation" zu gründen. *Slamily* nennt sich das Netzwerk von Veranstaltern und *Slammern*, die *Poetry Slams* im ganzen Land durchführen. 1997 geschah dies, und seitdem ist die „Poetry Slam Inc." in den USA tätig. Das Hauptziel von „Poetry Slam Inc." ist, die künstlerischen und finanziellen Interessen der National *Poetry-Slam-Community* zu wahren, den „National Poetry Slam" zu promoten und zu unterstützen.[50]

### 2.1.3 Einflüsse des Rap und HipHop

Wichtige Impulse für die *Slam Poetry* gab die nordamerikanische *HipHop*-Musik, eine spezielle Richtung innerhalb der schwarzen Popmusik mit meist sozialkritischen, oft aggressiven Inhalten und charakteristischem Sprechrhythmus. Seit Ende der siebziger Jahre wurde *HipHop* mit dem stakkatoartigen *Rap*-Gesang in den USA als Musikstil und dichterische Ausdrucksform immer populärer: "HipHop, where it has been and where it is going, has very strong connections to the world of Performance poetry and slam."[51]

Ästhetisch entwickelte sich der *Rap* vor allem aus der jamaikanischen *DJ*-Musik[52], aber auch der traditionelle Sprechgesang der westafrikanischen Sklaven, „Tassu", gilt als Vorläufer des Raps[53]. Bei der *DJ*-Musik wurde mit einem mobilen „sound system", einem Mikrofon und einem Platten-

---

[48] Der erste „National Poetry Slam" wurde von Gary Mex Glazner veranstaltet. Siehe S. 235 in Poetry Slam. The Competitive Art of Performance Poetry. Hrsg. von Gary Mex Glazner. 1. Auflage. San Francisco: Manic D Press, 2000.
[49] National Poetry Slam. Website. http://nps2010.com/
[50] Vgl.Poetry Slam Inc. Website. http://www.poetryslam.com/index.php?option=com_content&view=article&id=106&Itemid=53 (02.05.2010)
[51] Quickley, Jerry: HipHop Poetry. In: The Spoken World Revolution. Hrsg. von Mark Eleveld. 1. Auflage. Naperville: Sourcebooks Inc., 2003. S. 40.
[52] Vgl. Toop, David: The Rap Attack. 2. erw. Auflage. London: Plum Press, 1991. S. 19.
[53] Vgl. Rap aus Dakar: Alif. http://www.conne-island.de/nf/97/8.html (02.05.2010)

spieler, zu populären Liedern „gerappt" und „gescratcht".[54] Dabei heißt *scratchen*, dass die Schallplatte mit der Hand hin und her bewegt wird, so dass ein rhythmisch scheuerndes, perkussives Geräusch entsteht.[55] Schnell entwickelten sich Gruppen wie Grand Master Flash, Sugar Hill Gang und Furious Five, die sich selbst *MC*, also „Master of Ceremony"[56] nannten. Der Zeremonienmeister sollte ursprünglich das Publikum unterhalten und zum Tanzen bringen.[57] Heute ist ein *MC* ein anerkannter *Rapper*. Gemeint ist die Zeremonie des *Rappens* oder auch des Reimens. *Rappen* bedeutet sinngemäß übersetzt „Predigen", aber vor allem hartes, rhythmisches Sprechen.[58] Den Begriff *Rapper* kann man also als „moderner Prediger" oder „Geschichtenerzähler"[59] verstehen. Mehr als im Rock und Pop steht der Text im Vordergrund, der rhythmisch und in Reimform über speziell gemischte Musik gesprochen wird. Das Publikum *rappt* mit, liefert Stichworte für *Freestyle-Raps*, bei denen der *MC* Reime und Texte frei improvisieren muss.[60] Nicht immer gibt es einen Sinn, wichtiger ist ein guter Reim und der „Flow"[61] der Sprache.

*Rap* und *HipHop* waren und sind ein *battle*, also ein Kampf, der auf einem sprachlichen Schlagabtausch basiert und der die konkrete künstlerische

---

[54]  Toop, David. The Rap Attack. 2., erw. Auflage. London: Plum Press, 1991. S. 17.

[55]  Verlan, Sascha und Hannes Loh (Hg.): HipHop – Sprechgesang: Raplyriker und Reimkrieger. 1. Auflage. Mülheim an der Ruhr: Verlag an der Ruhr, 2000. S. 123.

[56]  Wikipedia. Website. http://de.wikipedia.org/wiki/MC_(Musik) (20.02.2010) und Rap Dictionary. Website. http://www.rapdict.org/MC „MC is said to stand for Master of Ceremonies. An MC hypes the crowd and helps the DJ make a party more exciting. MC'ing has evolved and mixed with Chanting from Jamaica to get what we call today rapping. (20.02.2010)

[57]  Vgl. Verlan, Sascha und Hannes Loh (Hg.): HipHop – Sprechgesang: Raplyriker und Reimkrieger. 1. Auflage. Mülheim an der Ruhr: Verlag an der Ruhr, 2000. S. 123.

[58]  Vgl. Wolff, Moses. Im Interview am 31.01.2004. Materialanhang.

[59]  Vgl. ebd.

[60]  Vgl. Verlan, Sascha und Hannes Loh (Hg.): HipHop – Sprechgesang: Raplyriker und Reimkrieger. 1. Auflage. Mülheim an der Ruhr: Verlag an der Ruhr, 2000. S. 122.

[61]  Verlan, Sascha und Hannes Loh: „Flow beschreibt das Zusammenspiel von Musik- und Sprechrhythmus. […] Die Worte sollen über den Rhythmus der Musik fließen, d.h. trotz der kunstvollen Bauweise der Texte soll sich ihre Vortrag wie eine normale Äußerung im Gespräch anhören."

In: HipHop – Sprechgesang: Raplyriker und Reimkrieger. Hrsg. von Sascha Verlan und Hannes Loh. 1. Auflage. Mülheim an der Ruhr: Verlag an der Ruhr, 2000. S. 122.

Auseinandersetzung bezeichnet.[62] Bis heute gibt es immer wieder *battles* zwischen *Rappern*, zum Beispiel bei den amerikanischen *Rappern* Eminem[63] und Ja Rule[64], die sich gegenseitig medienwirksam beschimpfen. Allerdings geht es bei den *battles* wesentlich unsanfter zu als bei jeder anderen künstlerischen Herausforderung: *Rap* kommt von der Straße, das ist das Credo: Da wird gegenseitig *gedisst*, das heißt, der Gegner oder die gegnerische Band wird mündlich verleumdet und beschimpft[65]; vor allem geht es darum, seine Ehre zu wahren. Im *HipHop* heißt es vor allem, trotz der *battles* und des *dissens*, allen gegenüber Respekt zu zeigen, und auch dies verbindet die *HipHop*-Bewegung. Gerade das Ansehen, das *Rapper* bis heute genießen, macht den *HipHop* zu einer der beliebtesten Musikstile der heutigen Zeit.

Ende der achtziger Jahre kam es in den USA zu einem Nebenzweig des *Rap*: Ohne Hintergrundmusik wurde er zu einer politischen Dichtung.[66]

> First off, HipHop is poetry. All of it. [...] HipHop embodies a form of poetry just like the sonnets, villanelles, litanies, renga and other forms. HipHop incorporates many of the technical divides of other forms, including slant rhymes, enjambment, A-B rhyme schemes, and other techniques, usually parsed in sixteen-bar stanzas, and generally followed by four-to-eight-bar hooks.[67]

---

[62] Vgl. Verlan, Sascha und Hannes Loh (Hg.): HipHop – Sprechgesang: Raplyriker und Reimkrieger. 1. Auflage. Mülheim an der Ruhr: Verlag an der Ruhr, 2000. S. 121.

[63] MTV. Website. http://www.mtv.com/news/articles/1471203/04112003/eminem.jhtml „Eminem Says If Tupac Were Alive, 'He Would Never Ride With Ja'" Artikel vom 04.11.2003. (25.02.2010)

[64] MTV. Website. http://www.mtv.com/news/articles/1471038/20030404/story.jhtml „Ja Rule Calls 50 'Loose Change,' Disses 'Feminem' And Dr. Dre" und "Gay Dre Young/ Suge told me you used to take transvestites home/ ... No wonder Feminem be cross-dressing in pumps and tight little dresses," Rule says about the dynamic duo of Dr. Dre and Eminem" Artikel vom 04.04.2003. (02.05.2010)

[65] Vgl. Verlan, Sascha und Hannes Loh.(Hg.): HipHop – Sprechgesang: Raplyriker und Reimkrieger. 1. Auflage. Mülheim an der Ruhr: Verlag an der Ruhr, 2000. S. 122.

[66] Vgl. Holman, Bob: „[...]RAP IS POETRY – and its spoken essence is central to the popularization of poetry. Rap is taking place, aloud, as a new poetic form, with ancient griot roots.". Invocation. In: Aloud: Voices from the Nuyorican Poets Café. Hrsg. Miguel Algarín und Bob Holman. 1. Auflage. New York: Henry Holt,1994. S. 1.

[67] Quickley, Jerry: HipHop Poetry. In: The Spoken Word Revolution. Hrsg. von Mark Eleveld. 1. Auflage. Naperville: Sourcebooks Inc., 2003. S. 38.

So entwickelte sich die *Spoken-Word*-Bewegung weiter: „HipHop is perhaps the most revolutionary art movement to come along in one hundred years."[68] Von dieser Begeisterung für Texte und das gesprochene Wort ausgehend, entstanden in vielen Großstädten Literaturevents und Lesungen. Zu dieser Zeit war „Dichtung [...] nicht länger ein exklusives Vorrecht der Mittel- und Oberschicht"[69], sondern insbesondere ein Ausdrucksmittel von Minderheiten wie Afroamerikanern, Asiaten, Aussteigern, Obdachlosen usw. Alltägliche Gegebenheiten wurden thematisiert, die ständige Gewalt, Armut und Rassismus. Die sozialen Ängste und das Gefühl einer immer gleichgültiger werdenden Gesellschaft gegenüber den Außenseitern wurden wild und wüst herausgebrüllt – in der Sprache der Straße, für die Straße. Für Alan Kaufman begründete *Rap* „zu einem Zeitpunkt, als die Redefreiheit und das Recht auf Bildung einem verheerenden Angriff ausgesetzt waren [...] eine Form der öffentlichen Überlieferung [...]".[70] Allerdings haben sich diese politischen und sozialen Bezüge nicht durchgehend bei *HipHop-Slammern* durchgesetzt: „Being a poet using HipHop styles does not mean that you throw in some timely ghetto colloquialism and vaguely clever but ultimately overtly self-conscious end rhymes."[71] Dennoch wird anerkannt, dass es viele Poeten gibt, die den Stil des *HipHop* durchaus glaubhaft in ihrer Lyrik umsetzen[72], vor allem bei Jugendlichen sind die „styles" des *HipHop* damals wie heute eine beliebte Ausdrucksform. *Rap* und *HipHop* haben sich von den Straßen New Yorks zu einer globalen Bewegung entwickelt. Einer der bekanntesten *Rap*-Poeten, Saul Williams, spricht sogar von einer „lyrischen Evolution"[73] im *HipHop*.

## 2.2 Entwicklung in der Bundesrepublik Deutschland

Musikgruppen wie „Ton, Steine, Scherben" machten schon in den siebziger Jahren eine moderne Sprechgesangkultur in Deutschland be-

---

[68] Ebd. S. 39.
[69] Kaufman, Alan: Die Poeten des neuen Jahrhunderts. Slam!Poetry. Heftige Dichtung aus Amerika. Hrsg. von Paul Beatty u. a. 2., neu überarb. Auflage. Berlin: Edition Druckhaus Galrev, 1994. S. 95.
[70] Ebd.
[71] Quickley, Jerry: HipHop Poetry. In: The Spoken Word Revolution. Hrsg. Mark Eleveld. 1. Auflage. Naperville: Sourcebooks Inc., 2003. S. 41.
[72] Vgl. Quickley, Jerry: „Over the years, there have been many poets who slam or have slammed that can and do fully represent HipHop poetry styles.". HipHop Poetry. In: The Spoken Word Revolution. Hrsg. Mark Eleveld. 1. Auflage. Naperville: Sourcebooks, Inc., 2003. S. 40.
[73] Vgl. Williams, Saul: The future of Language. In: The Spoken Word Revolution. Hrsg. von Mark Eleveld. 1. Auflage. Naperville: Sourcebooks, Inc. 2003. S. 60.

kannt.[74] Für ein kleines literarisches Publikum experimentierten in Deutschland in den achtziger Jahren Autoren wie Rainald Goetz und Lorenz Lorenz in Anlehnung an Rolf Dieter Brinkmanns Rock-Literatur mit der Verbindung von Musik und Literatur. „Doch das Schreiben abseits von literarischen Normen und feuilletonistischen Zwängen konnte sich hier nicht richtig durchsetzen."[75]

Zu Beginn der neunziger Jahre war Einfallslosigkeit bezeichnend für die deutsche Literatur: Aus inhaltsleerer Innerlichkeit wuchs kein Selbstvertrauen, keine prägnante Richtung und Perspektive. „[...]die deutsche Literatur der Gegenwart? Über sie hatte es seit langem wenig Erfreuliches zu lesen gegeben."[76] Die etablierten Autoren aus Ostdeutschland mussten sich moralisch rechtfertigen, die „neue" literarische Epoche nach der Wiedervereinigung, auf die so viele warteten, blieb zunächst aus. Denn die jungen Autoren konnten sich mit ihren Themen wie zum Beispiel der wirklichkeitsnahen Darstellung der Gesellschaft nach den postmodern geprägten achtziger Jahren nicht durchsetzen.

> Die Krise unserer Literatur ist niemandem ein Geheimnis, sie ist ein beliebtes, dankbares Partythema, und auf jenen Parties, wo über sie gesprochen wird, hört man oft, sie rühre vor allem daher, daß Fernsehen, Kino und Videoclips die Konsumgewohnheiten so sehr verändert hätten, daß das Publikum nur noch auf Tempo, Effekt und all die andern bösen Feinde der seriösen Literatur reagieren kann. Das ist deshalb falsch, weil natürlich jede Epoche ihr eigenes Zeitgefühl hat, und so verlangten die Menschen immer schon beim Konsumieren von Literatur nach genau dem Tempo, das sie gewöhnt waren, das ihrem Lebensrhythmus entsprach, [...] diesen epochenadäquaten Drive.[77]

Und es wurde ein neues Tempo gefahren: Zeitgleich zum kulturpolitischen Gejammer entwickelte sich in der Bundesrepublik Deutschland eine lebendige, interaktive Szene, die aus der Not literarischer Selbsthilfe eine Tugend machte. Unter den verschiedensten Einflüssen und Inspirationen bahnte sich eine sehr gegenwartsbezogene Literatur den Weg auf

---

[74] Vgl. Ton, Steine, Scherben: Warum geht es mir so dreckig. LP. Berlin: David Volksmund Produktion, 1971.

[75] Link, Heiner (Hg.): Trash-Piloten. Texte für die 90er. 1. Auflage. Leipzig: Reclam, 1997. S. 13.

[76] Kammler, Clemens. Wendezeit. Om 90 - talets tyska litteratur (Zur deutschen Literatur der neunziger Jahre). In: Litteratur pa Tyska. Herausgegeben anlässlich der internationalen Buchmesse in Göteborg von der Botschaft der Bundesrepublik Deutschland in Stockholm, der Österreichischen Botschaft in Stockholm, der Schweizerischen Botschaft in Stockholm und vom Goethe – Institut, Stockholm 1999, S. 8 – 10.

[77] Biller, Maxim: Literarisches Grundsatzprogramm. Die Weltwoche, Zürich. (25.07.1991):34.

die Bühnen von Kneipen und Hallen – bezeichnenderweise zunächst abseits des traditionellen Betriebs.

## 2.2.1 Die Social-Beat-Bewegung und ihr Einfluss

In den neunziger Jahren entstand eine Underground-Bewegung, die für eine halbe Dekade die deutsche Subliteratur bereicherte. „In dieser Zeit gab es ein großes kreatives Potenzial an jungen wilden Dichtern, dessen kollektive literarische Sturm und Drang Zeit später einen Namen erhielt: Social Beat."[78] Beim *Social Beat* handelt es sich um ein rein deutsches Phänomen und nicht um den Ableger einer amerikanischen Szene. Eine 1992 erschienene Kurzgeschichtensammlung mit dem Titel „Downtown Deutschland"[79] enthält in erster Linie realistisch verfasste Erlebnisberichte von und mit Randgruppen und melancholische Milieustudien aus der Unterschicht: „die Gründungstat des Social Beat, noch vor der Namensfindung selbst."[80] Unter dem Motto „Tötet den Affen" fanden sich dann 1993 Autoren aus dem gesamten Bundesgebiet auf dem Prenzlauer Berg ein. Der *Social Beat*[81] war geboren. Die *Social-Beat*-Bewegung wollte keine homogene Szene darstellen.[82] Sie setzte sich aus vielen kleinen Künstlergruppen und einzelnen Aktivisten aus ganz Deutschland zusammen, welche in einem „effizienten Netzwerk"[83] in Kontakt standen, gemeinsame Projekte planten, sich über ihre literarische Arbeit austauschten und in Eigenverlagen Zeitschriften veröffentlichten, unabhängig von den Mainstream-Medien.[84]

---

[78] Ariel Verlag. Website. Verlagsgeschichte. http://ariel-verlag.de/html/verlagsgeschichte.html (02.05.2010)

[79] Adelmann, Roland und Isabel Rox (Hg.): Downtown Deutschland. 1. Auflage. Riedstadt: Ariel Verlag, 1992.

[80] Stahl, Enno: Social Beat vs. städtischer Raum vs. digitales Design. Kritische Ausgabe 2/2003, Bonn. http://www.kritische-ausgabe.de/hefte/industrie/stahl.pdf (02.05.2010)

[81] Stahl, Enno: „Um dieser Sache einen Namen zu geben, hatten Nöske und Dahlmeyer die Begriffskombination „Social Beat" geprägt. Die „Beat-Autoren", die man als logischen Bezugspunkt vermuten würde, hätten sie aber […] nicht im Blick gehabt.". Social Beat vs. städtischer Raum vs. digitales Design. Kritische Ausgabe 2/2003, Bonn. http://www.kritische-ausgabe.de/hefte/industrie/stahl.pdf (02.05.2010)

[82] Vgl. Kerenski, Boris und Sergiu Ştefănescu (Hg.): Es gibt Social Beat/Slam Poetry. Texte der 90er. Text Zeitschrift für Literaturen. Nr. 3-4. Stuttgart: Ithaka Verlag, 1998. Text 1.

[83] Stahl, Enno: Social Beat vs. städtischer Raum vs. digitales Design. Kritische Ausgabe 2/2003, Bonn. http:// http://www.kritische-ausgabe.de/hefte/industrie/stahl.pdf (02.05.2010)

[84] Vgl. ebd.

Oftmals war *Social Beat* eine Überschrift oder Etikettierung, unter der sich eine Vielzahl von Veranstaltungen und Publikationen ergaben. Wenn die Menschen nicht zur Literatur kommen, dann geht die Literatur zu den Menschen. *Social Beat* war überall – es wurde an den alltäglichsten Orten gelesen: in Kneipen, Hallen, Diskos, auf der Straße oder in Unterführungen. Bei *Social Beat* war der Autor mitten im Publikum, ein Autor zum Anfassen.[85]

Ein gemeinsames Ziel, eine Sache, schien es für die Autoren von Anfang an nicht zu geben. Verbunden fühlten sie sich allein dadurch, dass sie alltägliche, realistische Werke schaffen wollten.

Formale Gemeinsamkeiten lassen sich bei den lyrischen und prosaischen Texten, außer dem Oberbegriff, unter dem sie zusammengefasst wurden, kaum feststellen. Der so genannte *Social-Beat*-Aktivist musste sich also nicht um die formale Gestaltung seiner Werke kümmern, sondern er legte seine Anschauung offen. Da er dem literarischen „Underground" angehörte, arbeitete er entgegen dem etablierten Literaturbetrieb. Somit wurde der *Social Beatler* nicht unbedingt zum gesellschaftlichen Außenseiter, sondern „nur" zum literarischen. Dies vollzog sich im Laufe der Zeit auch im Internet, das einige Autoren als neue Spielwiese für sich entdeckten.

*Social Beat* war zeitweise die quantitativ größte Bewegung an Autoren, Veranstaltungen und Publikationen im deutschsprachigen Literaturraum – auch wenn sie hauptsächlich im Untergrund stattfand und sich bewusst den üblichen Ansprüchen und Kriterien der Literatur entzog.

## 2.2.2 Inspirationen durch deutschsprachigen Rap

Nachdem sich amerikanischer *Rap* auch in der Bundesrepublik Deutschland immer mehr durchsetzte, und *HipHop* zu einem internationalen Lebensgefühl wurde, entwickelte sich Anfang der neunziger Jahre eine populäre deutschsprachige Szene. *HipHop* entstand hier nicht aus einer sozialen Situation heraus, auf die junge Menschen reagierten, weil sie sonst in der Gesellschaft keinen Platz fanden, sondern *HipHop* kam nach Deutschland als fertiges und entwickeltes Ganzes, als Exportartikel.[86] Eine Bewegung griff um sich, seitdem „Die Fantastischen Vier" mit „Die da"[87], dem Lied von der Frau, die freitags nie da ist, bewiesen, dass

---

[85] Vgl. Kerenski, Boris und Sergiu Ştefănescu (Hg.): Es gibt Social Beat/Slam Poetry. Texte der 90er. Text Zeitschrift für Literaturen. Nr. 3-4. Stuttgart: Ithaka Verlag, 1998. Text 1.

[86] Vgl. Verlan, Sascha und Hannes Loh (Hg.): HipHop – Sprechgesang: Raplyriker und Reimkrieger. 1. Auflage. Mülheim an der Ruhr: Verlag an der Ruhr, 2000. S. 25.

[87] Fantastischen Vier, Die: Die da. Vier gewinnt. CD/LP.Frankfurt: Sony Music Entertainment GmbH, 1992.

„deutschsprachige Liederreime nicht nach Udo Lindenberg klingen müssen"[88]. Es war wohl selten zuvor so einfach gewesen, Platten aufzunehmen und zu veröffentlichen wie in dieser Zeit. Die Veröffentlichungsrate von *HipHop*-Tonträgern mit deutschsprachigen Reimen lag im Jahr 1992 schon doppelt so hoch wie im Vorjahr; 1993 verfünffachte sie sich.[89] Inzwischen haben sich immer mehr junge *HipHop*-Bands einen Namen machen können, die meisten von ihnen sehen die Dinge weit weniger ernst als die Vertreter der Alten Schule. Der Spaß am Wortspiel und am Reim tritt immer mehr in den Vordergrund.

Die Lust am *gerappten* Wort machte den *HipHop* im Laufe der Zeit zu einem Organ der Jugend, und es entwickelten sich junge *Rapper*, die ihre Sprachvirtuosität zur Kunst erhoben, wie zum Beispiel Bastian Böttcher, ein inzwischen mehrfach ausgezeichneter Künstler, der als „Sprachvirtuose [...] seine eigenen impressionistischen und lyrischen HipHop-Texte mit der Slam-Kunst verbindet."[90] Die Band „Zentrifugal" avancierte mit Bastian Böttcher als MC und Loris Negro als *DJ* von 1996 zu einer der herausragendsten deutschen *Rap*- und *HipHop*-Formationen bis zur Auflösung der Band im Jahr 2001.

### 2.2.3 Die deutschen Poetry Slams

Als sich Mitte der neunziger Jahre der deutschsprachige *Rap* vollkommen etabliert und der *Social Beat* noch erfolgreich gegen den akademischen Literaturbetrieb gekämpft hatte, deutete sich an, dass sich in den neuen Strukturen eine literarische Publikumskultur zu bilden begann. Eine eigenartige literarische Entwicklung aus Amerika belebte schließlich auch hier die Szene: Aus den Vorstadt-Slums der amerikanischen Städte kamen *Poetry-Slam*-Veranstaltungen, rhythmisch vorgetragene Gedichte und Prosa, die in einem Wettbewerb vom Publikum bewertet werden, in Goethes Heimat.

Oftmals nach Besuchen im „Nuyorican Poets Café", dem Lyrik-Café in New York Citys Lower East Side, kamen begeisterte deutsche Autoren, Journalisten, Künstler und Veranstalter mit dem Vorsatz zurück, das gleiche in Deutschland zu etablieren. Bereits 1992 lud das Literaturhaus Hamburg den bekannten amerikanischen *Slammer* Bob Holman zu einer

---

[88] Pilszek, Rafael Robert: HipHop aus dem Reihenhaus.
http://www.zeit.de/1998/04/Der_HipHop_aus_dem_Reihenhaus (02.05.2010)

[89] Vgl. Verlan, Sascha und Hannes Loh (Hg.): HipHop – Sprechgesang: Raplyriker und Reimkrieger. 1. Auflage. Mülheim an der Ruhr: Verlag an der Ruhr, 2000. S. 29.

[90] Karanfilovic, Nathalie: Poetry Slam – Literatur und Action.
http://www.medienkultur-stuttgart.de/source/frameset.htm?../thema02/2archiv/news6/mks_6_PoetrySlam.htm (02.05.2010)

Lesung ein. Er trug seine Texte im Liegen vor und *rappte* sie auf Tischen tanzend.[91] Zur Popularisierung des *Poetry Slam* trug ebenso die 1993 von der „literaturWERKstatt" Berlin organisierte Lesereise amerikanischer *Slammer*, die die Poeten über Berlin und Frankfurt/Main bis nach Österreich führte, bei.[92]

Beim *Poetry Slam* ist es aber eigentlich der private, unbekannte Dichter, der sein erstes, öffentliches Forum findet. Populäre Veranstaltungen wie diese, die seit Mitte der neunziger Jahre ihren Erfolgszug durch die Bundesrepublik begannen, zielen darauf ab, den kulturellen und ästhetischen Kontext festgelegter literarischer Strukturen der Hochkultur neu zu formen. Sie ermöglichen den Teilnehmern die Freiheit des kreativen Ausdrucks und erschaffen neue Plätze für ihre Kreativität außerhalb des bisherigen etablierten Kulturkreises, treiben das System der Literaturwettbewerbe auf die Spitze und führen es zugleich ad absurdum[93].

Der *Poetry Slam* aktualisiert vor allem für jüngere Generationen die für sie antiquiert anmutende Art der Lyrik, indem sich dort Lyrik und Prosa mit *HipHop*, *Comedy*, Kabarett und dramatischen Monologen vermischen und Dichtung mit Unterhaltung verbindet.

Die Texte, die bei einem *Poetry Slam* vorgetragen werden, werden als *Slam Poetry* bezeichnet. „Slam Poetry ist alles, was bei einem Poetry Slam vorgetragen wird, da es bei Slams üblicherweise keine Vorauswahl oder gar Zensur gibt."[94] Dabei geht es nicht unbedingt um die hehre Kunst. Absurdität ist durchaus gefragt.

Einer der ersten, der sich wissenschaftlich intensiv mit den deutschen *Poetry Slams* auseinandersetzte, war Boris Preckwitz, der selbst *Slammer* und *Poetry-Slam*-Veranstalter war (s. Kapitel 4.1.2.), und der 1997 eine Magisterarbeit an der Universität Hamburg mit dem Thema „Slam Poetry – Nachhut der Moderne. Eine literarische Bewegung als Anti-Avant-garde" schrieb. Bevor er die Arbeit 2002 als Buch bei „Books on Demand"[95] publizierte, veröffentlichte er Auszüge der wissenschaftlichen Untersuchung auf seiner eigenen Website im Internet.[96] Preckwitz

---

[91] Vgl. Kerenski, Boris: Slam Poetry – Stimmen aus dem Underground. In: Journal der Jugendkulturen. Nr.5. Bad Tölz: Tilsner Verlag, 2001. S. 67.
[92] Vgl. ebd.
[93] Schütz, Erhard et.al. (Hg.). Das BuchMarktBuch. Der Literaturbetrieb in Grundbegriffen. Reinbek: Rowohlt, 2005. S. 242.
[94] Bylanzky, Ko: Poesie mitten in die Magengrube. In: Poetry Slam. Was die Mikrofone halten. Hrsg. von Ko Bylanzky und Rayl Patzak. 1. Auflage. Riedstadt: Ariel, 2000. S. 76.
[95] Preckwitz, Boris: Slam Poetry – Nachhut der Moderne. Eine literarische Bewegung als Anti-Avantgarde. Norderstedt: Books on Demand, 2002.
[96] Preckwitz, Boris. http://www.slamagoge.de. Die Website existiert nicht mehr.

legt in einem historischen Teil mit einem kulturanthropologischen Ansatz eine Definition des „Phänomen Slam" dar. Indem er den *Poetry Slam* als Format, den *Slam* als Bewegung und die *Slam Poetry* als Gattung genauer untersucht, untermauert er seine These, dass *Slam Poetry* eine Anti-Avantgarde darstellt. Boris Preckwitz konstatiert: „Während die meisten klassischen Avantgarden eher politisch-utopisch waren, ist Slam eher politisch-pragmatisch. Seinen Platz in der Geschichte der modernen Literatur behauptet der Slam als Anti-Avantgarde mit avantgardistischen Mitteln."[97]

Zu Preckwitz' Untersuchung ist anzuerkennen, dass sie sich zwar intensiv mit dem *Poetry Slam* auseinander setzt, allerdings zu einem recht frühen Zeitpunkt der Entwicklung in Deutschland. Deswegen ist seine Arbeit eher als historische Hinführung zum Format *Poetry Slam* zu verstehen, sie bezieht sich eher auf literarische Vorläufer und auf die US-amerikanische Szene. Zusätzlich bietet Preckwitz einen interessanten Ansatz zu einer Interaktionsästhetik im *Poetry Slam*.

*Slam Poetry* wurde in den Feuilletons und in der Kulturszene des Öfteren mit *Social Beat, Trashliteratur* und Popliteratur als gleichbedeutender Begriff verwendet. Das lag zum einen daran, dass die Übergänge fließend waren – es gab keine Genrezuordnung, weder von Seiten der Autoren, die auf mehreren Bühnen gleichzeitig auftraten, der Veranstalter, oder auch des Publikums. Es wurde keine exakte Unterscheidung vorgenommen: Es reichte das Operieren mit populärsten Begriffen, und nur die wenigsten Besucher oder Leser haben sich die unterschiedlichen Definitionen vergegenwärtigt. Tatsächlich ist es sehr schwierig, vielleicht sogar unmöglich, die einzelnen Texte einer Gattung zuzuordnen, denn die Bandbreite ist groß. Einer, der versucht, den vielen Etikettierungen beizukommen, ist der Germanist Dr. phil. Enno Stahl. Im Sonderband „Pop-Literatur" von „Text und Kritik" veröffentlichte er „Trash, Social Beat und Slam-Poetry. Eine Begriffsverwirrung"[98]. Darin konstatiert Stahl, dass „Slam Poetry [...] Live-Literatur, Literatur für die und auf der Bühne" ist, „Social Beat meint vornehmlich ein literarisches (Untergrund-) Netzwerk, Trash einen Schreibstil"[99]. Enno Stahl versucht weiterhin, mit der historischen Aufarbeitung der Veranstaltungs-Entwicklungen in Deutschland, die Begrifflichkeiten zu definieren.

---

[97] Preckwitz, Boris: Slam Poetry – Nachhut der Moderne. Eine literarische Bewegung als Anti-Avantgarde. Norderstedt: Books on Demand, 2002. S. 151.

[98] Stahl, Enno: Trash, Social Beat und Slam-Poetry. Eine Begriffsverwirrung. In: Text und Kritik. Sonderband Pop-Literatur. Hrsg. von Heinz Ludwig Arnold. München: Richard Boorberg, 2003. S. 258f.

[99] Stahl, Enno: Trash, Social Beat und Slam-Poetry. Eine Begriffsverwirrung. In: Text und Kritik. Sonderband Pop-Literatur. Hrsg. von Heinz Ludwig Arnold. München: Richard Boorberg, 2003. S. 258.

Ähnlich beim *Poetry Slam* und *Social Beat* ist zum Beispiel eine offene Bühne für die Lesungen. Der *Social Beat* ließ sich aber auf keine Zeitlimits ein. Bei den meisten *Poetry-Slam*-Veranstaltungen steht eher der Unterhaltungswert im Vordergrund und nicht so sehr die Inhalte, ein großer Anteil Gesellschaftskritik fand sich dagegen im *Social-Beat*-Gedanken. Die so genannten *Trash*-Autoren[100] hatten eine noch härtere Tonart angeschlagen als das geistige Urgestein der Beat-Generation um Bukowski und Burroughs.

---

[100]  Link, Heiner (Hg.): Trash-Piloten. Texte für die 90er. 1. Auflage. Leipzig: Reclam, 1997. S. 16.

# 3. Darstellung eines Slams – Erfolgsfaktoren

## 3.1 Bedeutung des Veranstaltungsortes

Bob Holman, Veranstalter des ersten *Poetry Slams* im „Nuyorican Poets Café" in New York City, ist sich der Relevanz des Veranstaltungsorts bewusst: „The shape of the room will shape the audience, the mood of the room will give its ambiance."[101]

Um einen *Poetry Slam* auszurichten, wird als erstes ein Veranstaltungsort benötigt, an dem der *Slam* regelmäßig stattfinden kann. Dieser Aspekt der Regelmäßigkeit ist von Bedeutung, um ein Gefühl der Gemeinschaftlichkeit herzustellen und ein Netzwerk aufbauen zu können. Ebenso wichtig ist er für den Veranstalter, der das Bestreben hat, dass der *Slam* sich herumspricht und im Freizeitangebot einen festen Platz einnimmt. Das können optisch völlig unterschiedliche, auch gern als *Locations* oder *Venues* bezeichnete Orte sein. Wichtig ist, dass sie den direkten Kontakt zum Publikum zulassen und von einer bestimmten Szene frequentiert werden. So sind das entsprechende Publikum und eine gute Atmosphäre garantiert.[102] Die meisten *Slam*s finden unter der Woche oder am Wochenende meist in den späteren Abendstunden statt, „wobei viele Veranstalter den Sonntagabend vorziehen, da sie dann nicht mit den gängigen Wochenend-Gestaltungen wie Kino, Disco und Partys konkurrieren müssen."[103]

Nicht immer muss es die angesagte Szene-Bar oder die verräucherte Kult-Kneipe sein. Viel wichtiger ist, dass eine gewisse Basis an Ausstattung vorhanden ist: Eine Bühne und technische Voraussetzungen wie Scheinwerfer, Bühnenlicht, Mikrofon, Verstärker etc. Weiterhin benötigt man Gastronomie und Personal z. B. für die Kasse. Doch ist die Slam-Veranstaltung noch nicht etabliert, empfiehlt sich, laut Veranstalter des Hamburger „Macht e.V." „ein Platz, der beim Publikum bereits eingeführt und für die Zielgruppe interessant ist. Im Idealfall profitiert man von dem positiven Image des Veranstaltungsortes und spricht ein bereits vorhandenes Publikum an.[...] Abgeschiedenheit und kulturelle Starre wirken zumindest auf jüngere Zuschauer nicht attraktiv."[104]

---

[101] Holman, Bob: The Room. In: Poetry Slam: The Competitive Art of Performance Poetry. Hrsg. von Gary Mex Glazner. 1. Auflage. San Francisco: Manic D Press, 2000. S. 15.

[102] Vgl. Kerenski, Boris: Slam Poetry – Stimmen aus dem Underground. In: Journal der Jugendkulturen. Nr.5. Bad Tölz: Tilsner Verlag, 2001. S. 69.

[103] Ebd.

[104] Moldenhauer, Friederike und Bitter, Joachim. Literatur veranstalten. Lesung, Vortrag, Event. München: M-press, 2005. S. 8.

Bob Holman konstatiert: „Every Room, for they are all Rooms, brings its size, vibe, and history".[105] Auch in einem Zirkuszelt mit harten Sitzreihen kann ein *Slam* funktionieren, so geschehen beim Münchner „Feierwerk Sommerfest" im Juli 2001.

Üblicherweise herrscht die Variante des „Sit-ins" vor, indem direkt vor der Bühne eine freie Fläche geschaffen wird, wo die Zuschauer sich auf den Boden setzen können. Die ebenfalls gnenutzten Stühle und Tische werden an der Seite und im hinteren Teil des Raums aufgestellt, damit gewährleistet ist, dass jeder einen freien Blick auf die Bühne hat.

Es gibt auch *Slams* ohne fixen Ort, die sich trotzdem an regem Zulauf von Zuschauern und Autoren erfreuen: Die Veranstalter der Konstanzer „Sprechstation" bringen seit 2002 den *Slam* an den Bodensee. Da kein fester Veranstaltungsort gefunden werden konnte, zieht der *Slam* jedes Mal um. Die *Slams* finden z. B. abwechselnd in einem ehemaligen Blumengeschäft, auf einem Parkhausdeck oder in einer Fußgängerunterführung statt.[106]

Wichtig ist vor allem, dass der Veranstalter etwas aus der Lokalität macht – dann funktionieren Experimente wie in Konstanz funktionieren. Denn die Auswahl des Ortes sollte überlegt getroffen werden: Bei der ersten „Dichter Dran" Veranstaltung in Frankfurt am Main wurde die Ortswahl, das Lokal „Weinstube im Hinterhof", der Organisatorin Petra Seyenstahl schwer kritisiert.

> Weniger gut war die Idee, als Veranstaltungsort den geradezu furchteinflößend hässlichen "Hinterhof" [...] auszuwählen, dessen holzverkleidetes Ambiente selbst in einem eingefleischten Sanguiniker Todessehnsucht erweckt.[107]

Nicht nur damit wird deutlich, dass die Wahl des Veranstaltungsorts durchaus entscheidend für den Verlauf und das Gelingen eines *Slams* ist. Neben dem am häufigsten vorkommenden Veranstaltungsort, der Szene-Kneipe, sind inzwischen auch renommierte Theater[108] Schauplätze von *Poetry Slams* und Dichter-Workshops geworden. Auch Slam-Veranstaltungen, die außerhalb jeglicher normaler Veranstaltungsorte stattfinden, finden inzwischen häufiger statt. Darunter die „Slam-Train":

---

[105] Holman, Bob: The Room. In: Poetry Slam: The Competitive Art of Performance Poetry. Hrsg. von Gary Mex Glazner. 1. Auflage. San Francisco: Manic D Press, 2000. S. 15.

[106] Vgl. Sprechstation. Website. http://www.sprechstation.de/sp_konstanz/index.htm (19.02.2010)

[107] Schröder, Christoph. Dichter Dran Pflichtlektüre. Frankfurter Rundschau, 19.03.2002. http://www.slamffm.de/presse.html (20.02.2010)

[108] Darunter u. a. Münchner Kammerspiele, Berliner Schaubühne, Hamburger Schauspielhaus, Staatsschauspiel Mainz, Theater Trier, Bochumer Schauspielhaus.

Erstmals 2006 wurde vom Kulturreferat der Stadt München die „Slam-Train" initiiert. Ein U-Bahn-Sonderzug, der einen Abend lang mehrere Slammer präsentiert, die im „poetischen Sonderzug"[109] ihre Texte den „teilweise überraschten Fahrgästen"[110] präsentierten. Auch in den Jahren 2009 und 2010 wurde, mit z. T. internationalen *Spoken-Word*-Poeten, der *Slam* im Untergrund von München abgehalten.

## 3.2 Unterschiedliche Rollen der Beteiligten

Jeder *Slam* hat seine eigene Dynamik. Keiner der Teilnehmer, egal ob Veranstalter, MC, Publikum oder *Slammer*, weiß im Voraus, wie sich die Veranstaltung entwickelt. Die besondere Atmosphäre wird durch das Publikum, die Präsenz der Autoren und nicht zuletzt durch deren Texte geschaffen, wobei keiner der Faktoren allein die Qualität eines *Slams* ausmacht. Ein abgestimmtes Ganzes führt zum Erfolg der Veranstaltung.

Die Rolle eines jeden Beteiligten ist nicht immer eindeutig vergeben, beim *Poetry Slam* geht es vor allem um das Zusammenspiel. Die Übergänge der teilnehmenden Figuren können fließend sein: Da wird ein Zuschauer zum Juror oder *Slammer*, ein Veranstalter zum MC, ein *Slammer* zum Zuschauer.

### 3.2.1 Veranstalter und ihr Organisationskonzept

Nachdem der Veranstaltungsort gefunden ist, muss der Veranstalter die konkrete Planung und Durchführung des *Poetry Slam* organisieren. Der Veranstalter eines *Poetry Slams*, der meist auch als Moderator des *Slams* fungiert, gehört vorwiegend einer dieser Kategorien an: Entweder ist er selbst ein *Slammer*, oder er ist schlichtweg vom Format des *Poetry Slam* begeistert. Eher selten ist die Variante des reinen „Begeisterten", also selbst nicht *Slam*-literarisch tätigen Veranstalters. Als Beispiel kann hier der Veranstalter der „Darmstädter Dichterschlacht" Oliver Gaußmann genannt werden. Er ist hauptberuflich Lehrer und hat keine Ambitionen, selbst auf der Bühne zu stehen.[111]

Wie organisiert der Veranstalter eines *Poetry Slams* den *Event*? Nachdem ein Veranstaltungsort gefunden wurde, der in jedem Fall gut erreichbar ist, müssen die Regularien mit dem Betreiber des Veranstaltungsorts ge-

---

[109] Münchner U-Bahn. Website. http://www.muenchnerubahn.de/aktuelles/2009/02/slam-train/ (10.03.2010)
[110] Stadt München. Veranstaltungen. Website. http://www.muenchen.de/Rathaus/kult/veranstaltungstipps/veranstaltungen/slam_train/391677/index.html (10.03.2010)
[111] Vgl. Gaußmann, Oliver. Im Interview am 08.01.2004. Materialanhang.

klärt werden, zum Beispiel mit dem Wirt eines Lokals: wie die Einnahmen aufgeteilt werden, Erlaubnis für Musikabspielungen oder Bandauftritte, Absprache des Termins.

Ein guter Kontakt zum Netzwerk der schreibenden und interessierten (Hobby-)Poeten ist dienlich, um für die ersten Veranstaltungen und bei Ausfällen genügend *Slammer* für die Bühne zu haben.

Dann müssen Regeln ausgearbeitet und festgelegt werden: also Festsetzen eines Zeitlimits, Abstimmung durch eine Jury (s. Kapitel 3.2.5.), das Publikum (s. Kapitel 3.2.4.), eine *offene Liste* (s. Kapitel 3.3.1.) und/oder geladene *Slammer*.

Daraufhin muss der Veranstalter den *Slam* bei Besuchern und *Slammern* bekannt machen: Dies geschieht vorwiegend durch *Flyer*, die in Lokalen, Universitäten und Szene-Clubs verteilt werden. Plakate sowie Mitteilungen in regionalen Veranstaltungskalendern weisen auf die Veranstaltung hin. Auch das Internet ist inzwischen aus der Event-Planung nicht mehr wegzudenken: Was sich Ende der 1990er und zu Beginn der 2000er Jahre noch durch Mailinglisten und unregelmäßige Newsletter verbreitete, wird durch Twitter, MySpace, soziale Netzwerke wie Facebook und myslam inzwischen minutenschnell an das Publikum und weitere Interessenten gebracht.

Um einen möglichst erfolgreichen Slam auszurichten, kann der Veranstalter *featured poets* einladen, also *Slammer*, die schon mehrere Auftritte absolviert haben und auch durch ihre Texte und Performances regional oder auch überregional bekannt sind. Somit wird ein Teil der Veranstaltung durch „professionelle" *Slammer* gestaltet. Ergänzend treten Freiwillige auf, die sich am Anfang des Abends in die so genannte *offene Liste* eingetragen haben. Falls *Slammer* geladen werden sollen, müssen diese kontaktiert werden und eine Zusage eingeholt werden, da diese Poeten meist in den *Flyern* und Mitteilungen genannt werden. Im Laufe der Entwicklung des *Poetry Slam* in Deutschland, vor allem durch das gesteigerte Interesse des Publikums und der Zunahme von Veranstaltungen haben eine größere Anzahl von *Slammern* einen Bekanntheitsgrad auch außerhalb der *Poetry-Slam*-Szene erlangt, der ihnen ermöglicht, von ihrer Kunst zu leben. Für Sebastian Rabsahl alias Sebastian23, sind „Die meisten Slammer [...] Hobbydichter, doch die Gelegenheit, für einen Auftritt Gage zu bekommen, gibt es inzwischen immer öfter."[112]

Gerne genutzt wird auch die Variante, den *Poetry Slam* allein durch Teilnehmer der *offenen Liste* zu gestalten. Die musikalische Untermalung in der Pause durch einen *DJ* oder eine Band muss ebenso organisiert wer-

---

[112] Alexander, Constantin. Massenerfolg Poetry Slam. Dichter dran am Kommerz. Spiegel Online, 18.04.2009.
http://www.spiegel.de/kultur/literatur/0,1518,602670,00.html (29.03.2010).

den wie der Preis, der dem besten *Slammer* als Gewinn überreicht wird. Ein Büchertisch bzw. Medientisch mit Anthologien, Einzelwerken, DVDs und CDs der *Slammer* kann strategisch günstig platziert werden. Die Kosten, die dem Veranstalter durch etwaige Spesenzahlungen wie Reisekosten an die geladene Poeten oder auch Raummiete entstehen, werden von den Einnahmen durch den erhobenen Eintrittspreis beglichen. Gerne wird eine „Kostendeckung"[113] proklamiert, die keinen Profit für den Veranstalter verspricht. Inzwischen nutzen einige Veranstalter recht erfolgreich ihre Präsenz und den Bekanntheitsgrad, den ihre Veranstaltungen bekommen. Sie bieten Workshops und Seminare an oder werden als MCs (s.u.) für weitere Events gebucht.

### 3.2.2 Der Moderator – „MC"

Der Moderator (oft der Veranstalter selbst) eines *Poetry Slams* wird oftmals – geprägt durch den *HipHop*-Begriff *Master of Ceremony* – kurz MC genannt. Der Terminus *MC* gilt für weibliche wie männliche Moderatoren, wird im Folgenden der Einfachheit halber allerdings maskulin verwendet. In Deutschland wird zusätzlich auch der Begriff *Slammaster* gebraucht.

Der *MC* betritt als erster die Bühne. Er weiht die Beteiligten in die Wettbewerbsregeln ein und erklärt den Ablauf des Abends. Falls eine Jury über das Ergebnis abstimmt, wählt er zunächst die Juroren. Dies geschieht entweder nach rein subjektiver Einschätzung oder nach freiwilligen Meldungen aus dem Publikum. Eine andere Variante erlaubt, dass das gesamte Publikum per Akklamation den Gewinner ermittelt. Zusätzlich weist der *MC* das Publikum darauf hin, dass es seine Meinung auch schon während eines Vortrags zum Ausdruck bringen kann. Im Gegensatz zu üblichen Autorenlesungen trägt der *MC* wesentlich zur Atmosphäre der Veranstaltung bei.

Sollte es eine *offene Liste* geben, lost der *MC* die *Slammer* aus, die sich am Anfang der Veranstaltung in dieselbe eingeschrieben haben. Da es sich um eine geheime Ziehung handelt, werden die Namen der Freiwilligen auf einen kleinen Zettel geschrieben und aus einem Behälter gezogen.

Vorgestellt werden die auftretenden Poeten vor ihren Auftritten nicht nur namentlich, sondern, sofern sie dem *MC* bekannt sind, auch durch kleine Anekdoten. Beispielsweise kann er von ihren Erfolgen berichten, die sie in ihrer *Slam*-Karriere verbuchen konnten. Meist muss der *MC* damit die Zeit überbrücken, die der *Slammer* braucht, um zur Bühne zu kommen. Während eines *Slams* steht dem *MC* dann die Rolle des Richters zu: Überschreitet der *Slammer* die vorgeschriebene Zeit, greift der

---

[113] Oberländer, Jan: Poeten, Propheten, Proleten – Poetry Slam in Berlin. Hausarbeit im HS 16700. Freie Universität Berlin, WS 2002/2003. S. 10.

*MC* ein. Und auch sonst liegt es in den Händen des *MC*, die Veranstaltung nicht im Chaos enden zu lassen. Die Rolle des Slammasters ist eine wesentliche, nicht zu unterschätzende Funktion bei einem Poetry Slam:

> Der Slammaster ist für das Publikum der Erstkontakt, er stellt die stimmungsmäßigen Weichen für den Abend. Eine respektvolle Atmosphäre, ein herzlicher Applaus, das Interesse an den Vorträgen, aber auch an eventuell mitgebrachten Veröffentlichungen der Autoren, all das kann von der Bühne aus gelenkt werden, und das ist nicht Aufgabe der Slammer, sondern des Moderatoren. Wer jemanden auf der Bühne begrüßt und verabschiedet, der kann dabei auch ganz subtil parteiisch werden. Oder eben gerade nicht, wenn er denn seinen Job richtig macht.[114]

Wird durch Akklamation des Publikums der Gewinner der Veranstaltung ermittelt, liegt es am *MC*, herauszufinden, wer den lautesten und längsten Applaus bekommt. Er fasst nach dem Finale die Beiträge der *Slammer* kurz zusammen und fordert das Publikum zum Applaudieren für ihren Favoriten auf. Bei einer Jury-Abstimmung gibt er das Ergebnis bekannt. Am Ende des *Slams* überreicht der *MC* dem Gewinner den Preis.

### 3.2.3 Die Slammer

*Slammer* sind die „Schmuddelkinder der Literatur – Wort-Akrobaten und Performance-Künstler."[115] Die Akteure schreien ihre Befindlichkeit gerne mal heraus, wälzen sich auf dem Boden, ächzen und stöhnen oder animieren die Zuschauer zum Mitklatschen. Während ein Theaterschauspieler Texte vorträgt, die von anderen Personen geschrieben wurden, und eine Bühnenillusion aufbaut, wird der *Slammer* mit den Inhalten seiner Texte identifiziert. Das ist es auch, was die *Slammer* wollen: Als junge, unbekannte Autoren präsentieren sie zum ersten Mal öffentlich ihr Geschriebenes und nutzen so die Möglichkeit, eine erste, ehrliche Meinung eines großen Publikums zu bekommen. Um nicht nur mit den eigenen Texten im Gedächtnis des Publikums zu bleiben, wurden einige *Slammer* auch bei ihren, manchmal durchaus programmatischen Künstlernamen kreativ, zum Beispiel Lasse Samström, Wehwalt Koslovsky, Sushi, Sebastian23, Schriftstehler oder Florian Graf HH von Hinten.

Der Begriff des *Slammers* ist ein Überbegriff. *Slammer* sind Dichter, Lyriker, Geschichtenerzähler, *Performer*, *Performance*-Poeten, Soundpoeten, Lebenskünstler und Autoren[116] - allen gemeinsam ist jedoch der Auftritt im Wettbewerb.

---

[114]   Bach, Alexander. In E-Mail an Autorin. 13.05.2010.
[115]   Mandel, Marc. Darmstädter Echo. 25.02.2002.
[116]   Vgl. Brijbag, Claudia: Poetrymagazin No.1. Kurzbios. S. 46-48.

Manchmal wird aus einem *Slammer* auch schnell ein Poet: Mal wird daraus der *Slam*-Poet[117] oder auch nur ein Freizeitpoet[118].

Für die *Slammer* gibt es nur wenige Vorgaben seitens der Veranstalter: Absolut verboten sind Fremdtexte und das Überschreiten des Zeitlimits. Außerdem gilt deutschlandweit die Regel, dass keinerlei Requisiten erlaubt sind, weder Kostümierungen noch Hilfsmittel. Nur die Anzahl der teilnehmenden *Slammer* variiert leicht: Vorherrschend bei den meisten Veranstaltungen sind zehn *Slammer*, die auftreten, es gibt aber auch Slams, bei denen zwölf oder auch fünfzehn *Slammer* den Abend gestalten.

Der *Slammer* Moses Wolff sieht drei Varianten von *Slammern*: die inhaltlichen, die technischen und die improvisierenden. Die inhaltlichen *Slammer* schreiben Texte, die entweder eine Aussage, eine Meinung oder ein Gefühl vermitteln möchten, häufig bemühen sie sich zusätzlich lustige und amüsante Themen zu präsentieren. Die technischen stellen zum Beispiel ihr *Beatbox*-Können unter Beweis oder ihre Vortragsgeschwindigkeit. Die improvisierenden liefern einen zuvor nicht festgelegten Vortrag, der sich auf der Basis von Fragmenten entwickelt. Sie bauen ihre *Rhymes* nach Gusto um. Sie können teilweise sogar Zurufe des Publikums in ihre Strophen mit einbauen.[119]

Erstaunlicherweise scheint sich im Gegensatz zur Variabilität des Begriffs *Slammer* im Laufe der Zeit die Besetzung der *Slammer* kaum geändert zu haben: die idealtypische Männergruppe, das Flaschenbier immer griffbereit, dominiert fast uneingeschränkt. Frauen sind deutlich unterrepräsentiert. Diese Männerdominanz wurde bisher, bis auf einige Ausnahmen, nicht gebrochen. Vom Stuttgarter *Poetry-Slam*-Veranstalter Timo Brunke wird dies als traditionelles Rollenverständnis erklärt, nur wenige Powerfrauen würden sich auf die Bühne trauen.[120] Frauen haben auf der Bühne mit einer Vielzahl von Klischees zu kämpfen. Die *Slammerin* und Autorin Tanja Dückers erklärt die weibliche Unterrepräsentation in der *Slam*-Szene durch das mangelnde Selbstbewusstsein von Frauen im kreativen Bereich. Bei manchen Auftritten sei sie die einzige Frau un-

---

[117] Vgl. Stilper, Andrea: Poetry Slam und andere Literaturformate. Cool – Kult – Kunst?! Jugendliche als Kulturpublikum. http://www.kunststiftungnrw.de/download/ckk_gesa.PDF?lang=de (10.05.2010)

[118] Vgl. Schöppner, Boris: Poetry Slam: Wenn Freizeitpoeten um die Gunst des Publikums kämpfen. Fuldaer Zeitung. http://www.slamffm.de/presse.html (10.05.2010)

[119] Vgl. Wolff, Moses. Im Interview am 31.01.2004. Materialanhang.

[120] Vgl. Karanfilovic, Nathalie: Poetry Slam – Literatur und Action. http://www.medienkultur-stuttgart.de/thema02/2archiv/news6/mks_6_PoetrySlam.htm (10.05.2010)

ter einigen Männern gewesen, hätte sich aber gut behaupten können.[121] Und auch die Überlegung, dass die Hemmschwelle, auf der Bühne Texte zu präsentieren, bei Frauen größer sei, diese selbstkritischer seien und sich anscheinend mehr Gedanken über ihre Texte machten[122], knüpft an Dückers' Gedanken an. Auf zwölf Teilnehmer kommen vielleicht drei Frauen, manchmal ist es auch nur eine.[123] Nadja Schlüter, die 2005 deutschsprachige U20-Meisterin wurde, meint, dass es Männern vielleicht leichter fällt, sich auf der Bühne zu inszenieren und dass Frauen eher reduziert und schneller in eine Schublade gesteckt würden. Auch ein tiefer Ausschnitt würde vielleicht eher als Kalkül bewertet.[124] Doris Mitterbacher alias Mieze Medusa, eine der bekanntesten österreichischen *Slammerinnen*, gibt *Poetry Slam*-Workshops und ist auch als Autorin und Rapperin aktiv.[125] Für sie beurteilt das Publikum Frauen härter[126].

Den erheblichen Mangel an weiblichen *Slammern* kann man besonders deutlich in den schriftlichen Dokumenten der Szene aufzeigen: In den Anthologien der letzten Jahre ist die Anzahl der weiblichen Autoren im Vergleich zu den männlichen wesentlich niedriger. Als Beispiele dienen „Kaltland Beat. Neue deutsche Szene"[127] des „Ithaka" Verlags von 1999, „Poetry Slam. Was die Mikrofone halten"[128] des „Ariel" Verlags von 2000 sowie von 2002 „Planet Slam. Das Universum Poetry Slam"[129], erschienen 2002 im „Yedermann" Verlag.

In „Kaltland Beat. Neue deutsche Szene" werden 103 deutsche Autoren und ihre Werke vorgestellt, darunter vierzehn Autorinnen. „Poetry Slam. Was die Mikrofone halten" präsentiert fünfzig deutsche und elf amerikanische *Slammer*. Unter den deutschen *Slammern* sind elf Frauen, bei den amerikanischen gerade mal zwei. Die Herausgeber versuchten in der zweiten, von ihnen publizierten Anthologie die weiblichen Poeten

---

[121] Vgl. Dückers, Tanja. In E-Mail an Verfasserin am 13.07.2002. Materialanhang.
[122] Vgl. Keidel, Volker. Im Interview am 03.02.2004. Materialanhang.
[123] Vgl. Wirth, Elisabeth. Angst vor dem Mädchenbonus. Das Magazin. Heft 09/2008. S. 72ff.
[124] Vgl. ebd.
[125] Mitterbacher, Doris alias Mieze Medusa. Website. http://www.miezemedusa.com/poetry_slam_workshop.htm (23.02.2010)
[126] Vgl. Wirth, Elisabeth. Angst vor dem Mädchenbonus. Das Magazin. Heft 09/2008. S. 72ff.
[127] Kerenski, Boris und Sergiu Stefănescu (Hg.): Kaltland Beat. Neue deutsche Szene. 1. Auflage. Stuttgart: Ithaka, 1999.
[128] Bylanzky Ko und Rayl Patzak (Hg.): Poetry Slam. Was die Mikrofone halten. 1. Auflage. Riedstadt: Ariel Verlag, 2000.
[129] Bylanzky, Ko und Rayl Patzak (Hg.): Planet Slam. Das Universum Poetry Slam. 1. Auflage. Riemerling: Yedermann, 2002.

mehr zu berücksichtigen. Mit der Folge, dass von 44 Autoren in „Planet Slam. Das Universum Poetry Slam" 14 *Slammerinnen* sind.

Und auch einige Veranstalter versuchen, den weiblichen *Slammern* ein eigenes Forum zu bieten: Bei den „Winterthurer Musikfestwochen 2003" wurde erstmalig ein Frauen-*Slam* veranstaltet: Auf die Frage, warum explizit ein Frauen-*Slam* ausgerichtet wird, antwortete die Moderatorin Susanne Zahnd: „Einfach so."[130] Allerdings gestaltete sich die Organisation eines solchen Slams für die Veranstalter schwierig, da sich erst nach einigen direkten Anfragen genügend deutsche und schweizerische *Slammerinnen* fanden, um den *Slam* stattfinden zu lassen. Zu den zehn *Slammerinnen* zählten unter anderem Susanne Zahnd, Xóchil A. Schütz und Marlene Stamerjohanns. Als Sponsor wurde ein Frauenbuchladen gewonnen. Eine interessante Entwicklung gab es beim Publikum: Trotz des Titels „Frauen-Slam" fanden sich weniger „Kampflesben"[131] als Männer im Saal. Der Veranstalter Dominik Siegmann erläutert: „[…]lustig war vor allem, dass kurz vor dem *Slam* noch zaghafte Anfragen kamen, ob Männer auch bei der Veranstaltung zugelassen seien."[132]

Es gab in den folgenden Jahren immer wieder Ansätze, nur weibliche *Slammer* auf die Bühne zu holen, doch meistens scheiterten diese Vorhaben mangels Teilnehmerinnen. Erfolgreicher war da das Konzept „Männer gegen Frauen", wie z. B. beim „Lauschangriff" *Slam* in Augsburg oder „Kreuzberg-Slam" in Berlin.

Aber was treibt junge Menschen, egal ob männlich oder weiblich, auf die Bühne – die direkte Kritik des Publikums zu erfahren und sich und seine Texte zu präsentieren?

Bastian Böttcher, der Gewinner zahlreicher nationaler *Slams*, möchte mit seiner Poesie Köpfe bewegen: „Sprichwörtlich mit übertragenem Sinn oder im Takt zum Beat und wenn's nur Kopfschütteln ist, das durch die Text Tracks ausgelöst wird."[133] Für die Autorin Tanja Dückers waren und sind *Poetry Slams*

> ein wichtiger Ort, um neue, auch experimentelle Texte vorstellen zu können, zudem macht diese Art des „literarischen Lebens" natürlich Spaß. Die Kulturhausatmosphäre der meisten Lesungen

---

[130] Siegmann, Dominik. Im Interview am 29.01.2004. Materialanhang.
[131] Ebd.
[132] Ebd.
[133] Böttcher, Bastian: Mal eben überschlagen. http://www84.pair.com/tegernh/eigene2.html (10.05.2010)

mit Pianogeklimper hat mich nie sehr angesprochen, ist mir zu unspontan, unerotisch und gewollt.[134]

Die Regensburger *Slammerin* Jela B. konstatiert, dass der *Poetry Slam* eine Plattform für Dichter oder solche, die es werden wollen, ist. Man kann sich vor dem Publikum ausprobieren und sich bestätigen lassen, gleichzeitig ist ein Slam eine Stätte für andauernde Anregung durch andere.[135] Für sie ist

> der gedanke des wettbewerbs [...] erstmal nebensache. man geht nicht hin um zu gewinnen. allein schon da oben stehen bringt die extase. wenn es aber doch passiert ist das natürlich ein höhepunkt.[136]

Der *Poetry Slam* als Plattform für Nachwuchstalente – dieser Gedanke hat sich schon bei vielen ambitionierten *Slammern* als richtig herausgestellt. Sie nutzen den *Poetry Slam* als Sprungbrett für ihre Karriere. Einer davon ist Michael Lentz. Er gewann 1998 den „National Poetry Slam" in München, trat danach noch bei vielen Slams auf. Es folgten weitere literarische Auszeichnungen und 2001 der Ingeborg-Bachmann-Preis. Seitdem ist er als Autor und Lautpoet sowie als Dozent und Professor am Deutschen Literaturinstitut Leipzig tätig.

Sebastian Krämer gewann 2001 und 2003 den German International Poetry Slam. Er gründete den *Poetry Slam* im Berliner Scheinbar-Varieté im Jahr 2002 und moderierte ihn bis Februar 2008 monatlich gemeinsam mit Marco Tschirpke. Krämer ist erfolgreicher Kabarettist und Chansonnier, hatte zahlreiche Auftritte in renommierten Theatern und erhielt zahlreiche Auszeichnungen, zuletzt den Deutschen Kleinkunstpreis 2009.[137]

Marc-Uwe Kling erlangte durch seinen Erfolg beim German International Poetry Slam 2006 und 2007 auch außerhalb der *Slam*-Szene große mediale Aufmerksamkeit. Er trat in diversen Fernsehshows auf und brachte auch den Zuschauern von privaten Fernsehsendern *Poetry Slam*

---

[134] Kerenski, Boris: Gespräch mit Tanja Dückers. http://www.titel-magazin.de/modules.php?op=modload&name=News&file=article&sid=428 (10.05.2010)
[135] Bauer, Jela. In E-Mail an Verfasserin am 02.12.2003. Materialanhang.
[136] Ebd.
[137] Krämer, Sebastian. Website. http://www.sebastiankraemer.de/rahmen.html (19.01.2010)

in Deutschland etwas näher[138](s. Kapitel 6.2). Schon 2004 gründete er die Lesebühne „Lesedüne" in Berlin. Er moderiert monatlich den Kreuzberg-Slam.[139]

Auch die Kabarettistin Martina Schwarzmann, die Autorinnen Karen Duve, Tanja Dückers traten bei diversen Poetry Slams auf. Lydia Daher, die seit 2001 als Slammerin aktiv war, nennt sich seit der Veröffentlichung ihres Lyrikbandes 2008 Dichterin, da sie nun in den Literaturbetrieb integriert[140] sei.

Eine entscheidende, stetig voranschreitende Entwicklung sind die *Team-Slams*. Ursprünglich waren die Auftritte als Mannschaften nur bei den großen, deutschsprachigen Meisterschaften vertreten. Zwei bis fünf Slammer treten gemeinsam auf die Bühne und tragen einen Text vor. Dieser Text wird gemeinsam erarbeitet und mehrstimmig vorgetragen. Seit der ersten Meisterschaft 1997 war die Disziplin *Team-Slam* vertreten und hat seitdem stark an Popularität zugenommen. Das liegt zum einen daran, dass es eine Seltenheit ist, einen *Team-Slam* bei einem regulären *Poetry Slam* zu sehen, zum anderen haben die Qualität der *Slam Poetry* und die publikumswirksame Performance der Teams sehr zugenommen.

Durch diese Popularität haben sich ständige Teams gebildet, die auch außerhalb der deutschsprachigen Meisterschaften zusammen auftreten. Darunter „SMAAT", „die erste deutschsprachige Poetry Slam-Boyband Deutschlands"[141], bestehend aus Felix Römer, Gabriel Vetter, Sebastian23 und Lars Ruppel. SMAAT konnte den Team-Wettbewerb beim Slam2007 in Berlin für sich entscheiden. „LsD - Liebe statt Drogen" ist eigentlich eine Lesebühne in Berlin. Micha Ebeling, einer der Veranstalter und Autoren und Volker Strübing traten unter diesem Namen bei diversen Slams an und gewannen den Slam2006 in München sowie den Slam2008 in Zürich als Team.

Bei vielen *Slammern* stellt sich heraus, dass es sich um multitalentierte Menschen handelt, selten ist nur ein künstlerischer Bereich abgedeckt:

---

[138] Am 17.01.2007 trat Marc-Uwe Kling in der Sendung „TV Total" auf ProSieben auf. Das Publikum im Studio reagierte nur mit verhaltenem Applaus auf seine Performance. Nach dem Auftritt gab es noch ein kurzes Gespräch mit Moderator Stefan Raab, der nicht viel mit seinem Gast anzufangen wusste und unvorbereitet auf das Interview wirkte, dabei viel lachte, ob über sich oder das Publikum, ist nicht bekannt.

[139] Wikipedia. Marc-Uwe Kling. http://de.wikipedia.org/wiki/Marc-Uwe_Kling (02.02.2010)

[140] Augsburg-Wiki. Lydia Daher. http://www.augsburgwiki.de/index.php/AugsburgWiki/DaherLydia (19.02.2010)

[141] SMAAT. Website. Kennen. http://www.smaat.de (25.02.2010)

Auf der Bühne finden sich Schauspieler, Kabarettisten, Comedians, Buchautoren und Musiker wieder.

### 3.2.4 Rezipienten: Die Wertung des Publikums

Stimmung und Publikum sind immer eine unbekannte Variable. Der Erfolg eines *Poetry Slam* ist nicht planbar; denn die Stimmung hängt vom Publikum ab und kann vorher nicht bestimmt werden. Durch Applaus, Zwischenrufe, Sympathie und Ablehnung für einen *Slammer* ist das Publikum ein entscheidender Faktor für die Atmosphäre. Bei den meisten deutschen *Slams* handelt es sich um eine mehrheitlich studentische Zuhörerschaft. Weitere Besucher kommen aus einem weitläufigen Berufsbereich, der mit Sprache zu tun hat, zum Beispiel Medien, Werbung etc.[142] „Dadurch, dass beim Slam die Ansprache des Publikums sehr betont wird, wird er von einem relativ heterogenen Publikum besucht, das man bei den typischen „normalen" Lesungen in der Regel nicht findet."[143]

Für die Zuschauer wird der abstrakte Autor, wie sie ihn bis dato durch die Literaturgeschichte kannten, bei einem *Poetry Slam* greifbar, er erhält einen Körper. Anders als bei herkömmlichen Lesungen mischt sich der *Slammer* unter die Zuschauer, ist einer von ihnen.

Das Publikum bekommt die Regeln des *Poetry Slam* mitgeteilt, meistens kennt es jedoch die *Slam*-Spielregeln bereits. Es hat ein ähnliches Wissen sowie eine vergleichbare gesellschaftspolitische Grundeinstellung wie der *Slammer* selbst. Dieser kann so als "Gleicher unter Gleichen" oder als "Gleichgesinnter unter Gleichgesinnten" agieren.

Die Interaktion des Publikums mit den *Slammern* und die aktive Rolle der Zuschauer als Jury gehören zu dem basisdemokratischen Charakter eines *Poetry Slams*. Denn bewertet wird nicht nur die Qualität des Vorgetragenen, sondern auch die Qualität des Vortrags selbst. Beides entscheidet über Ruhm und Ehre des Teilnehmers. Das Publikum ist – anders als bei herkömmlichen Lesungen – eingeladen, sich einzubringen, Stellung zu beziehen, zu kommentieren, seinen Spaß zu haben. Die Zuschauer dürfen rauchen, reden und aufstehen, um sich ein neues Getränk zu holen.

*Poetry Slam* bedeutet für die Zuschauer die hohe Schule des Zuhörens. Es geht um Respekt gegenüber denen, die sich trauen – aber auch um Ehrlichkeit gegenüber dem, was vorgetragen wird. *Slam Poetry* ist Dichtung

---

[142] Zuschaueranalysen im „Zakk" Düsseldorf, „Substanz" München und „Sprechstation" Konstanz, sowie Befragungen von Veranstaltern 2003/2004.
[143] Moldenhauer, Friederike und Bitter, Joachim. Literatur veranstalten. Lesung, Vortrag, Event. München: M-press, 2005. S. 38.

für das Volk, das nicht unbedingt einen akademischen Abschluss braucht, um sie zu verstehen.

Mitunter ist das Publikum kaum zu bremsen und bringt seine Meinung so deutlich zum Ausdruck, dass der MC einschreiten muss. Das *Slam*-Publikum darf alles: pfeifen, grölen, applaudieren, schreien. Wenn ein Beitrag nicht gefällt, darf das auch laut gesagt werden, bei Gefallen wird Zwischenapplaus gegeben. Die Zuschauer entscheiden, wer der Gewinner des Abends ist: Entweder durch Akklamation aller Zuschauer oder durch eine Publikumsjury, die vor Beginn der Veranstaltung durch den MC ausgewählt wird. Das Publikum ist die Hürde, die jeder *Slammer* überwinden muss, denn eine Bewertung der Texte findet nur durch das Publikum statt. Nach Verlassen eines *Slams* bleibt den Zuschauern meist nur eine vage Erinnerung an die Texte. Die Interaktionssituation und die Atmosphäre sind zwar reflektierbar, jedoch nur schwer nachvollziehbar: Man erinnert sich, durch die Fülle an unterschiedlichen Werken, kaum daran, welche Texte man gut oder schlecht fand – sondern eher noch an die vortragende Person. Damit zeigt sich, wie wichtig die Performance und die Persönlichkeit für einen erfolgreichen *Slam* sind.

### 3.2.5 Die urteilende Jury

Die Juroren werden jeweils zu Beginn des *Poetry Slam* vom MC aus dem Publikum gewählt oder können sich freiwillig per Handzeichen melden. Nicht selten kommen gerade solche Juroren zu Amt und Ehren, die auf Nachfrage des Moderators erkennen lassen, dass sie eher bescheidene literarische Vorbildung haben.[144] Oft sind Leute in der wahllos zusammengestellten Jury, die noch nie bei einem *Slam* waren. Diese beurteilen in der Regel hauptsächlich den Vortragsstil, die Klangqualität oder die Themenauswahl. Es wird stets deutlich, dass die Bewertung der Werke eine subjektive Angelegenheit ist.

Manche *MCs* wollen ein ausgeglichenes Ergebnis dadurch bewirken, dass sie Zuschauer in die Jury berufen, von denen sie wissen, dass diese das Dargebotene kritisch und kompetent beurteilen können, wie beispielsweise Kulturjournalisten, Künstler oder andere *Slammer*.

Meist wertet die Jury mit Punkten, „eine Null für Dinge, die nie hätten geschrieben werden dürfen, bis hin zur „Zehn" für Literatur, die einen simultanen Kollektivorgasmus auslöst."[145]

---

[144] Vgl. Preckwitz, Boris: Ready-steady-slam! Notizen zum Poetry Slam. In: Weimarer Beiträge. Nr. 1. Wien: Passagen Verlag, 2003. S. 71.

[145] Algarín, Miguel: Introduction. Aloud: Voices from the Nuyorican Poets Café. Hrsg. Miguel Algarín und Bob Holman. 1. Auflage. New York: Henry Holt, 1994. S. 16.

## 3.3 Möglichkeiten des Ablaufs

Meist werden in Deutschland die auf der Basis des amerikanischen Vorbilds etablierten Regeln eingehalten, doch gibt es bei einigen *Slams* auch Variationen im Ablauf. Die Ausgestaltung des Ablaufs ist von regionalen Besonderheiten und Strukturen sowie den jeweiligen Organisatoren abhängig. Darunter fällt zum Beispiel das Zeitlimit, das zwischen fünf und zehn Minuten liegen kann, oder die musikalische Gestaltung: Der eine Veranstalter bevorzugt den Auftritt einer Musikgruppe zwischen zwei Programmblöcken, der andere lässt von einem *DJ* Platten auflegen.

Das Vorprogramm kann aus einem *Open Mike* bestehen, indem jeder im Publikum die Möglichkeit hat, sein Können unter Beweis zu stellen. Moderiert wird es vom *MC*, der in den meisten Fällen auch der Veranstalter ist. Das gängigste Konzept ist aber der *MC* als Programmleiter: Er stellt den ersten Kontakt zwischen Bühne und Publikum her und stimmt die Besucher auf den weiteren Verlauf des Abends ein. Die Teilnehmerzahl der auftretenden *Slammer* richtet sich nach der jeweiligen Veranstaltung. Oft sind die Vorträge in Blöcke unterteilt, in den Pausen spielt eine Band, oder es wird vom *DJ* aufgelegt. Auf die vorgegebene Zeit wird vom *MC* geachtet, und bei Überschreitung des Zeitlimits teilt er dies dem *Slammer* mit. Bei einigen *Slams* wird selbst das Zeitlimit zu einer eigenständigen *Performance* und bekommt einen rituellen und unterhaltsamen Aspekt: es klingelt eine Eieruhr[146], oder es wird ein Bier auf die Bühne gebracht[147], um die Überschreitung deutlich zu machen.

Der *Slam* endet mit der Ermittlung des Gewinners sowie der Preisverleihung, zumeist durch einen „symbolischen" Preis wie eine Flasche Schnaps oder ein Pokal (in den Anfangsjahren des Poetry Slam in Deutschland in Berlin wohl auch Hasch-Kekse[148]) – inzwischen gibt es aber auch Slams, bei denen der Gewinner Bücher-Gutscheine[149] oder ein Preisgeld[150] bekommt.

### 3.3.1 Offene Liste

Einige wenige Slams in der Bundesrepublik Deutschland arbeiten ausschließlich mit dem System der *offenen Liste*, darunter der Hamburger

---

146 Vgl. Regeln des Passauer Poetry Slam. Website. http://www.poetry-slam.de/regelwerk.html und Regeln des Hamburger Slam „Hamburg ist Slamburg". Website. http://www.slamburg.de/slamburg/index.html (23.02.2010)
147 Vgl. Gaußmann, Oliver. Im Interview am 08.01.2004. Materialanhang.
148 Schütz, Xóchil A. Promotion-Video zur Album Veröffentlichung. „Perlenkind". Bei 0:49 Min. http://www.xochillen.de/film.html (13.03.2010)
149 Vgl. Keidel, Volker. Im Interview am 03.02.2004. Materialanhang.
150 Vgl. Gaußmann, Oliver. Im Interview am 08.01.2004. Materialanhang.

Slam im Molotow. Die *offene Liste* bedeutet, dass vor dem *Slam* noch gar nicht feststeht, wer auftritt, da am Eingang eine Liste ausliegt, in die sich motivierte *Slammer* eintragen können. Vor allem in größeren Städten ist dieses System öfter vertreten als in kleinen, da sich mehr Freiwillige finden lassen, und keine Gefahr besteht, ohne auftretende Teilnehmer dazustehen.

### 3.3.2 Challenging System

Die meisten *Slam*-Veranstalter verwenden das *challenging system* für ihren *Slam*, um damit die Möglichkeit zu haben, Gast-*Slammer* einzuladen. Dies können internationale oder auch nationale *Slammer* sein, die vom Veranstalter oder MC eingeladen werden, meistens handelt es sich um fünf *featured poets*. Zusätzlich wird das System der offenen Liste genutzt, um der gleichen Anzahl lokaler *Slammer* die Chance zu geben, die Gäste „herauszufordern". Das bedeutet: Erfahrene, talentierte und bekannte *Slammer* treten gegen „Neulinge" an, die sich erstmals mit ihrer Poesie präsentieren.

## 3.4 Strategien bei Vortrag und Performance

Der Auftritt bei einem *Slam* wird vom *Slammer* durch eine Strategie bestimmt. Einige *Slammer* wählen die Strategie, keine Strategie zu haben, und verlassen sich auf ihre Intuition. Andere sind beschäftigt mit der Analyse jeder Situation. Die effektivste Strategie liegt wohl zwischen den beiden Extremen: Wichtig und entscheidend sind Flexibilität und Intuition, um einen erfolgreichen Slam absolvieren zu können.

Als erstes muss der *Slammer* das Vorzutragende vorbereiten. Hier gilt zum Beispiel für den Autor und *Slammer* Jaromir Konecny folgendes Prinzip: „Sage große Sachen mit einfachen Worten"[151]. Egal ob ein politisches Gedicht über Globalisierung und Medien, eine unterhaltsame Kurzgeschichte über Markenwahnsinn, ein eher behutsames Geständnis eines ehemaligen Drogenkonsumenten oder ein Mundartreim – es kann alles sein, was in den Zeitrahmen passt.

Am liebsten sehen es Veranstalter und Publikum, wenn auswendig *geslammt* wird, vom Blatt abgelesen kommt selten gut an.[152] Eine gute Vorbereitung des Texts ist ausschlaggebend für die spätere *Performance*:

---

[151] Klebs, Florian und Wolfgang Koschny: Ausgesprochen gut. Unicum Magazin., Mai 2001.
http://www.unicum.de/evo/UNICUMde/leben/hidden/Hobbies/2001/Au sgesprochen-gut (10.05.2010)
[152] Vgl. Gaußmann, Oliver. Im Interview am 08.01.2004. Materialanhang.

Achieve maximum flexibility through exhaustive preparation. Memorize your slam repertoire, it helps connect you with the audience and you don't have to worry about losing your book bag.[153]

Gibt es mehrere Texte, die sich für den *Slam* eignen, muss eine ästhetische Auswahl getroffen werden. Die volle Zeitspanne mit mehreren Gedichten zu füllen, mit dem Hintergedanken, damit sein ganzes Repertoire und Talent zu zeigen, kann sich strategisch als problematisch erweisen. Einige *Slammer* wählen bei großen *Poetry-Slam*-Veranstaltungen ihre Texte so aus, dass sie ihre besseren Werke in den Vorrunden präsentieren, um so mit einer höheren Wahrscheinlichkeit ins Finale zu kommen.

Der Autor kann sich auch eine Art „Choreographie" für seine *Performance* überlegen. Denn es ist nicht nur der reine Vortrag, der zählt. Da es sich bei einem *Poetry Slam*, der Definition nach, um einen Dichterwettstreit handelt, kann der *Slammer* nicht nur mit seinen Texten, sondern auch mit der Vortragsweise positiv auffallen und mit dramatischen Gesten und übertriebener Mimik seine Worte unterstreichen.

Autoren kommen bei *Poetry Slam*s meist in die für sie ungewohnte Situation, ihre Texte vor einem Publikum vorzutragen, das bei Missfallen mit mehr oder weniger lauten Unmutsäußerungen auf sich aufmerksam macht. Doch damit muss der *Slammer* rechnen und umgehen können. Bei einem konstruktiven Umgang mit den beobachteten Reaktionen wie der direkten und schonungslosen Kritik ist eine deutliche Verbesserung der eigenen Fähigkeiten möglich. Dies kann den eigenen Vortrag beeinflussen, indem der *Slammer* spontan eine Textänderung vornimmt.

Kennt der *Slammer* den Veranstaltungsort, ist dies von Vorteil für seine *Performance*. Da es sich dabei zumeist um Lokalitäten wie Szene-Kneipen handelt, kann sich der *Slammer* mit der dort herrschenden Atmosphäre bekannt machen, wobei sich allerdings die Atmosphäre am Vortragsabend durch das Publikum noch entscheidend verändern kann.

Schlussendlich ist die Wahl der Strategie nur für den Moment entscheidend: Was zählt, ist das Publikum mittels Mündlichkeit und spontaner *Performance* von der Einzigartigkeit des Vorgetragenen zu überzeugen, denn der Slam findet im Hier und Jetzt statt.

### 3.4.1 Phänomen der Extemporiertheit

Der *Poetry Slam* bietet die Möglichkeit der situativen Momente und setzt „auf das flüchtige Wort [...], auf den improvisierten Vers und das impul-

---

[153] Solis, Daniel S.: Aesthetics and Strategy of the Poetry Slam". Poetry Slam: The Competitive Art of Performance Poetry. Hrsg. von Gary Mex Glazner. 1. Auflage. San Francisco: Manic D Press, 2000. S. 88.

siv zusammengestückelte Gedicht".[154] Eine spontane Textänderung geschieht meist bei nicht abgelesenen Texten, da sich die *Slammer* einer zum einen komplexen textlichen und zum anderen komplexen inhaltlichen Situation stellen. Geschieht ein Versprecher bei einem auswendig gelernten Text, sind die *Slammer* irritiert, können aber die Situation nutzen, um zu reagieren. Der Moment der Vortragsänderung erfolgt vor allem bei einer Reaktion des Publikums, das den Versprecher als Erstes merkt. Geschieht dies durch allgemeine Heiterkeit, kann der *Slammer* aus der Vortragsrolle heraus kontern: Aus dem Stegreif wird der Text dem Versprecher angepasst oder die Lautstärke der Stimme wird geändert. Wichtig ist, dass sich der *Slammer* nicht aus dem Konzept bringen lässt und das Publikum nicht als Gegner sondern als potenzielle Anhänger sieht. Merkt der *Slammer* während seines Auftritts, dass sein Text missfällt, kann er die Situation für sich zum Guten wenden, indem er einen anderen Text von sich präsentiert, um somit die Gunst des Publikums zurück zu gewinnen.

Gerade das Publikum ist für Textänderungen der entscheidende Faktor: Autoren variieren ihre Texte bei mehrmaligem Vortrag durch Auslassungen oder Zusätze, oder auch den Vortragsstil, um die Texte den Erwartungen des Publikums besser anzupassen.

Einige *Slammer* bedienen sich der Kunst des *Freestyle*. Dieser Begriff, der aus dem *Rap* und *HipHop* bekannt ist, bedeutet die freie Improvisation von Texten auf der Bühne. Im Gegensatz zum *Rap* ist diese Art der Dichtung ungleich schwieriger, da keinerlei Stichworte seitens des Publikums geliefert werden.

### 3.4.2 Interaktionismus

Der Begriff der Interaktion wird in der Soziologie als wechselseitige Beeinflussung des Verhaltens von Individuen oder Gruppen beschrieben.[155] Bei einem *Poetry Slam* kann diese Beeinflussung des Verhaltens auf das bewusste und teilweise provozierte Interagieren der Teilnehmer, egal ob im Publikum, der Jury oder als *Slammer* zurückgeführt werden. Boris Preckwitz definiert sogar eine „Interaktionsästhetik", die durch die „Parameter der Performance"[156] eine besondere Kommunikationssituation,

---

[154] Porombka, Stephan: Slam, Pop und Posse. Literatur in der Eventkultur. In: Bestandsaufnahmen. Deutschsprachige Literatur der neunziger Jahre aus interkultureller Sicht. Hrsg. von Matthias Harder. 1. Auflage. Würzburg: Königshausen und Neumann, 2001. S. 28.

[155] Peuckert, Rüdiger: Interaktion. Grundbegriffe der Soziologie. Hrsg. von Bernhard Schäfers. 7. Auflage. Opladen: Leske und Budrich, 2001. S. 155.

[156] Preckwitz, Boris: Slam Poetry – Nachhut der Moderne. Eine literarische Bewegung als Anti-Avantgarde. Norderstedt: Books on Demand, 2002. S. 37.

Unmittelbarkeit, und in der textlichen Umsetzung, Interaktionsstrukturen aufzeigt:

> Beim Poetry Slam begeben sich die Akteure währen der Lesung in einen Kommunikationsprozess, in dem ästhetische Informationen ausgetauscht werden: in der Hauptsache die Wettbewerbstexte und Zeichencodes der Performances, aber auch die Zwischenrufe, Stellungnahmen, Moderationen, die sowohl auf den Vortrag eines Autors reagieren, als auch – aus der Situation heraus – auf irgendeinen anderen Akteur oder die allgemeine Stimmung im Raum.[157]

Preckwitz stellt in seiner Untersuchung entschlossen das „Verstehen von Textperformance über Perzeption und Interaktion"[158] dar und beleuchtet dabei auch die Problematik der Live-Literatur des *Poetry Slams* aus literaturwissenschaftlicher Sicht.

Denn vor allem die Atmosphäre bei einer *Slam*-Veranstaltung ist entscheidend für das Aufbrechen der in der schriftlichen Literatur vorhandenen Trennung von Autor und Rezipient: Jeder Akteur ist aufgefordert, sich zu äußern. Die *Slammer* fordern mit ihrem Auftritt eine direkte Kritisierung ihrer Texte heraus, sie schauen dabei der Jury und dem Publikum direkt ins Gesicht. Manche *Slam-Poetry*-Gedichte sind so angelegt, dass sie unmittelbare Reaktionen des Publikums provozieren sollen.

Bei einigen Veranstaltungen wird die „Grenze" zwischen *Slammer* und Publikum, die Bühne, auch noch bewusst übertreten: Bei dem in Darmstadt veranstalteten „German International Poetry Slam 2003" bekam beispielsweise in den Vorrunden der Einzelwettkämpfe jeder Zuschauer zusätzlich zu einem Stimmzettel einen schwarzen Dichtungsring ausgehändigt. In der Finalrunde stellten sich die drei Teilnehmer direkt dem Publikum. Jeder *Slammer* kam, mit einer längeren Holzstange ausgestattet, an den Bühnenrand. Dann wurde das Publikum gebeten, an die Bühne vorzugehen und seinem Favoriten den Dichtungsring über die Holzstange zu streifen, damit der *Slammer* mit den meisten Ringen als Sieger bekannt gegeben werden konnte. Durch dieses Aufeinandertreffen entstand bei manch einem Zuschauer jedoch eher eine Entscheidung aus Mitleid, da einer der *Slammer* fast keine Ringe bekam. Einige fühlten sich dadurch genötigt, ihm, gegensätzlich zu ihrer Meinung, ihren Ring zu geben. Auch tat dieser *Slammer* seinen Unmut über die Kritik des Publikums laut kund. Andererseits waren so direkte Gespräche zwischen den Zuschauern und den *Slammern* möglich. Man konnte als Zuschauer seine Wahl noch mit persönlichen Worten bekräftigen.

> Der allgemeine Effekt für die Literatur ist derjenige, dass Autoren mit ihren Texten viel unmittelbarer und in regelmäßigen Interval-

---

[157] Ebd. S. 99.
[158] Ebd. S. 38.

len eine Resonanz auf ihre eigenen Arbeiten erfahren – und zugleich sehen, woran andere Autoren arbeiten. Der kompetitive Charakter der Literatur, die in jeder Form einen ästhetischen Wettbewerb darstellt, wird im Slam symbolisch-rituell inszeniert.[159]

## 3.5 Poetry Slam als Event

Der Soziologe Gerhard Schulze konstatierte 1992: „Die Herausbildung des Erlebnismarktes hat einen Epochenwandel der Alltagsästhetik herbeigeführt."[160] Die von ihm ausgerufene „Erlebnisgesellschaft" hat vor allem die Publikumswirksamkeit und das Erwecken von Emotionen bei den Rezipienten als Handlungsziel. Als äußerst publikumswirksame Literaturwettbewerbsidee zeigt der Slam, dass das Wettlesen insgesamt gut zur Eventisierung des Literaturbetriebs passt.[161]

Der Literaturwissenschaftler und *Slammer* Stephan Porombka erläutert anhand von Begriffen des Eventmarketings das Gelingen des Formats, denn für ihn hat sich der Begriff des *Event* nicht zufällig für die *Slams* und alle anderen literarischen Veranstaltungen in Discotheken, Clubs und Bars durchgesetzt.[162]

*Poetry Slam* erfülle zunächst alle vier der von Gerhard Schulze benannten Faktoren des erfolgreichen *Events*. Schulze stellt eine ganze Reihe von Gesetzen und Regeln auf, die es zu befolgen gilt, wenn solche Veranstaltungen auch wirklich gelingen und die Erlebniswerte und Kultwerte erfolgreich vermittelt werden sollen. Er schlägt die Orientierung eines *Events* an vier Faktoren vor: Einzigartigkeit, Episodenhaftigkeit, Gemeinschaftlichkeit und Interaktion.[163] Für Porombka, der diese Faktoren als Kriterien an den *Poetry Slam* anlegt, sind *Slams* einzigartig, weil sie sich nicht wiederholen lassen, da jede Wiederholung ganz anders ablaufen würde, „da Spontaneität, Gegenwartsbezug und Unmittelbarkeit zu ihren Prinzipien zählen"[164], und auch das Publikum immer anders reagiert. Events können nur live erlebt werden, eine weitere Verstärkung der

---

[159] Preckwitz, Boris: Slam Poetry – Nachhut der Moderne. Eine literarische Bewegung als Anti-Avantgarde. Norderstedt: Books on Demand, 2002. S. 99-100.

[160] Schulze. Gerhard. Die Erlebnisgesellschaft. Kultursoziologie der Gegenwart. Frankfurt: Campus, 1997. S 417.

[161] Vgl. Schütz, Erhard et.al. (Hg.). Das BuchMarktBuch. Der Literaturbetrieb in Grundbegriffen. Reinbek: Rowohlt, 2005. S. 242.

[162] Vgl. Porombka, Stephan: Slam, Pop und Posse. Literatur in der Eventkultur. In: Bestandsaufnahmen. Deutschsprachige Literatur der neunziger Jahre aus interkultureller Sicht. Hrsg. von Matthias Harder. Würzburg: Königshausen und Neumann, 2001. S. 38.

[163] Vgl. ebd. S. 37.

[164] Ebd. S. 38.

Emotionalisierung ergibt sich aus der daraus folgenden Authentizität und Exklusivität.[165] Poetry Slams sind episodenhaft, weil eine zeitliche und räumliche Begrenzung stattfindet. Durch den Wettbewerb wird eine Spannung aufgebaut, „die kurz vor der Bewertung der Vorträge ihren Höhepunkt erreicht und mit der Preisverleihung ihr Ende findet."[166] Das Gefühl der Gemeinschaftlichkeit entwickelt sich durch die Nähe von Künstlern und Publikum, die besondere Atmosphäre und die Interaktion zwischen Teilnehmern und Zuschauern. Events sind interaktionsorientiert. Als äußerst publikumswirksame Literaturwettbewerbsidee zeigt der Slam, dass das Wettlesen insgesamt gut zur Eventisierung des Literaturbetriebs passt.[167]

Porombka bezieht sich in seinem Essay auf die Einleitung der Anthologie „Poetry! Slam! Texte der Pop-Fraktion", die heftig diskutiert und kritisiert wurde (s. Kapitel 6.1.). Trotzdem ist Porombkas Untersuchung glaubhaft, da er selber als *Slammer* Teil des Netzwerks ist, somit intensive Einblicke hat und diese einleuchtend umsetzt. Für ihn folgen „die Spoken-Word-Performances allen Ansprüchen einer Gesellschaft, die auf die Intensivierung des Erlebniskonsums ausgerichtet ist"[168]: Durch die Aneinanderreihung mehrerer Vorträge sei ein *Slam* seriell intensivierter, zudem aufgrund der Kürze der Auftritte und der hohen Geschwindigkeit des Ablaufs ein zeitlich verkürzter Literaturkonsum, und letztendlich überlagern sich die Erlebnisepisoden, da sich die Teilnehmenden und Teilhabenden nicht ausschließlich auf den Vortrag konzentrieren, da „nebenbei noch geplaudert, getrunken und vielleicht auch noch getanzt wird."[169] Doch zeigt der Slam als äußerst publikumswirksame Literaturwettbewerbsidee, dass das Wettlesen insgesamt gut zur Eventisierung des Literaturbetriebs passt:

> Mit Slams lassen sich die Säle füllen. Bis zu zehn Euro Eintrittsgeld wird bisweilen von Leuten bezahlt, die noch niemals ein Literaturhaus von innen gesehen oder die Lektüre eines Buches bis zum Ende durchgestanden haben. In diesem Sinn erreichen diese Veranstaltungen – durch die konsequente Übertragung etablier-

---

[165] Vgl. Beck, Silke. Event-Marketing in Bibliotheken. Berlin: BibSpider, 2006. S.59.

[166] Vgl. Porombka, Stephan: Slam, Pop und Posse. Literatur in der Eventkultur. In: Bestandsaufnahmen. Deutschsprachige Literatur der neunziger Jahre aus interkultureller Sicht. Hrsg. von Matthias Harder. Würzburg: Königshausen und Neumann, 2001. S. 38.

[167] Vgl. Schütz, Erhard et.al. (Hg.). Das BuchMarktBuch. Der Literaturbetrieb in Grundbegriffen. Reinbek: Rowohlt, 2005. S. 242.

[168] Porombka, Stephan: Slam, Pop und Posse. Literatur in der Eventkultur. In: Bestandsaufnahmen. Deutschsprachige Literatur der neunziger Jahre aus interkultureller Sicht. Hrsg. von Matthias Harder. Würzburg: Königshausen und Neumann, 2001. S. 37.

[169] Ebd.

ter Eventregeln aus einem literaturfremden Bereich – auf geradezu wunderbare Weise ein Zielpublikum, das man für den Konsum von Literatur schon längst verloren geglaubt hat."[170] Für Porombka wird nachvollziehbar, warum die *Slams* auf „einen exponierten Platz in der Literaturgeschichte der neunziger Jahre gehören."[171] Für ihn hat der *Poetry Slam* vor allem das Verdienst, dass mit einer Ausrichtung am Wettbewerb ein Konkurrenzdruck inszeniert wurde, der nur unter der Prämisse bestehen kann, dass man sich am Showgeschäft orientiert und sich reflexiv an Moden und Trends ausrichtet.[172]

Der *Poetry Slam* ist meiner Meinung nach definitiv in der modernen Literaturgeschichte einzuordnen – als Kunstform, die sich vor allem durch ihre Vielfältigkeit auszeichnet:

> Show, Kampf, Sieg und Niederlage, Krönung – hier kommt alles zusammen, was unterhaltsam ist und was darüber hinaus dem Publikum das Gefühl gibt, bei Entscheidungen über den Wert eines Textes und den Erfolg eines Autors unmittelbar beteiligt zu sein.[173]

---

[170] Porombka, Stephan. Vom Event zum Non-Event-Event und zurück – Über den notwendigen Zusammenhang von Literatur und Marketing. S. 134 und 135. In: Böhm, Thomas (Hrsg.). Auf kurze Distanz. Köln:Tropen, 2003. S.125-139.

[171] Porombka, Stephan: Slam, Pop und Posse. Literatur in der Eventkultur. In: Bestandsaufnahmen. Deutschsprachige Literatur der neunziger Jahre aus interkultureller Sicht. Hrsg. von Matthias Harder. Würzburg: Königshausen und Neumann, 2001. S. 38.

[172] Vgl. Porombka, Stephan. Vom Event zum Non-Event-Event und zurück – Über den notwendigen Zusammenhang von Literatur und Marketing. S.139. In: Böhm, Thomas (Hrsg.). Auf kurze Distanz. Köln:Tropen, 2003. S.125-139.

[173] Schütz, Erhard et.al. (Hg.). Das BuchMarktBuch. Der Literaturbetrieb in Grundbegriffen. Reinbek: Rowohlt, 2005. S. 242.

# 4. Poetry-Slam-Veranstaltungen in der Bundesrepublik Deutschland

## 4.1 Etablierung in Städten

Da es für die deutsche *Spoken-Word*-Szene in den 90er Jahren noch keine festen Bühnen gab, waren viele Autoren darauf angewiesen, ihre Veranstaltungen selbst auszurichten.[174] Diese ersten Veranstaltungen wurden zunächst nur in großen Städten durchgeführt, da sich dort eher experimentierfreudige Mitstreiter finden konnten.

Nachdem sich der *Poetry Slam* in Großstädten wie Berlin, München, Köln, Hamburg, Stuttgart und Hannover etabliert hatte, war vor allem die Entwicklung in kleineren Städten bemerkenswert. Wenn man diese genauer untersucht, stellt man fest, dass es sich zuerst um bekannte Universitätsstädte handelte, die *Poetry Slams* als abendliche Unterhaltung in Kneipen ausprobierten. Im Laufe der Zeit fanden aber auch viele Veranstaltungen in Städten statt, die einen weniger hohen studentischen Anteil in der Bevölkerung verzeichneten. Vor allem in den letzten Jahren stellten die kleineren Städte einen immer wichtigeren Teil der *Slam*-Szene in Deutschland dar und gaben viele neue Impulse für die *Slam Poetry*.

2004 wurde in der ersten Auflage dieses Buches konstatiert, dass in rund 40 deutschen Städten *Poetry Slams* stattfanden. Nun, im Jahre 2010, knapp 18 Jahre nach den ersten, zaghaften Gehversuchen des *Poetry Slam* in Deutschland sind es rund 100 regelmäßige Veranstaltungen in über 80 Städten.[175]

Ebenfalls werden *Slams* bei Musik- und Literaturfestivals ausgerichtet. In Stadtbüchereien bekommen ambitionierte Amateurschriftsteller eine Chance, ihre Texte zum Besten zu geben.[176] Bei parteipolitischen Veranstaltungen soll der *Poetry Slam* die Hemmschwelle zur Politik verringern[177] oder bei Finissagen für Stimmung sorgen.[178] Auch große Autohersteller nutzen die Publikumswirksamkeit des *Slams*.[179]

---

[174] Vgl. Preckwitz, Boris. Essay Ventures. Ursprünglich erschienen auf http://www.glanzzeit.net/ventures.htm Seite existiert nicht mehr.
[175] Zählung über tagesaktuelle Auflistung bei http://www.myslam.net sowie Überprüfung der Aktualität.
[176] Vgl. Stadtbücherei Überlingen: Veranstaltungen. http://www2.ueberlingen.de/stadtbuecherei/veranstaltungen.asp (12.02.2010)
[177] Vgl. Grüne Jugend Hamburg. http://www.gruenejugendhamburg.de (12.02.2010)

Zunächst möchte ich mich den vier „Hauptstädten" des *Poetry Slam* widmen: Köln, Berlin, München und Hamburg. Zu jeder Stadt gibt es eine kurze Einführung, in der beschrieben wird, wie der *Slam* sich dort etablierte, entwickelte und welche Veranstaltungen es heute regelmäßig dort gibt. Auch die vielen weiteren Städte, die sich mutig an die neue Kunstform gewagt haben, die Enthusiasten, die seit vielen Jahren die Kulturszenen in kleinen Orten mit *Poetry Slams* bereichern, sollen hier, zumindest auszugsweise, genannt werden. Eine aktuelle Übersicht der *Poetry Slams* in deutschen Städten ist im Anhang zu finden.

### 4.1.1 Köln

In Köln war Enno Stahl der erste Veranstalter von *Slams*: Er traf auf der Frankfurter Buchmesse 1992 auf den *Social-Beat*-Autor Hadayatullah Hübsch, zusammen mit den amerikanischen *Slam*-Poeten und Veranstaltern Bob Holman und Alan Kaufman. Diese ermutigten ihn, eine deutsche Literaturmeisterschaft auszutragen, und unterbreiteten ihm das Angebot, dass der deutsche Sieger beim nächsten amerikanischen National Slam antreten könnte.[180] So organisierte Stahl am 10.12.1993 im „Rhenania" in Köln unter dem Motto „Dichter in den Ring" die „1. Deutsche Literaturmeisterschaft". Für Stahl „[...]der erste große und in seiner, dem Sport entliehenen, dramaturgischen Geschlossenheit konsequenteste Slam auf deutschem Boden"[181]. Die Literatur wurde „aus den geweihten Tempeln getragen"[182] und in einen Boxring verlagert, um den sich das Publikum wie bei einem sportlichen Boxkampf scharte. Es folgte eine weitere Meisterschaft in Köln im Jahr 1995, aber mit der dritten und letzten Veranstaltung 1997, die auf die Volksbühne im Prater in Berlin verlegt worden war, distanzierte sich Enno Stahl von diesem Format: Er bezog eine zunehmend kritischere Position gegenüber dem *Poetry Slam* und vertrat die Meinung, dass der populäre US-Import die gewachsenen deutschen Undergroundstrukturen zerstören würde.[183] Erst seit 1998

---

[178] Vgl. Moving Locations e.V., Bonn. Finissage 27.02.2010. http://www.moving-locations.de (12.02.2010)

[179] BMW Welt, München. Veranstaltung am 11.03.2010. „Entdecken Sie Lyrik neu beim Poetry Slam in der BMW Welt".

[180] Vgl. Stahl, Enno: Trash, Social Beat und Slam Poetry. Eine Begriffsverwirrung. In: Text und Kritik. Sonderband Pop-Literatur. Hrsg. von Heinz Ludwig Arnold. München: Richard Boorberg, 2003. S. 259.

[181] Stahl, Enno und Pokoyski, Dietmar. http://www.ultimate-akademie.com/katalog/krashverlag.htm (07.05.2010)

[182] Krash Verlag. Website. Pressestimmen. http://www.krash.de/archiv/live/Lit._DM/DM_1993/dm_1993.html Pressestimmen: Radio RPR vom 10.12.1993. (07.05.2010)

[183] Vgl. Kerenski, Boris: Slam Poetry – Stimmen aus dem Underground. In: Journal der Jugendkulturen. Nr.5. Bad Tölz: Tilsner Verlag, 2001. S. 68.

wurden kurzzeitig wieder regelmäßige *Slam*s in Köln von Torsten Feuerstein im Studio 672 mit dem Titel „Wortsalat" organisiert. Aus diesen Veranstaltungen wurden auch CDs mit dem Titel „Wortsalat" veröffentlicht, auf der sämtliche bekannte deutsche *Slammer* vertreten sind.

Mittlerweile gibt es drei regelmäßig stattfindende *Poetry Slams* in Köln: Michael Schönen hat ab 2005 einen *Poetry Slam* namens „Die Sprechmuschel" im Szeneklub „Blue Shell"[184] etabliert. Seit Frühjahr 2008 führt Alexander Bach als MC und „Gentleman-Literatur-Agent" die Veranstaltungsreihe als „The Word is not enough"[185] erfolgreich weiter. Ganz gewollt in Anlehnung an die schillernde Welt von Schurken und Spionen, die um die Weltherrschaft ringen, erhalten Slammer als Dankeschön einen geschüttelten Martini und die Sieger ein Gadget, wie aus der Waffenschmiede des „Secret Service": Einen Kugelschreiber mit integriertem USB-Speicher, ein in zwei Teile zerlegbares Taschenmesser inklusive Picknick-Besteck, einen Stöckelschuh aus Edelstahl, der sich mit einem Handgriff in einen Tortenheber verwandeln läßt, u. ä.[186] Mit dem „dezenten Klingen einer Triangel" werden *Slammer* an das Zeitlimit von fünf Minuten erinnert, und das Publikum fällt anhand von Stimmkarten sein Urteil.[187]

Veranstalter Esther von zur Mühlen und Christian Bartel organisieren den „Dichterkrieg" an jedem ersten Montag im Monat im „Sonic Ballroom". Alleine das Publikum entscheidet durch Heben bzw. Werfen von Rosen über das Schicksal des Dichters im Finale. Der Gewinner erhält 50 Euro. Die Erst- und Zweitplazierten der Wettkämpfe werden einmal im Jahr bei einem Highlander-*Slam* antreten.[188] Esther von zur Mühlen wird wegen ihrer charmanten und freundlichen Art, mit der die glühende Lokalpatriotin "ihre" *Slammer* immer wieder zu Höchstleistungen bei den internationalen Meisterschaften anzutreiben versucht, auch "Don King des Wortsports"[189] genannt.

Bei „Reim in Flammen" im „Tsunami Club" in der Kölner Südstadt können *Slammer* einen golden angesprühten Holzwürfel mit aufgeklebtem, täuschend echt aussehenden, ebenfalls goldenen Mikrofon gewinnen.

---

[184] Vgl. Homepage des "Blue Shell" http://www.blue-shell.de/history.html (07.05.2010)
[185] Vgl. Homepage The Word is not enough http://www.poetryslam-koeln.de (07.05.2010)
[186] The Word is not enough. Website Poetry Slam Köln. http://www.poetryslam-koeln.de (07.05.2010)
[187] Ebd. Vgl. http://www.poetryslam-koeln.de (07.05.2010)
[188] Vgl. Dichterkrieg. Köln. Website. http://dichterkrieg.hanebuechlein.de/regeln/index.php (07.05.2010)
[189] Ebd. http://dichterkrieg.hanebuechlein.de/gastgeber/index.php (07.05.2010)

Der, laut Selbstaussage, „charmanteste Poetry Slam in Köln"[190] findet seit 2005 statt. MC Benjamin Weiß und sein Team feierten im mit 400 Zuschauern ausverkauften „Stadtgarten" im Oktober 2009 das fünfjährige Bestehen des *Slams*.

Neben den regelmäßigen *Poetry Slams* gibt es auch eine Vielzahl von *Slams*, die unter verschiedenen Mottos stattfinden: Dead or Alive[191], Sex-Slam, Song-Slam[192].

Der erste Gay-Poetry-Slam Deutschlands[193] fand im Dezember 2009 statt. Organisiert von Anke Moldenhauer und Stephan Martin Meyer wird der Slam so beschrieben: „Ein bisschen politisch, ein bisschen gesellschaftskritisch, ein bisschen banal und ganz viel Spaß am öffentlichen Striptease – das ist GayPoetrySlam vom Feinsten!"[194] Zugelassen waren, laut Teilnahmebedingungen, Slammer ab 18 Jahre. Einzige thematische Bedingung: Der vorgetragene Text sollte ein „schwules Thema"[195] beinhalten. Eine regelmäßige Fortsetzung der Veranstaltung ist, laut Veranstalter Stephan Martin Meyer, geplant.[196]

### 4.1.2 Berlin

Seit Ende 1992 fanden in der Berlin-Schöneberger Bar „Ex'n'Pop" von den in Deutschland lebenden amerikanischen Künstlern Priscilla Be und Rik Maverik koordinierte englischsprachige *Open Mikes* statt. Der *Slammer* Wolfgang Hogekamp, der oft als einziger Teilnehmer deutschsprachige Texte vortrug, übernahm ab 1995 die komplette Organisation. Er gehört zur „ältesten Poetry-Slam-Kaste in Deutschland."[197] Laut Hogekamp hat er „das aus den USA rübergebracht in irgendwelche dunkle Kiffkeller in Berlin."[198]

Im Mai 1995 organisierte die „literaturWERKstatt" den „1. Gesamt-Berliner-Poetry Slam", zusammen mit dem New Yorker „Goethe Insti-

---

[190] Reim in Flammen. Köln. Website. http://www.reim-in-flammen.de/ (07.05.2010)

[191] Dead or Alive-Slam. Köln. Website. http://www.deadoraliveslam.de/ (12.05.2010)

[192] Literaturdienstag Köln. Website. http//www.literaturdienstag.de (11.05.2010)

[193] Lehnen, Claudia. Erste schwule Dichterlesung Kölns. Kölner Stadtanzeiger online. http://www.ksta.de/html/artikel/1260197474315.shtml (28.04.2010)

[194] Gay-Poetry-Slam. Köln. Die Idee. Website. http://www.gay-poetry-slam.de/ (11.12.2010)

[195] Gay-Poetry-Slam Köln. Website. Teilnahmebedingungen. http://www.gay-poetry-slam.de/?page_id=28 (11.12.2010)

[196] Meyer, Stephan Martin in E-Mail an Autorin am 24.03.2010.

[197] „Poetry Slam – Tot oder lebendig" ZDFTheaterkanal, 07.11.2010. 1:19:21

[198] Ebd. 1:19:28

tut" und dem „Nuyorican Poets Café". Bob Holman, Miguel Algarin und Neil Christian Pages vom New Yorker „Goethe-Institut" tourten im Vorfeld durch verschiedene Städte in Deutschland, um ausgesuchte Autoren kennen zu lernen und neue Talente in Augenschein zu nehmen.

Austragungsorte für den regelmäßigen Slam, der ursprünglich im „Ex'n'Pop" stattfand, waren im Verlauf der Zeit unter anderem der „Tresor-Club", „Tränenpalast" oder „Maria am Ostbahnhof", bevor er 1999 in die immer noch bestehende Location „Bastard@Prater" der Volksbühne einzog. Dort traten die so genannten „resident poets", also die regelmäßig performenden Dichter, der Berliner *slamily* auf. Als *MCs* fungierten Wolfgang Hogekamp sowie Boris Preckwitz. „Der Slam im Bastard hat das Image des „Party Slams", dessen Stammpublikum einen derberen und direkteren Stil schätzt[...]"[199]. Der „Bastardslam" findet bis heute monatlich mit Wolfgang Hogekamp als SlamMaster statt.

2001 entschied sich die *Slammerin* Xóchil A. Schütz aufgrund einer anderen poetischen Vision[200], im „Scheinbar Varieté" in Berlin-Schöneberg zusammen mit Jan Oberländer den SÜD*SLAM zu gründen. Der SÜD*SLAM war „von Anfang an eher literarisch orientiert und versuchte, neben den bekannten Slammern auch lyrischere Talente ans Mikrofon zu locken."[201] Nach mehrmaligem Wechsel des Veranstaltungsorts, teilweise aus finanziellen Gründen, wurde der SÜD*SLAM im Dezember 2002 das letzte Mal in der „Luna Bar" veranstaltet, bevor die Veranstalter aus persönlichen Gründen pausierten.[202]

Die Lücke in der Berliner *Slam*-Szene wurde von Sebastian Krämers „Scheinbar-Slam", der im Schöneberger „Scheinbar Varieté" seit November 2002 existiert, schnell gefüllt. Sebastian Krämer, der als Kabarettist schon öfter in der „Scheinbar" aufgetreten war, profitierte von seinen guten Kontakten zu Stand-Up-Comedians, Entertainern und *Slammern* und machte damit den „Scheinbar-Slam", nicht nur durch seine zwei ersten Plätze beim „German International Poetry Slam" 2001 und 2003, zu einem bekannten *Slam* auch außerhalb von Berlin. Krämer moderierte zusammen mit Marco Tschirpke den „Scheinbar-Slam" bis zur finalen Veranstaltung im Februar 2008.[203]

Seit 2007 findet der „Rosi-Slam" im „Rosi's" statt, einem Klub in Friedrichshain. Tilman Birr veranstaltet in Berlin-Neukölln den „Saal-Slam"

---

[199] Oberländer, Jan: Poeten, Propheten, Proleten – Poetry Slam in Berlin. Hausarbeit im HS 16700. Freie Universität Berlin, WS 2002/2003.S.9.
[200] Vgl. ebd.
[201] Ebd.
[202] Vgl. ebd. S. 10.
[203] Krämer, Sebastian. Website. http://www.sebastiankraemer.de/poetry-slam.html (20.02.2010)

mit offener Liste: Neun *Slammer*, davon ein „featured poet" stellen sich monatlich im Saalbau Neukölln dem Publikum.

Der „ManoSlam!", von dem Veranstalter Michel Kunze sagt, „Der ManoSlam! ist ein kleiner, intimer Poetry Slam, der sich durch seine Größe gerade auch für "Newcomer", die sich bisher noch nicht getraut haben, ihre Texte in die Welt zu tragen, und intimere Texte eignet"[204], findet seit Februar 2009 in Kreuzberg statt. „Mein Ziel ist es generell, dass sich auch "neue" Leute mit ihren Texten mal auf die Bühne trauen – das Café ist klein und symphatisch und eignet sich hierzu (und auch für "ernstere" oder "intimere" Texte, die bisher immer gut angekommen sind) gut."[205]

Die *Slam*-Szene in Berlin ist inzwischen so vielfältig, es wurde und wird so viel experimentiert, begonnen und abgebrochen, dass sich eine eigene Website mit dem Geschehen in der *Poetry-Slam*-Szene in Berlin beschäftigt: „Slammin' Poetry" ist ein privates, nicht-kommerzielles Projekt, auf dem ein Team von Slam-Begeisterten über Berliner *Slams* und Berliner *Slammer* schreibt, bloggt und diese fotografiert.[206]

### 4.1.3 München

In München misslang zunächst dem Autor und Journalisten Karl Bruckmaier der Versuch, einen *Poetry Slam* auf die Beine zu stellen. Nachdem Bruckmaier 1993 in New York den Lyriker Amiri Baraka nach Auftritten im Nuyorican Poets Café kennen gelernt hatte und von der dortigen Atmosphäre begeistert war, brachte er den *Poetry Slam* in den Münchner Independent-Club „Substanz".[207] Bruckmaier wünschte sich „[...] eine Mischung aus Lesung, Sportveranstaltung und Party, eine unberechenbare Facette des Nachtlebens [...][208]. Trotz überregionaler Aufmerksamkeit in den Medien scheiterte das Projekt nach nur einem knappen Jahr. Die Resignation und der Frust Bruckmaiers resultierte im Wesentlichen aus der Unbeholfenheit der auftretenden Dichter, dazu kam noch „[...] die faktische Übermacht der Talentlosen, deren Versprecher, schlechte Reime und ungelenke Texte jenseits jeder Verbesserbarkeit standen."[209]

---

[204] Mano Slam, Berlin. Website. Infos. http://www.myspace.com/manoslam (01.03.2010)

[205] My Slam. Website. Mano Slam, Berlin. Info. http://myslam.net/de/poetry-slam/190 (01.03.2010)

[206] Slammin' Poetry. Website. http://www.slammin-poetry.de/ (25.02.2010)

[207] Vgl. Bruckmaier, Karl: Slam no more – eine Liebeserklärung. In: Pop, Technik, Poesie. Die nächste Generation. Hrsg. von Marcel Hartges, Martin Lüdke und Delf Schmidt. Rowohlt Literaturmagazin. Nr.37. 1996. S. 57.

[208] Ebd.

[209] Ebd. S. 57 u. 58.

Rayl Patzak, Alf Meier, Jürgen Bulla und Lisa Cameron nahmen 1996 die Idee einer *Poetry-Slam*-Veranstaltung im „Substanz" wieder auf. Im Februar 1996 fanden unter ihrer Regie wieder *Slam*s in München statt[210], mit wenigen Zuschauern und eigenwilligen *Performance*s war es eher eine „Underground-Veranstaltung"[211].

Von den damaligen Machern ist nur Rayl Patzak weiterhin als Veranstalter tätig, zusammen mit Ko Bylanzky moderiert und veranstaltet er den *Slam* im „Substanz". Im Laufe der Zeit wurde der Münchner *Poetry Slam* zum deutschlandweit bekannten „Kultevent"[212], denn die „lords of the words"[213] setzen neue Maßstäbe[214] für die *Poetry Slam*s in Deutschland. Nicht nur die Veranstalter nennen ihn Europas größten regelmäßigen, monatlich stattfindenden *Poetry Slam*.[215] Was mit bis zu 400 Besuchern pro Veranstaltung (das Substanz bietet knapp 450 Zuschauern Platz) wahrscheinlich sogar stimmt. Sogar Männer der ersten Stunde wie Marc Smith sind von der Größe und Ausdauer der Veranstaltung in München beeindruckt.[216] Ein Teil des Erfolgs liegt darin, dass Patzak und Bylanzky grundsätzlich die Hälfte der Autoren einladen und somit die Qualität der Veranstaltung steuern. Auch die konsequente Saison-Einteilung der Veranstaltung, mit viermonatiger Sommerpause und vier *Slam*s pro Saison sorgt für eine stets gut besuchte Lokalität. Bylanzky ist zugleich Slammaster der *Slam*s in Freising und Landsberg am Lech, nahe München gelegenen Städten.

Auch das Kulturreferat der Stadt München hat die Beliebtheit der *Slam Poetry* erkannt und lädt im Kulturzentrum Gasteig[217] bekannte *Spoken-Word*-Künstler der USA ein und veranstaltet bei Stadt- und Kulturfesten

---

[210] Vgl. Bylanzky, Ko und Rayl Patzak (Hg.): Planet Slam. Das Universum Poetry Slam. 1. Auflage. Riemerling: Yedermann, 2002. S. 163.
[211] Wolff, Moses. Im Interview am 31.01.2004. Materialanhang.
[212] Substanz Club, München. Website. http://www.substanz-club.de (13.03.2010)
[213] PRINZ München: The lords of the words. München live. Februar 2004. Hamburg: Prinz Kommunikation Verwaltung GmbH&Co Verlags KG, Februar 2004. München live. S. 12.
[214] Vgl. ebd.
[215] Flyer der Veranstaltung und Moldenhauer, Friederike und Bitter, Joachim. Literatur veranstalten. Lesung, Vortrag, Event. München: mM-press, 2005. S. 39.
[216] Vgl. Smith, Marc Kelly: „Two young fellows in Munich, Germany, Rayl Patzak and Ko Bylanzky, have spread spoken word like a wild wonderful fever across Germany, Austria, and Switzerland.". Introduction Youth speaks. The Spoken Word Revolution. Hrsg. von Mark Eleveld. 1. Auflage. Naperville: Sourcebooks Inc., 2003. S. 203.
[217] „Godfathers of Spoken Word: Reg E. Gaines – der Urvater der Rap-Poetry". Offene Akademie der Münchner Volkshochschule, Gasteig am 23.05.2001. Flyer.

*Poetry Slams*.²¹⁸ Außerdem wurde im Januar 2010 vom Kulturreferat „Die Deutsche Box Poetry Slam Meisterschaft 2010" ausgetragen, die als eines „der größten und aufwändigsten Spektakel der internationalen Spoken Word Liga" angekündigt worden war.²¹⁹. Dort trafen „[...] acht der besten deutschen Slam-Poeten in einem Original-Boxring aufeinander und kämpfen um die Gunst der Punktrichter und des Publikums. Boxhymnen, Nummerngirls, Ringsprecher und echte Sparringskämpfe berühmter Boxer in den Pausen sorgen für ein unvergleichliches Flair."²²⁰ Die Münchner Kammerspiele veranstalteten von 2003 bis 2007 jährlich „Poetry – Dead or Alive", bei der „fünf Schauspieler mit Gedichten toter Poeten gegen fünf Slam-Champions"²²¹ antraten. Dieses Format hat sich in vielen weiteren renommierten Schauspielhäusern und auf Theaterbühnen etabliert. Weiterhin eröffneten die Kammerspiele im Februar 2004 die „Lauschlounge", bei der Auftritte international bekannter *Slam*-Poeten mit Lesungen junger Autoren und Rezitations-Shows von Schauspielern der Kammerspiele verbunden wurden.

Seit Januar 2004 haben Rayl Patzak und Ko Bylanzky einen Mitbewerber um die Gunst der Gäste und der *Slammer*: In München-Gröbenzell schuf Volker Keidel einen neuen *Poetry Slam*, nachdem er sich mehrmals in der *offenen Liste* beim Substanz-*Slam* eingetragen hatte, aber nie gezogen wurde.²²² Der *Poetry Slam* in Gröbenzell war also für ihn die Konsequenz, „[...] etwas selbst auf die Beine zu stellen."²²³ Schon die erste Veranstaltung war für ihn „[...] überwältigend, wir hatten 170 Zuschauer! Das heißt, Gröbenzell und Umgebung war reif für einen Slam."²²⁴ Keidel engagiert sich jetzt bei der Lesebühne „Westend ist Kiez". Heute findet der Göbenzeller *Slam* als „Hexenslam" an jedem letzten Freitag im Monat statt.

Als Verschmelzung von Dichtung, Musik und *Spoken Word*²²⁵ wurde unter dem Motto „Cultur light"²²⁶ seit Januar 2004 regelmäßig „Word up! Be with the band" im Konzert-Club „Atomic Café" veranstaltet. Die „Kiezmeisterschaft" findet im „Stragula" statt – „Münchens schnellster Poetry Slam": Nur ein Text, maximal fünf Minuten, offene Liste, jeder

---

218 „Sommer-Tollwoodfestival" 2002 und beim „Feierwerk Sommerfestival" Juli 2001.
219 Pressemitteilung, Kulturreferat München.
220 Pressemitteilung, Kulturreferat München.
221 Weigend, David. Reden ist Gold. Süddeutsche Zeitung online. 19.02.2004. http://www.sueddeutsche.de/muenchen/446/365265/text/ (12.03.2010)
222 Vgl. Keidel, Volker. Im Interview am 03.02.2004. Materialanhang.
223 Ebd.
224 Ebd.
225 Flyer der Veranstaltung.
226 Ebd.

kommt dran, fünf Juroren aus dem Publikum küren den Sieger, Preisgeld 50 €.[227] Initiatoren sind fünf ambitionierte literaturschaffende und -begeisterte Münchner. Sie ernennen ihr Viertel zu „Westend ist Kiez", haben bereits 2007 eine Anthologie herausgebracht und feiern 2010 das fünfjährige Bestehen von „Westend ist Kiez".

### 4.1.4 Hamburg

Wie Karl Bruckmaier aus München hatte die Verlegerin und Autorin Tina Uebel den *Poetry Slam* bei einem Besuch im Nuyorican Poets Café in New York kennengelernt. Zusammen mit Boris Preckwitz, der 1994 einen Auftritt der „Nuyorican Touring Group" erlebt hatte, veranstaltete sie seit dem Jahreswechsel 1996/97 die ersten Hamburger *Slam*s im „Fools Garden" unter dem Schlagwort „Hamburg ist Slamburg" und versuchte, ein nationales und internationales Netzwerk aufzubauen.

1999 löste Hartmut Pospiech Preckwitz ab, der nach Berlin zog. Pospiech ist zugleich Mitgründer und Vorsitzender des „Writers' Room e.V.", einer Initiative, die jungen Autoren ein freies, selbstständiges Arbeiten ermöglicht.[228] Der Hamburger *Slam* fand einen neuen Veranstaltungsort: Seit Januar 2001 wird erfolgreich im „Molotow", einem Diskokeller auf der Reeperbahn, ein *offener Slam* veranstaltet. Dieser *Slam* namens „Hamburg ist Slamburg" wird von den Veranstaltern Pospiech und Uebel inzwischen „das Paris-Dakar unter den Literaturlesungen"[229] genannt. Eine fünfköpfige, willkürlich aus dem Publikum bestimmte Jury, verteilt Noten von eins bis zehn, die *Slammer* haben fünf Minuten Zeit, bevor die Eieruhr klingelt.[230] Etwa 150 Zuschauer passen in den kleinen Raum, der jeden letzten Dienstag des Monats stets bis an die Grenzen seiner Kapazität gefüllt ist.

Die Hamburger *Slam*-Szene vergrößert sich ständig, und eigenständige Initiativen wie zum Beispiel Macht e.V., ein Zusammenschluss von Aktivisten, Kleinverlegern und Literaten, bereichern seit Jahren die kulturelle Szene in Hamburg. Seit 1999 ist ihre Zielsetzung, lokale Autoren durch Lesungen und Veröffentlichungen zu fördern, Zielgruppe ist ein jüngeres Publikum, das mit ungewöhnlichen Literaturformaten angesprochen werden soll. Mit *Poetry Slams*, Literaturveranstaltungen wie

---

[227] Kiezmeisterschaft, München. Website: http://www.kiezmeisterschaft.de/ (17.03.2010)
[228] Vgl. Writers' Room. Website. http://www.writersroom.de/Angebote.htm (26.04.2010)
[229] Vgl. Hamburg ist Slamburg. Website. http://www.slamburg.de (26.04.2010)
[230] Moldenhauer, Friederike und Bitter, Joachim. Literatur veranstalten. Lesung, Vortrag, Events. München: M-press, 2005. S. 34.

dem „Machtclub" oder „Macht liest" zieht Macht e.v. bei fast jeder Veranstaltung rund 250 Zuschauer an.[231]

Seit Mai 2002 wird von „Alles wird schön e.v." das Programm „Heimfeld ist Reimfeld" im Hamburger Lokal „Alles wird schön" veranstaltet. Die als „Hamburgs kleinster Slam"[232] titulierte Veranstaltung profitiert vor allem von den *Slammern* der örtlichen Szene, wie zum Beispiel Wehwalt Koslovsky, der auch national bekannt ist. „Heimfeld ist Reimfeld" konnte bereits zum „German International Poetry Slam 2003" Teilnehmer entsenden. Für Initiator Jörn Schäller war

> Von Anfang an [...] wichtig, dass unsere [sic!] Slam sich von dem Poetry-Slam im Molotow (und später anderen Hamburger Slams) unterscheidet. Es ist immer ein großes Stück Unberechenbarkeit mit dabei, auch was die Zusammensetzung des Publikums oder allgemeine Stimmung angeht; und gerade das macht den Reiz aus! Als Moderatoren versuchen wir ebenfalls jedes mal den Slam anders zu gestalten, indem wir u. a. (teilweise auch mit unserer Garderobe) tagespolitische oder gesellschaftlich relevante Themen (z. B. Vogelgrippe, Fleischskandal Deutschland-Wahn und WM) meist ironisierend aufgreifen, unsere Un- Fähigkeiten als Privatpersonen einstreuen und das Publikum *gelegentlich* zur Interaktionen auffordern in dem es auf kleine Extra-Zettel aufschreiben soll was sich z. B. alles auf Jürgen Klinsmann reimt oder was noch ekeliger als Gammelfleisch ist. Die Zettel lesen wir dann am Ende des Abends vor und küren das genialste Werk. Trotzdem stehen natürlich die Slammerinnen und Slammer im Mittelpunkt![233]

Der „Bunkerslam", „Hamburgs härteste Arena[234]" rühmt sich seit der Premiere im November 2009 „Europas größter Poetry Slam"[235] zu sein, da die Zuschauerzahl die 500 überstieg – somit wird dem bekannten Münchener *Poetry Slam* im „Substanz" dieser Rang streitig gemacht. Der *Slam* „Kampf der Künste" in den Zeise Kinos wird von Jan Oliver Lange als *Slammaster* moderiert. Der „Kampf der Künste" wird mit den üblichen Regularien des *Poetry Slam* durchgeführt, von den Veranstaltern

---

[231] Ebd. S. 33.

[232] Programmheft 7. German International Poetry Slam 2003 in Darmstadt und Frankfurt, S. 27.

[233] Heimfeld ist Reimfeld. Website. Unsere Geschichte. http://www.reimfeld.de/page3.php (22.02.2010)

[234] Bunkerslam. Website. http://bunkerslam.com (10.02.2010)

[235] Kampf der Künste. Website. http://www.kampf-der-kuenste.de (09.02.2010)/; Abendblatt Hamburg. Von Bunkerslam bis Tresenlesen. 18.09.2009. http://www.abendblatt.de/kultur-live/article1273682/Von-Bunkerslam-bis-Tresenlesen-literarischer-Wettstreit-in-Hamburg.html (10.02.2010)

werden regelmäßig auch Varianten geboten: Song *Slam*, Shortfilm *Slam*, Theater *Slam*.

Weitere regelmäßige Slams in Hamburg sind der „Slam the Pony"[236] im Haus 73, der seit 2004 durchgeführt wird, und der Slam „VU's"[237] im Logensaal der Kammerspiele Hamburg.

Im Gegensatz zu den traditionellen fünf Minuten Lesezeit bietet der Slam „8 min Eimsbüttel" von Friederike Moldenhauer „endlich die Chance, auch längere Texte zu präsentieren."[238]

### 4.1.5 Weitere Städte

Der erste *Poetry Slam* in **Düsseldorf** wurde durch André Michael Bolten initiiert. Dieser lernte bereits 1981 Miguel Algarín, Besitzer des „Nuorican Poets Café", kennen. Bei einem erneuten Treffen 1994 erzählte dieser Bolten von der *Slam*-Szene in den USA, und Bolten brachte die Idee des *Poetry Slam* mit zurück nach Düsseldorf. Mit seinem Kontakt zu Algarín fungierte Bolten als Kontaktperson zwischen der amerikanischen *Slam*-Szene und Deutschland. Mit der Redaktion der „MAULTROMMEL", die Bolten über ein Jahr zuvor ins Leben gerufen hatte, installierte er das „MAULgeTROMMEL", den ersten Düsseldorfer *Poetry Slam*, im September 1996. Er moderierte diesen *Poetry Slam* als „Der Scherge" zusammen mit Robby Göllmann.[239] Die Slams fanden regelmäßig im „Zakk" statt. Dort sind bis heute Pamela Granderath und Markim Pause mit ihrer „Poesieschlacht" tätig. Der „Pretty Poetry Slam" findet im „Pretty Vacant Club" statt und wird von Denis Seyfarth (seit 2005) und Alexander Bach moderiert. Diese Köln-Düsseldorfer Freundschaft spiegelt sich auch in den Preisen wider: Der Zweitplazierte bekommt eine Flasche Kölsch.

Der „Poetry Jam" in **Dortmund** wird von der Volkshochschule Dortmund in Kooperation mit dem Kulturbüro und dem Lokal „Subrosa" angeboten. Der *Poetry Slam* wird seit 1998 als „Poetry Jam – Das offene Lesepult" im „Subrosa" veranstaltet, einem Lokal im Hafengebiet Dortmunds. Jedes Semester wird diese Veranstaltung im Programm der VHS Dortmund angekündigt. *Slammaster* ist der *Social-Beat*-Veteran und Bühnenzauberer Grobilyn Marlowe.[240]

---

[236] Slam the Pony. Website. http://www.slamthepony.de/wp/ (11.02.2010)
[237] VU's Slam. Website. http://www.vu-s.de/events.html (11.02.2010)
[238] 8 min Elmsbüttel. Website von Friederike Moldenhauer. http://www.moldenhauer-text.de/index.php (12.02.2010)
[239] Vgl. Slam 2009. Geschichte des Poetry Slam im Zakk. http://www.slam2009.de/histozakk.php (10.03.2010)
[240] Vgl. Programmheft Herbst 2003 der VHS Dortmund, S. 119. Poetry Jam. Website. http://www.myslam.net/de/poetry-slam/246 (20.03.2010)

In **Stuttgart** veranstaltete Timo Brunke von 2000 bis 2008 monatlich den *Poetry Slam* in der „Rosenau". Brunke war als *MC* tätig und stand selbst als *Slammer* auf der Bühne. 2005 gehörte er zu den Mitbegründern des U20-Poetry-Slam-Vereins Stuttgart (heute ausdrucksreich e. V.). Der „Rosenau-Slam" wird seit 2008 von „Sprechstation" veranstaltet. Die Veranstalter, die bis 2007 den Konstanzer *Slam* durchführten, zogen nach Berlin und Stuttgart. In Berlin wird u. a. der „Rosislam" von Sprechstation veranstaltet.

Neben dem regelmäßigen *Slam*, der seit 1999 im „Scharfrichterhaus" stattfindet, gibt es in **Passau** seit Sommer 2002 einen Open-Air-*Slam*, der im Innenhof des Passauer Rathauses veranstaltet wird, bei dem sich die Organisatoren bemühen, für diese Abende einen „Gastleser der besonderen Sorte einzuladen".[241] Auch in Fürth, Heidelberg, Darmstadt und Weinheim, um nur einige Städte zu nennen, findet im Sommer ein Open-Air-Poetry-Slam statt.

In **Leipzig, Jena** und **Chemnitz** wird der „Livelyrix"[242] *Poetry Slam* seit 2001 jeden Monat von Livelyrix e.V. organisiert sowie für die Leipziger Buchmesse jeweils im März ein *Slam-Event* mit bekannten *Slammern* aus ganz Deutschland veranstaltet. Seit 2004 messen sich jeden Sommer beim „Grand Slam of Saxony" die erfolgreichsten Poeten des Jahres bei einem Open Air Poetry Slam im Dresdner Großen Garten[243] (s. Kapitel 4.3 Landesmeisterschaften).

In **Trier** wird der *Poetry Slam* namens „Verbum Varium Treverorum" seit dem Jahr 2003 veranstaltet. Zusätzlich entstand ein äußerst erfolgreicher Motto-Slam: Denn aus dem „extrem puristischen Format"[244] Poetry Slam wurde der Trierer *Comedy Slam* entwickelt, „erdacht als lustiges Pendant und mit erweiterten Regeln: Zeitlimit pro Auftritt max. 10 min., jegliche Hilfsmittel erlaubt". Eine weitere Innovation war der „Quattropolen Slam". 2007 wurde dieses „grenzüberschreitende, zweisprachige Bühnenliteraturprojekt"[245] von der Produktion e. V. Junge Kunst und Kultur

---

[241] http://www.poetry-slam.de Button: Open Air Slams (09.02.2004)
[242] Vormals „Laienlyrix". Eine Namensänderung wurde 2004 vorgenommen."[...]es gab Vorbehalte gegen diesen Namen. Viele der Aktiven in der Spokenword-Szene haben schon lange ein professionelles Niveau und versuchen auch, ihren Lebensunterhalt mit den Auftritten zu bestreiten. Sie sehen sich nicht gern als Amateure." Wolter, Martin. Vorsitzender des Vereins.
Portrait Livelyrix. http://www.jens-kassner.de/wp-content/uploads/2009/01/portrait_livelyrix.pdf (21.03.2010)
[243] Livelyrix e.V.. Website. Info. http://www.livelyrix.de/?page_id=2 (12.02.2010)
[244] Kulturraum Trier e.V. Website. Comedy Slam. Historie. http://www.kulturraumtrier.de (13.03.2010)
[245] LX5. Website. Quattropolen Slam: http://www.lx5.net/IMG/pdf/Projektbeschreibung.pdf (14.03.2010)

Trier im Rahmen der Kulturhauptstadt 2007, Luxemburg, ins Leben gerufen. Die vier Städte Trier, Luxemburg, Metz und Saarbrücken gelten als kulturelle Zentren einer Großregion – aber nur in einer, Trier, konnte sich der Poetry Slam etablieren. Die Gesetzmäßigkeiten des Slams (eigene Literatur, Performance, Wettbewerb, Publikum als Jury), wurden als „hervorragende Grundlagen zur Initiierung eines identitätsspendenden Prozesses für die mehr als nur natürliche Einheit der Saar/Lor/Lux Region"[246] betrachtet. Gewinner waren Felix Römer aus Deutschland, Francis Knirps aus Luxemburg und Oliver Laage aus Belgien.

## 4.2 Die deutschsprachigen Meisterschaften: GIPS/Slam

Die über das ganze Land verstreuten, noch quantitativ kleinen *Slam*-Gemeinden waren im Jahr 1997 soweit miteinander vernetzt, dass ein Treffen auf nationaler Ebene ein sinnvoller nächster Schritt war. Dem Vorbild der amerikanischen *Slammer* folgend, wird seitdem einmal im Jahr in Deutschland ein „National Slam" veranstaltet. Durch die Teilnahme von Slammern aus Österreich und der Schweiz wurde der „National Poetry Slam" 2001 in „German International Poetry Slam", kurz GIPS, umbenannt. Übernommen wurde von der amerikanischen Version die Vorgabe, dass jeder „National Poetry Slam" von jeweils einem anderen Organisationsteam in einer anderen Stadt ausgerichtet wird.

Der Austragungsort des jeweiligen GIPS wird durch die so genannte Slamily bestimmt, ein Treffen der Veranstalter der *Slams* aus größeren Städten bzw. *Slam*s, die seit mindestens einem Jahr bestehen. Bei diesen Treffen kommen allerdings lediglich an die 20 *MCs* zusammen, somit ist eine Repräsentativität der vielen regelmäßig stattfindenden deutschen *Slam*s durchaus in Frage gestellt.

Für die Teilnahme am GIPS müssen sich die *Slammer* in ihrer jeweiligen Stadt für die deutschsprachigen Meisterschaften qualifiziert haben.

Im Einzel-Wettbewerb treten die Dichter gegeneinander an und qualifizieren sich in diversen Vorrunden für das Finale. Bei lokalen *Poetry Slams* ist er nur selten zu sehen, beim GIPS jedoch war die Disziplin des Teamwettbewerb von Anfang an dabei: Dafür kann sich ein Team aus einer Stadt, das aus mindestens zwei und aus bis zu fünf Personen bestehen kann, zusammenschließen, um mit verteilten Rollen ihre *Team Pieces* auf der Bühne zu präsentieren. Im Teamwettbewerb tritt der Einzelne in den Hintergrund. Der *Team Slam* eröffnet die Möglichkeiten für Choreographien und stimmliche Spezialeffekte. Jedes Mitglied des Teams kann einen Teil des Beitrags schreiben, manchmal gibt es eine demokratische Aufteilung der Erarbeitung des Vortrags, bei der jeder *Slammer* sein Spezialgebiet einbringen kann.

---

[246] Ebd.

## 4.2.1 GIPS 1997–2002

Vom ersten „National Slam" 1997 in Berlin bis zum siebten „German International Poetry Slam" 2003 in Frankfurt und Darmstadt hat sich nicht nur der Umfang der Veranstaltung in Teilnehmer- und Zuschauerzahlen geändert, auch die Berichterstattung wurde intensiver.

Als Wolfgang Hogekamp im Oktober 1997 im „Ex'n'Pop" in Berlin den ersten „National Slam" ausrichtete, waren gerade mal sechs Teams gemeldet: Von Bremen, Hamburg, München, Düsseldorf, Berlin Ost und Berlin West wurde Hamburg der erste *Team Slam*-Gewinner. Der Gewinner im Einzelwettbewerb wurde Bastian Böttcher, der in den darauf folgenden Jahren die *Slam*-Szene noch wesentlich beeinflusste. Die teilnehmenden Städte machten die Austragungsorte für die nächsten geplanten National Slams aus.[247]

Im November 1998 waren Ko Bylanzky und Rayl Patzak die gastgebenden *MCs* des „National Slam", der mit inzwischen 20 Einzelteilnehmern und elf Teams in der Münchner „Bongo Bar" stattfand. Das dreitägige Festival wurde von Marc Smith, dem Schirmherrn der Veranstaltung eröffnet. Anschließend fand die Europa-Premiere des US-Films „SlamNation" im „Cinerama" statt. Köln überzeugte die Jury mit seinen *Team pieces*. Der Sieger des „National Slam" 1998, Michael Lentz, sorgte in den folgenden Jahren für viel frischen Wind im deutschen Literaturbetrieb, was ihm den Ingeborg-Bachmann-Preis 2001 einbrachte. Weimar, die damalige Kulturhauptstadt Europas, war im Oktober 1999 Sitz des „National Slam", mit dem einstigen Gewinner Bastian Böttcher als *MC*. Als erste Frau gewann Tracy Splinter, gebürtige Südafrikanerin aus Hamburg, den Einzel-Wettbewerb; Team Tübingen siegte beim Teamwettbewerb.

15 Teams und 40 *Slammer* nahmen im Jahr 2000 am vierten „National Slam" in Düsseldorf teil. Erstmals waren auch Delegationen aus Wien und der Schweiz dabei. Die große Anzahl an Teilnehmenden machte erstmals Vorrunden nötig, das Ganze wurde eine dreitägige Veranstaltung im „Zakk". Jan Off aus Braunschweig wurde National Slam Champion, Aachen errang den Team-Titel.

Der fünfte „National Slam" wurde 2001 endgültig zu einem internationalen deutschsprachigen *Slam-Poetry*-Fest: Neun Schweizer Teams und ein Team aus Wien machten eine definitive Namensänderung unumgänglich. So richteten Tina Uebel und Hartmut Pospiech in Hamburg erstmals die nun „German International Poetry Slam" – GIPS – genannte

---

[247] Vgl. Bylanzky, Ko und Patzak, Rayl (Hg.): Planet Slam. Das Universum Poetry Slam. 1. Auflage. Riemerling: Yedermann, 2002. S. 165. Sowie weitere Angaben dem Programmheft des „7. German International Poetry Slam" 2003: National Poetry Slams – eine Chronologie. S. 37 und 38.

Meisterschaft in Hamburg aus. Die Anzahl der *Einzelslammer* war inzwischen auf 52 Teilnehmer gestiegen, Gewinner waren Sebastian Krämer aus Berlin und das Team Winterthur.

Der sechste GIPS in Bern (Schweiz) machte 2002 Furore: Die Veranstalter und Mitwirkenden konnten sich über mehr als 2000 Zuschauer freuen. Zahlreiche Fernseh- und Radiosender berichteten von der Veranstaltung. 17 Teams und 64 *Slammer* aus über 30 Städten nahmen teil. Lasse Samström aus Bonn gewann den Einzel-Wettbewerb, Wuppertal wurde Team-Champion.

### 4.2.2 GIPS 2003 in Darmstadt und Frankfurt

Vom 2. bis 5. Oktober 2003 fand der „German International Poetry Slam" zum siebten Mal statt und wurde in Darmstadt und Frankfurt am Main ausgerichtet. Unter dem Titel „slam2003" maßen sich über 100 Dichter im Einzel- und Teamwettbewerb. Erstmals wurde ein neues Abstimmungssystem eingeführt: Das gesamte Publikum entschied über Sieg oder Niederlage. Bei den vorherigen *Slams* wurden willkürlich fünf Personen aus dem Publikum gewählt, die die Jury ausmachten. Dadurch entstand, nach Meinung des Veranstalters Oliver Gaußmann, kein breites Spektrum an Meinungen, da oft „Wirrköpfe"[248] mit sinnfreien Entscheidungen die Gewinner ermittelten und nicht nach Textqualität und *Performance* beurteilten. Auch bekamen die *Slammer* mehr Zeit auf der Bühne: Statt bisher fünf Minuten hatten sie jetzt sieben Minuten Zeit, ihre Darbietung zu präsentieren. Diese Entscheidung wurde vor allem zu Gunsten der Prosaisten getroffen.[249] Aufgrund der zwei Städte, die diesen GIPS austrugen, mit jeweils verschiedenen Team- und Einzel-Vorrunden in Frankfurt und Darmstadt, dem Einzel-Finale jedoch nur in Darmstadt, hatte die gesamte Veranstaltung eine

> [...] Eigendynamik erhalten, die kaum noch steuerbar war. Das ist problematisch gewesen, ich würde das in Zukunft nicht mehr machen. Wir haben mit Frankfurt zusammengearbeitet, weil wir mit den dortigen Veranstaltern befreundet sind, und es den Darmstädter *Slam* erst seit 2000 gibt. Da hatte Frankfurt die größere Reputation und weil es sich die Veranstalter dort nicht zugetraut haben, den Slam 2003 auszutragen, machten wir es, haben sie jedoch an Bord geholt, um mehr Aufmerksamkeit zu erlangen.[250]

Dazu kam es bei diesem *Slam* zu Vorkommnissen, die Auswirkungen auf die zukünftigen GIPS hatten: Der Teamwettbewerb wird in dieser

---

[248] Gaußmann, Oliver. Im Interview am 08.01.2004. Materialanhang, S. 106.
[249] Vgl. ebd.
[250] Ebd. S. 107.

Form nicht mehr stattfinden, da die Teilnehmer der Vorrunden die Veranstalter, das Publikum und die anderen *Slammer* schwer enttäuschten.
Die Auftritte der Mannschaften krankten daran, dass sich in den Städten beliebige Teams ohne Vorentscheidung aufstellen ließen, darunter solche, die bis zu diesem Abend nie zusammen auf der Bühne standen und auch nicht mit guten Texten glänzen konnten.[251]

Kurzfristige Absagen von einigen Teams, schlechte Vorbereitung – „Wir hatten keinen Text und haben das mal kurz auf der Herfahrt geschrieben"[252] – sowie konstantes Ablesen bei der Mehrheit der Teams hinterließen einen schlechten Eindruck:

> Ohne Erfolg blieben [...] die Teilnehmer, die ihre Texte brav rezitierten, sie, so es sich nicht um Kurzgeschichten handelt, vorlasen. Denn hier zählt der Auftritt mindestens sosehr wie der Inhalt.[253]

Auch der Veranstalter Oliver Gaußmann bemängelte die fehlende Ernsthaftigkeit der Mannschaftsteilnehmer:

> Die Teams waren der Gau. Die Qualität hat nicht gestimmt, man hatte das Gefühl, die wollten sich nur ein Super-Wochenende machen. Klar, die Slammer waren im Maritim Hotel untergebracht, Freibier gab's und man kommt sich extrem wichtig vor, mit dem Ausweis um den Hals.[254]

Um solches Fehlverhalten in Zukunft ausschließen zu können, wurde von der *Slamily* beschlossen, auch den Teams die Qualifizierung zu den kommenden „German International Poetry Slams" schwerer zu machen: Zum einen muss das Team in seiner Stadt schon mehrmals aufgetreten sein und sich somit als Team und als *Slammer* bewiesen haben. Dies muss nachprüfbar sein, denn „dieses Mal hatten sich so genannte Teams angemeldet, die sich noch nie zuvor gesehen hatten, geschweige denn aufgetreten sind. Dazu meldeten sich ganz plötzlich MCs an, von deren Slam wir noch nie gehört hatten."[255]

Entscheidend für das Verhalten der *Slammer* mag die Finanzierung des slam2003 gewesen sein: Den Veranstaltern Oliver Gaußmann, Alex Dreppec und Dirk Hülstrunk war klar, dass diese Veranstaltung vom Publikum sehr gut angenommen werden würde, so wie sich die Zuschauerzahlen bei den nationalen Meisterschaften in den letzten Jahren

---

[251] Breunig, Werner: Die heiße Luft der Dichter. Frankfurter Allgemeine Zeitung. (06.10.2003):49.
[252] Team „Ulm" am 03.10.2003 Vorrunde 2 in Darmstadt, Centralstation.
[253] Breunig, Werner: Die heiße Luft der Dichter. Frankfurter Allgemeine Zeitung. (06.10.2003):49.
[254] Gaußmann, Oliver. Im Interview am 08.01.2004. Materialanhang.
[255] Ebd.

positiv entwickelt hatten. Die Veranstalter entschieden sich, einen gemeinnützigen Verein zu gründen, mit dem zuerst der vierteljährlich stattfindende Slam „Darmstädter Dichterschlacht" initiiert werden konnte, für den somit auch Landesfördergelder genutzt werden konnten. Für den vom gleichen Verein veranstalteten slam2003 wurden außerdem Fördergelder in Höhe von ca. € 50.000 bereitgestellt.[256]

Das Anliegen von Gaußmann und Dreppec, den slam2003 zu einem „Slam für's Publikum"[257] zu machen und weniger „Germanistenpublikum"[258] zu haben, wurde durch Anzeigen in überregionalen Zeitungen und Zeitschriften sowie massive Radiowerbung unterstützt.

> Gaußmanns Begriff von Poetry Slam ist „poppig". Er mag es überirdisch und schick, im Gegensatz zu den Vertretern einer Kellerkultur, die aus Jeder-darf-mal- und Social-beat-Zeiten ein eher undergroundiges Slam-Verständnis behalten haben.[259]

Im Zuge der Recherchen habe ich viele Slams besucht und viele Eindrücke gewonnen. Doch nie zuvor hatte ich ein so bunt gemischtes Publikum gesehen, fast jede Altersgruppe war vertreten – und für die Senioren, die kamen, um sich einmal einen Slam genauer anzuschauen, wurden in der „Centralstation" statt der Sitzkissen für den Boden sogar Stühle bereit gestellt. Hier wurde die Idee der Veranstalter, einen Slam für das Publikum zu machen, hervorragend umgesetzt.

### 4.2.3 Slam 2004 – 2006

Im Theaterhaus **Stuttgart** fand der Slam2004 vom 29. – 31.Oktober 2004 statt. Erstmalig wurde der „U20-Slam" von den Veranstaltern in den Wettbewerb mit einbezogen und ein Gewinner ermittelt. Qualifizieren konnten sich die jungen Slammer bei Workshops, die vorher deutschlandweit stattfanden und einer Vorentscheidung Ende September. Diese Art der Neuerung sorgte für viel mediales Interesse und kann heute als Initialzündung für den Poetry Slam in der Schule bzw. den großen Zulauf bei Jugendslams gesehen werden (s. Kapitel 4.3 ff). Gabriel Vetter gewann den Einzel-Wettbewerb, Lino Wirag den U20-Slam und Helge Thund mit Jakob Nacken den Teamwettbewerb.

Weiterhin wurde beschlossen, die zukünftigen Meisterschaften unter dem verkürzten Namen Slam mit jeweiliger Jahreszahl zu benennen und politisch korrekt den Titel „Deutschsprachige Poetry-Slam-Meisterschaften" zu benutzen.

---

[256] Vgl. ebd. S. 108.
[257] Ebd. S. 106.
[258] Ebd.
[259] Tuschick, Jamal: Hauch von Größenwahn. Frankfurter Rundschau, 19.09.2003. http://www.slamffm.de/presse.html (14.03.2010)

Leipzig war Austragungsort des Slam2005. Rund 2.900 Zuschauer konnten die Performances von 89 Einzelteilnehmern und 15 Teams vom 25. – 27.Oktober.2005 miterleben. Erstmalig waren auch Teams zugelassen, deren Teilnehmer sich aus verschiedenen Städten zusammensetzten. Dem Veranstalter „Livelyrix e.V." war ob der Tatsache, dass er gerade einmal die rechtliche Mindestanzahl an Mitgliedern für einen Verein stellte, bewusst, dass die Austragung der Meisterschaften mehr als nur eine logistische Herausforderung ist. „Etwas Naivität ist wohl nötig, sich ohne großartige Erfahrung an solch ein Event heranzuwagen. Rund 300 Aktive – Poeten, MCs, DJs und Musiker – waren unterzubringen und bei Laune zu halten. Und die Laune war hervorragend."[260] „Alle, die nach Leipzig gekommen sind, waren begeistert. Von den Wettbewerben selbst, von den Aftershow-Parties und auch von der Stadt.", sagt Martin Wolter[261]. Als Spielstätten wurden die Clubs ausgewählt, in denen auch bisher die Slams in Leipzig stattfanden, um eine emotionale Atmosphäre zu erhalten. Eine wohl gute Entscheidung: „Die Stimmung im übervollen Saal ähnelte jedenfalls mehr einem Rockfestival als einer Lesung."[262] Sieger waren Volker Strübing im Einzel-Wettbewerb, das Team „Tha Boyz with tha Girlz in tha back" (bestehend aus Nora Gomringer, Fiva, Mia Pittroff) sowie die U20-*Slammer* Nadja Schlüter und Krisha Kops.

Der Slam2006 in **München** vom 8. bis 12. November 2006 wurde eine wesentlich größere Veranstaltung, als die Poetry-Slam-Szene es sich je hätte vorstellen können. Am Ende von vier Tagen in der bayerischen Landeshauptstadt hatten rund 6000 Zuschauer an zehn Veranstaltungsstätten die Meisterschaften mitverfolgt. München war nach 1998 zum zweiten Mal Austragungsort. Zusätzlich zu den Wettbewerben gab es erstmalig[263] ein umfangreiches „Festivalprogramm", verschiedene Motto-*Slams* wie Mundart-*Slam*, Sex-*Slam*, Haiku-*Slam* oder Cover-*Slam* (mehr dazu in Kap. 4.4), viele davon als kostenlose Veranstaltungen am Nachmittag, sowie Konzerte, Parties und nach dem Finale ein abschließendes Dichterfrühstück.

Das Netzwerk, das die Veranstalter Rayl Patzak und Ko Bylanzky im Laufe ihrer Tätigkeiten als Slammaster, Moderatoren von Lesebühnen und Konzeptentwickler für diverse literarische Veranstaltungen aufbauen konnten, war ihnen nun von Nutzen. Auch die enge Zusammenarbeit mit der Stadt München (Kulturreferat) und dem Freistaat Bayern (Bayerisches Staatsministerium für Wissenschaft, Forschung und Kunst) sowie starken Medienpartnern machte diesen großen Event durchführbar. Lo-

---

[260] Kassner, Jens. Portrait Livelyrix. Website. PDF-Dokument. http://www.jens-kassner.de/wp-content/uploads/2009/01/portrait_livelyrix.pdf (18.01.2010)
[261] Ebd.
[262] Ebd.
[263] Programmheft, S. 6. Siehe auch Slam2006 Website. http://www.slam2006.de

kalkolorit zeigte sich durch das Logo des Slam2006: Das Logo ist ein leicht verfremdetes „Münchner Kindl", das in der rechten Hand eine Brezel hält und mit der linken einen Mikrofonständer umfasst.

Alleine das Programmheft zählte 48 Seiten, enthielt neben der Vorstellung der einzelnen Veranstaltungen auch detaillierte Informationen zu den teilnehmenden *Poetry Slams* von Aachen bis Zürich, die Auflistung der teilnehmenden *Slammer* sowie eine Übersicht für den Zuschauer, die nach jeder Wettbewerbsrunde mit dem Namen der jeweils weitergekommenen Person ausgefüllt werden konnte. Weiterhin war ein Übersichtsplan über die einzelnen Spielorte, die sich alle in der Münchner Innenstadt befanden, auf der Rückseite des Programms gedruckt. Zu den Veranstaltungsorten gehörten u. a. das Volkstheater und die Münchner Kammerspiele. Gewinner waren im Einzel-Wettbewerb Marc-Uwe Kling, im Teamwettbewerb LSD (Volker Strübing und Michael Ebeling), im U20-Slam Lara Stoll.

### 4.2.4 Slam 2007 – 2009

Zum zehnjährigen Jubiläum war, nach der ersten Meisterschaft 1997, **Berlin** vom 3. bis 6. Oktober 2007 wieder Austragungsort des Slam.

Der Inititiator der ersten Meisterschaft in Deutschland, Wolfgang Hogekamp, war auch dieses Mal wieder im Organisationsteam. Im Rahmenprogramm wurden *Poetry Clips* gezeigt, und es fand die Filmpremiere von „Slam Revolution" des Regisseurs Rolf S. Wolkenstein statt, ein im Road-Movie-Stil gedrehter Dokumentarfilm über die *Poetry-Slam*-Szenen in den USA, Frankreich und Deutschland[264]. Marc-Uwe Kling gewann den Einzel-Wettbewerb im zweiten Jahr in Folge, ein Novum in der Geschichte der Meisterschaften. SMAAT, bestehend aus Sebastian23, Felix Römer, Lars Ruppel, Gabriel Vetter, konnte den Team-Wettbewerb für sich entscheiden. Julian Heun siegte beim U-20 Slam.

Zum zweiten Mal fand in einer Schweizer Stadt die deutschsprachige Meisterschaft statt: Nach Bern war es nun **Zürich** beim Slam2008. Im Gegensatz zu den vorherigen *Slams* fand dieser Wettbewerb vom 19. bis 22. November wieder an nur einer *Location* statt. Die Organisatoren sprachen am Ende der Veranstaltung von einem Besucherrekord. Rund 9500 Besucher aus der Schweiz und Süddeutschland ließen sich von „Performance Poetry auf höchstem Niveau [...] begeistern."[265] Sebastian23 konnte den Einzel-Wettbewerb für sich entscheiden, LsD (Liebe statt Drogen, bestehend aus Volker Strübing und Michael Ebeling) den Teamwettbwerb und Nils Straatmann alias Bleu Broode den U20-Slam.

---

[264]  Slam Revolution. Website. http://www.slamrevolution.com (25.02.2010)
[265]  Slam 2008. Website. Schlusscommuniqué. http://www.slam2008.ch/wp-content/schlusscommunique-slam20082.pdf (19.02.2010)

In **Düsseldorf** trafen sich die deutschsprachigen Poeten zum Slam2009 vom 29. bis 31. Oktober. Erstmalig nahm das Fürstentum Liechtenstein mit Poeten an der Dichterschlacht teil. Phillipp Scharrenberg gewann den Einzel-Wettbewerb „mit einem furiosen Lauf durch drei Finalrunden. Wortgewaltig, witzig, hervorragend im Vortrag. Die siebenköpfige Jury, zufällig im Publikum verteilt, konnte gar nicht anders."[266] Er ist ebenfalls Mitglied von PauL, der Mannschaft, die den Team-Wettbewerb für sich entscheiden konnte. Die Österreicherin Yasmin Hafedh gewann den U20-Slam.

2010 findet die Meisterschaft zum ersten Mal überhaupt im **Ruhrgebiet** statt. Als Veranstaltungsorte tragen Bochum, Duisburg, Essen und Oberhausen den Slam2010 in Kooperation aus. Das Finale wird in der Jahrhunderthalle in Bochum stattfinden. Mehr als 150 Poetinnen und Poeten aus mehr als 80 Städten werden im Wettbewerb in den Kategorien Einzel, Team und U20 gegeneinander antreten. Der Slam2010 wird vom 10. bis zum 13. November stattfinden.[267]

## 4.3 Landesmeisterschaften

Neben den seit 1997 stattfindenden deutschlandweiten bzw. deutschsprachigen Meisterschaften suchen Poeten in den Bundesländern Nordrhein-Westfalen, Hessen, Bayern und Sachsen neue Herausforderungen auf regionaler Ebene, um sich zu messen.

Die vier genannten Bundesländer haben jeweils eine relativ hohe Anzahl an regelmäßigen *Poetry-Slam*-Veranstaltungen (z. B. Baden-Württemberg 13, Nordrhein-Westfalen 31, Bayern 27) und rechtfertigen somit einen Wettbewerb im eigenen Bundesland.

Den Anfang machte **Sachsen** mit dem „Grand Slam of Saxony". Der Veranstalter „Livelyrix e.V.", der auch für die *Slams* in Leipzig, Jena und Dresden verantwortlich zeichnet, lud 2003 erstmals zu den „Offenen Sächsischen Meisterschaften" ein. Seitdem fand der Event jedes Jahr im Sommer als Open-Air *Poetry Slam* in Dresden statt. Dort messen sich die zehn Autoren, die bei den Poetry Slams in Dresden, Leipzig, Chemnitz und Jena in der vorangegangen Saison am erfolgreichsten waren. Das Publikum entscheidet am Ende des Abends über den sächsischen Meister. Der Gewinner bekommt die Möglichkeit, bei den jeweiligen deutschsprachigen Meisterschaften teilzunehmen.[268]

---

[266] Hippler, Marc. Zeitgeister bei den Poetry-Slam-Meisterschaften. Der Westen. 02.11.2009. http://www.derwesten.de/kultur/literatur/Zeitgeister-bei-den-Poetry-Slam-Meisterschaften-id62536.html (22.02.2010)
[267] Vgl. Slam 2010. Website. Pressetext. http://www.slam2010.de/ (25.02.2010)
[268] Livelyrix e.V. Website. Archiv. http://www.livelyrix.de (30.03.2010)

Der erste **NRW**-Slam fand 2008 in Münster statt. Der NRW-Slam soll der Vernetzung der nordrhein-westfälischen Slam- und Off-Literatur Kultur dienen und jährlich an einem anderen Ort in NRW stattfinden. Im Rahmen des NRW-Slams wird ein mehrtägiger Dichterwettstreit ausgetragen. Dieser wird begleitet von einem Rahmenprogramm aus Lesungen, Konzerten, Partys und einer Minibuchmesse, um die Vielfalt und Lebendigkeit der Off-Literatur-Szene NRW zu unterstreichen.[269]

2009 wurde der NRW-Slam in Siegen veranstaltet, am 17. und 18. September 2010 ist Bielefeld Austragungsort.

Der erste **Hessenslam** wurde im Jahr 2009 in Marburg veranstaltet. Eine Folgeveranstaltung ist vorerst nicht geplant.

In **Bayern** wurden 2010 die ersten Landesmeisterschaften ausgetragen. Die „1. Bayerischen Poetry Slam Meisterschaften" in Regensburg fanden vom 13. bis 15. Mai 2010 statt. Ehrengast und Schirmherr war der Erfinder des *Poetry Slams*, Marc Kelly Smith aus Chicago, der die Veranstaltung aus gesundheitlichen Gründen jedoch nicht besuchen konnte. Alle regelmäßig stattfindenden bayerischen *Poetry Slams* schickten für den Bayernslam ihren erfolgreichsten Poeten in die Dichterschlacht. Es nahmen rund 40 *Slammer* teil, Christian Ritter konnte den Wettbewerb für sich entscheiden.

Auch in **Baden-Württemberg** fand 2010 der „1. Poetry Slam BW" am 14. und 15. Mai 2010 in Heidelberg und Mannheim statt. Dort starteten die 26 (bestehend aus den elf Teilnehmern des Slam2009 aus Baden-Württemberg sowie Vertretern der 15 beteiligten *Poetry Slams*) besten *Slam*-Poeten des Landes. Als Preis gab es für den Gewinner Daniel Wagner u. a. einen Startplatz bei den deutschsprachigen Meisterschaften Slam2010. In einem separaten Wettbewerb wurde außerdem der beste Nachwuchspoet unter 20 Jahren ermittelt.

## 4.4 U20- und U18-Slams – Jugendslams

Damit auch Kinder und Jugendliche ihre Leidenschaft und Kreativität für das gesprochene Wort bei einem *Slam* umsetzen können, gibt es inzwischen auch für sie die Möglichkeit, ihre Texte einem kritischen Publikum zu präsentieren. Im deutschsprachigen Raum werden *Slams* für Jugendliche oft als U18-(Unter 18 Jahren) oder U20-Slams (Unter 20 Jahren) bezeichnet, eine Altersgrenzenbezeichnung in Anlehnung an Jugendmannschaften im Sportbereich.

Das ursprüngliche Format stammt, wie der *Poetry Slam* selbst, aus den USA. Dort ist die Entwicklung schon weiter voran geschritten: Es gibt

---

[269] NRW-Slam. Website. Infos. http://nrw-slam.de (03.04.2010)

über das ganze Land verteilt Jugendorganisationen, zum Beispiel „Youth Speaks" in San Franicsco, „[...] spreading performance poetry across the West Coast [...]"[270] die mit „Brave New Voices" in Chicago den „National Youth Poetry Slam" veranstaltet. In der Selbstdarstellung sieht sich die "Youth Speaks Inc" so:

> Youth Speaks creates safe spaces that empower the next generation of leaders, self-defined artists, and visionary activists through written and oral literacies. We challenge youth to find, develop, publicly present, and apply their voices as creators of societal change. Our vision is to shift the perception of youth by combating illiteracy, alienation, and silence, creating a global movement of brave new voices bringing the noise from the margins to the core.[271]

Mark Eleveld, Herausgeber von „The Spoken Word Revolution", sieht in den Werken der jugendlichen Spoken-Word-Poeten eine Ehrlichkeit, die die meisten Erwachsenen weder zeigen können noch wagen würden[272]: „They press the truth of their lives into listeners' ears, and they do it with precision and polished technique."[273]

### 4.4.1 Veranstaltungen

In der Bundesrepublik Deutschland wurden Jugendslams bis 2003 noch bei größeren Festivals als Teil des Rahmenprogramms durchgeführt, wie dem „German International Poetry Slam 2003"[274], in der Schweiz zum Beispiel bei den „Winterthurer Musikfestwochen"[275]. Bei den deutschsprachigen *Poetry-Slam*-Meisterschaften 2004 in Stuttgart war der U20-Slam bereits Bestandteil des Wettbewerbs.

Die Veranstalter des „German International Poetry Slam 2004", riefen Schülerinnen und Schüler dazu auf, ihre Texte zu präsentieren.[276] In den Deutschstunden rekrutierten Dichter wie Tobias Borke und Wehwalt Koslovsky Zehntklässler an Stuttgarter Gymnasien und hofften auf einen Dominoeffekt. Mit Hilfe der Robert-Bosch-Stiftung sowie der Tübinger

---

[270] Eleveld, Mark (Hg.): The Spoken Word Revolution. 1. Auflage. Naperville: Sourcebooks, Inc., 2003. S. 203.
[271] Brave New Voices. Website. Contact and FAQ. http://docs.google.com/Doc?id=ddtj7mn3_0dbf6kbfk (17.01.2010)
[272] Vgl. ebd.
[273] Ebd.
[274] „U-18-Slam" am 04.10.2003 in der Stadtbibliothek Darmstadt im Rahmen des „German International Poetry Slam" 2003.
[275] „U20-Poetry Slam" am 28.08.2003 im „Jugendkafi Stadtmuur" im Rahmen der „Winterthurer Musikfestwochen".
[276] Vgl. Slam 2004. Website. U20. http://www.slam2004.de/u20.shtml (18.02.2010)

Stiftung Kunst und Recht wollte die *Slammerszene* Schüler fördern.[277] „Der Slamgedanke soll noch weitere Kreise ziehen als bisher"[278], so Veranstalter Timo Brunke.

Und er zog weitere Kreise: Die U20-Slams sind seitdem bei jeder deutschsprachigen Meisterschaft mit reger Teilnahme der Jugendlichen und großer Begeisterung[279] des Publikums durchgeführt worden. Inzwischen haben sich in den meisten *Poetry-Slam*-Städten U20-Slams als regelmäßige Veranstaltung durchgesetzt. Es gelten die gleichen Regeln wie beim bekannten *Poetry Slam*, die Altersgrenze jedoch liegt meistens zwischen 14 und 20 Jahren. Weitere Unterschiede zum regulären *Poetry Slam*: Die Eintrittspreise sind deutlich geringer und der Veranstaltungsbeginn liegt früher, meist gegen 18 Uhr. Auch in Schulen werden Jugendslams durchgeführt.

Ebenfalls werden in Verbindung mit den U20-Slams zusätzlich Workshops oder Schreibwerkstätten angeboten. In Heidelberg wird der U20-Slam „Word Up" regelmäßig durchgeführt, kostenlose Workshops helfen bei Ideenfindung und Performance.[280] Der Münchner „Schüler Poetry Slam" findet im „Schauburg – Theater der Jugend" statt. Zur Vorbereitung auf die Slams werden kostenlose Workshops in Performance Poetry angeboten[281] (s. Kapitel 4.3.2 Didaktik).

In Wiesbaden hat sich das Format des Jugendslams für eine noch jüngere Zielgruppe als regelmäßige Veranstaltung etabliert. Im Februar 2003 wurde der „Poetry Kids! Slam" des Vereins „Where the wild words are e.V." für Kinder zwischen acht und vierzehn Jahren initiiert. Die Veranstalter wollten auch die Schulen ansprechen, um den *Slam* in den Unterricht zu bringen, indem Texte der *Slam Poetry* dort vorbereitet werden. Mit dem Konzept „Ruhm, Ehre und Preise und für alle Beteiligten Anregungen beim Umgang mit Text und Sprache"[282] wurden, mit fünf Minuten Vortragszeit, einmal im Monat Texte von acht jungen Slammern vorgetragen. Mediales Interesse erweckte das Konzept schon früh, ausge-

---

[277] Vgl. Strasser, Katrin. Dichter suchen Nachwuchs. Stuttgarter Zeitung. 01.07.2004. Einsehbar unter http://medien.slam2004.de/pressespiegel_slam_01_u20.shtml (20.02.2010)
[278] Ebd.
[279] Jetzt.de. Süddeutsche Zeitung. Website. Redaktionsblog. 07.10.2007. http://jetzt.sueddeutsche.de/texte/anzeigen/401117/TrkHomeMagTsr3 (12.01.2010)
[280] Word Up Heidelberg. Website. U20-Workshops. http://www.worduphd.de/content/e410/ (05.01.2010)
[281] Schauburg Theater, München. http://www.schauburg.net/php/artikel.php?code=162&mp=3
[282] *Where the wild Words are.* Website. http://www.wtwwa.de/termine/pretexte/kids1.html (05.01.2010)

zeichnet wurde es 2007 von der Landesarbeitsgemeinschaft der Kulturinitiativen und soziokulturellen Zentren in Hessen e.V. mit dem „Sonderpreis für bürgerliches Engagement in der Soziokultur". Der „Poetry Kids! Slam" war schon in das Kinder- und Jugendprogramm der dort ansässigen kulturellen Einrichtung „Kulturpalast" integriert, bis die Organisatoren auch 2007 die alleinigen Veranstalter des Slams wurden. [283]

### 4.4.2 Didaktik

Bereits 2001 versuchten Alexander Bach, Philipp Schiemann, Alexander Nitzberg und Aski Elber, den Poetry Slam in den Deutschunterricht zu bringen. Für Bach ging es:

> [...] seinerzeit darum, den Schülern zu zeigen, wie und wie weitgefächert heutzutage geschrieben wird. Also gegen ein angenommenes Vorurteil anzulesen. Und gleichzeitig wollte ich zeigen, wie heutzutage gelesen wird. Also haben wir die Texte in einem slamartigen Wettbewerb vorgetragen. Und in einer weiteren Stunde die Schüler ermutigt, eigene Texte nach Art eines Open Mike vorzutragen. Das ist auch ziemlich gut angekommen."

Trotzdem blieb es bei einer einmaligen Veranstaltung.

Die direkte Arbeit mit Schülern begann im Jahr 2005 bundesweit nach der erfolgreichen Umsetzung des U20-Slams bei den deutschsprachigen Meisterschaften in Stuttgart.

In Workshops lernen Schüler von erfolgreichen Performance-Poeten das gesamte Handwerkszeug und werden individuell gefördert. Inzwischen haben sich Vereine und Zusammenschlüsse von *Slam* Poeten gegründet, die sich auf Arbeit mit Schülern spezialisiert haben. Auch Lehrer werden in die Arbeit mit den Schülern einbezogen, können Weiterbildungen[284] absolvieren oder mit ihren Schülern einen Workshop besuchen. Auch didaktische Literatur, die sich mit *Poetry Slam* beschäftigt, unterstützt die Unterrichtsvermittlung.

Es sollen vor allem die Schreib- und Sprachkompetenzen bei Schülern ab der 8.Klasse gefördert und die Begeisterung mit dem Umgang der Sprache geweckt werden. Spaß an Büchern und am geschriebenen, gelesenen oder gehörten Wort wird den Schülern vermittelt. Im „Schauburg – Theater der Jugend in München" können sich bei regelmäßigen Informationsveranstaltungen Lehrer über die Form des Dichtens informieren und

---

[283] Kulturpalast Wiesbaden. Website. Schülerpalast. http://www.kulturpalast-wiesbaden.de/site/?page_id=15 (08.01.2010)

[284] Beispielsweise bei der Handwerkskammer Lüneburg, am 12.05.2009. Poetry Slam! Fortbildung für Lehrer/innen. Dozentin: Petra Anders; Nordkolleg Rendsburg am 12.-13.02.2010. Workshop Poetry Slam. Fortbildung für Pädagogen. Dozent: Björn Högsdal.

interessierte Schüler auf die Workshops hinweisen. Unter dem Titel DICHTER RAN zeigen die Workshop-Leiter Jaromir Konecny (Storytelling), Lydia Daher (Lyrik) und Fiva (Rap), was Performance Poetry ist. [285] Der Reclam Verlag brachte 2008 „Slam Poetry – Texte und Materialien für den Unterricht"[286] heraus, da die *Slam-Poetry*-Texte sich durch ihre Medienaffinität und ihre Verortung in der Eventkultur gut für den Einsatz im zeitgemäßen Deutschunterricht eignen.[287] Auch findet inzwischen eine rege wissenschaftliche Auseinandersetzung mit *Slam Poetry* statt, durch Magister-, Master-, Bachelor-, und Diplomarbeiten, Essays, wissenschaftliche Aufsätze und Dissertationen. An der Universität Landau erarbeiteten rund 25 Studenten der Germanistik eigene *Slam Poetry* im Seminar von Dr. Anja Ohmer und kämpften im Januar 2009 um den erstmalig von der Universität zu vergebenen „Landauer Slam Preis".[288] Der Landauer *Slam* findet seitdem einmal im Semester statt.

Hervorzuheben ist die hohe Anzahl[289] an weiblichen U20-*Slammerinnen*, im Gegensatz zu den *Poetry Slams* der Erwachsenen. Hier scheint es beim Generationenwechsel nun endlich zu einem Gleichgewicht von männlichen und weiblichen *Slammern* zu kommen.

## 4.5 Varianten und neue Formate

### 4.5.1 Motto-Slams und Science Slam

Die Regeln beim *Poetry Slam* besagen, dass es keine Regeln gibt: Jegliche Art von literarischem Beitrag ist erlaubt. Alle Genres, egal ob Kurzgeschichte oder Lyrik, sind willkommen, eine vorgegebene Form gibt es nicht. Thematisch kann alles vorkommen: Science Fiction, Sex oder eine Alltagshandlung wie Kochen oder Staubsaugen.

Jedoch sind Motto-*Slams* eine willkommene Abwechslung und Herausforderung. Es gibt verschiedene Varianten. Dies können vorgegebene Themen sein wie beim Sex-*Slam* mit Zotigem und Erotischem, ein Polit-*Slam* mit politischen Themen, oder ein Cover-*Slam* bei dem explizit keine

---

[285] Schauburg. Website. Produktionen.
http://www.schauburg.net/php/artikel.php?code=231&mp=3 (09.01.2010)
[286] Anders, Petra. (Hrsg.). Slam Poetry – Texte und Materialien für den Unterricht. Sekundarstufe. Stuttgart: Reclam, 2008.
[287] Vgl. Reclam Verlag. Website. http://www.reclam.de/detail/978-3-15-015060-3 (18.01.2010)
[288] Vgl. Landau Poetry Slam. Website. http://www.slam-landau.de (20.02.2010)
[289] Tsan, Yin. Der Lehrer gehört zur Slamily. TAZ.de. Website. 11.01.2010. http://www.taz.de/1/leben/buch/artikel/1/der-lehrer-gehoert-zur-slamily/ (10.03.2010)

eigenen Texte vorgetragen werden dürfen. Auch sprachliche Vorgaben gibt es: Mundart- oder Dialekt-*Slam*, Rap-*Slam*, sogar Haiku-*Slams*, bei denen nach in Form der japanischen Gedichtform geslammt wird. Diese besonderen *Slams* werden gerne im Rahmenprogramm eines Festivals, der deutschsprachigen Meisterschaft oder als Abwechslung auf Lesebühnen veranstaltet.

Der **Science Slam** ist ein stark abgewandeltes Format. Da jedoch die Grundgedanken des *Slams* (Zeitbegrenzung, Wettbewerb, Performance, Siegerwahl durch Publikum) hier einen besonderen Einfluss haben, soll er nicht unerwähnt bleiben. Was normalerweise ein eventuell trockener, wissenschaftlicher Vortrag sein würde, wird hier zum *Slam*: Anstelle von selbstgeschriebenen literarischen Texten präsentieren die Teilnehmer innerhalb eines Zeitlimits von 10, bei manchen Science Slams auch 15 Minuten, ihre Forschungsergebnisse. 2006 entwickelten Dichterschlacht e.V. und die Wissenschaftsstadt Darmstadt Marketing GmbH das erste Mal den Science Slam. Das ursprüngliche „Experiment" hatte „die Förderung von Vermittlungsfähigkeiten im sportlich zu verstehenden Wettstreit und die Kommunikation zwischen den Fachdisziplinen"[290] als Ziel. Es geht primär nicht unbedingt um den wissenschaftlichen Wert der Arbeit, sondern um eine informative und unterhaltsame Darstellung des Forschungsthemas. Erlaubt ist jegliche Art von Hilfsmittel, um dem interdisziplinären Publikum das Thema nahe zu bringen. Diese Art von wissenschaftlicher Lehrstunde hat sich vor allem in größeren Städten etabliert und wird u. a. in Hamburg, Kiel, Berlin, Köln und Braunschweig veranstaltet.

### 4.5.2 Deaf Slam – Poetry Slam für Gehörlose

Der Vollständigkeit halber muss hier, da Österreich, die Schweiz und seit 2008 auch Liechtenstein ein Teil der deutschsprachigen *Slam*-Szene sind, auch das Schweizer Format Deaf Slam erwähnt werden.

Dominik Siegmann war bei den Winterthurer Musikfestwochen für die *Slam*-Veranstaltungen zuständig. Er beschloss, für die Festwochen 2003 erstmals einen Deaf Slam zu veranstalten – einen *Poetry Slam* von Gehörlosen in Gebärdensprache. Siegmann kam auf die Idee, weil er von der Gebärdensprache und von dem Umgang, den Gehörlose mit Musik und Tanzen haben, fasziniert ist. Den Ideenansatz dazu brachte der Schweizer *Slammer* Tom Combo, und mit der Unterstützung der Internet-Gehörlosenplattform http://www.deafzone.ch konnte die Idee in die Tat umgesetzt werden.[291]

---

[290] Frankfurter Rundschau. Science City Slam. 29.09.2006.
[291] Vgl. Siegmann, Dominik im Interview am 29.01.2004. Materialanhang.

In der Vorbereitung und in der konkreten Planung des Deaf Slam mussten einige logistische und *Slam*-technische Hürden genommen werden. Bei der Auswahl des Veranstaltungsortes sah man sich mit einem Problem konfrontiert: Da der „Albani Musicclub" und dessen Personal selten mit gehörlosen Besuchern zu tun hatten, beschlossen die Veranstalter, extra für den *Slam*-Abend Kellner und Barpersonal, die der Gebärdensprache mächtig sind, zu engagieren. Da der *MC* ebenso ein Gehörloser war wie die auftretenden *Slammer*, das Publikum allerdings zu gut zwei Dritteln aus Hörenden bestand, „war eine Dolmetscherin für die Hörenden anwesend, und für die Gehörlosen hat man eine große Leinwand genutzt, [...] um die Gebärden der Slammer für jeden sichtbar zu machen."[292] Das Publikum, Hörende wie Gehörlose, zeigten ihre Zustimmung mit der Gebärde des Applaudierens: „Das wurde begeistert aufgenommen, da die Geste auch Hörenden nicht unbekannt ist: Mit beiden Händen über dem Kopf winken."[293]

Auch wenn es sich um einen Deaf Slam handelte, sollten doch die allgemein gültigen *Slam*-Regeln eingehalten werden. Dazu gehört das Zeitlimit, das vorher bekannt gegeben wird. Um dem auftretenden *Slammer* mitzuteilen, dass er zum Ende kommen muss, gibt es kurz vor Erreichung des Limits üblicherweise eine Zeitansage. Normalerweise erfolgt diese verbal, aber beim Deaf Slam musste es anders dargestellt werden: Ein „Polizei-Blaulicht"[294] begann kurz vor Ablauf der Zeit zu blinken.

Durch viel Presse im Vorfeld und die Zusammenarbeit mit einer Gehörloseninitiative war es für Veranstalter Dominik Siegmann kein Problem, „genügend gehörlose Slammer zu finden, die ihre Texte vortragen wollten", denn „Gehörlosigkeit ist ein Kommunikationsproblem, kein Kreativitätsproblem."[295] Die Textqualitäten waren laut Siegmann wie bei einem beliebigen offenen *Slam* recht unterschiedlich, teilweise war die *Performance* aber wesentlich intensiver, da die gehörlosen *Slammer* ihre Gebärden überdeutlich darstellten, um Spannungspunkte kenntlich zu machen, sowie sehr mit der Mimik arbeiteten.[296]

Der Deaf Slam fand seitdem, mit Ausnahme 2005, jedes Jahr im August statt. Das Deaf- Slam-Team, eine Arbeitsgruppe unter der Trägerschaft von „sichtbar Gehörlose Zürich", führt die Deaf Slams durch. Seit 2006

---

[292] Ebd.
[293] Ebd.
[294] Vgl. Siegmann, Dominik im Interview am 29.01.2004. Materialanhang.
[295] Ebd.
[296] Vgl. ebd. Interessant ist hierbei sicherlich auch noch die Überwindung der Sprachgrenzen in der Schweiz durch die internationale Gebärdensprache.

findet jährlich auch ein *Bilingue-Slam* statt. Bei diesem *Poetry Slam* treten gehörlose und hörende *Slammer* gegeneinander an.[297]

Der Deaf Slam ist bisher der einzige *Poetry Slam* in Gebärdensprache für Gehörlose im deutschsprachigen Raum. Leider hat sich bisher kein ähnliches Konzept in Deutschland durchsetzen können.

## 4.6 Internationales und nationales Netzwerk

Zusätzlich zum größten Wettkampf in Deutschland, dem „German International Poetry Slam", hat sich über die letzten Jahre ein Netzwerk gebildet, das nicht nur national, sondern auch international immer enger wird. Das Netzwerk der Poetry-Slam-Familie, die *Slam family* nennt sich *Slamily*. Die dichte Verflechtung von Autorenclubs und Festivals in der *Slam*-Szene zu einem international funktionierenden Netzwerk ist wichtig, um sich gegenseitig immer wieder neue Impulse geben zu können.

Einige Verbindungen im Netzwerk sind inzwischen so eng geworden, dass sich daraus neue Veranstaltungen ergeben: Die „Paris-Berlin-Moskau-Connection" traf sich im März 2003 zum „International Spoken Word Poetry – Poetry Slam". Da sich in den genannten drei europäischen Metropolen in den letzten Jahren eine besonders lebendige *Spoken-Word*-Szene entwickelt hatte[298], trafen im „Roten Salon" der Volksbühne Berlin deren Akteure aufeinander. Bei dem internationalen Treffen sollte festgestellt werden, wo es Gemeinsamkeiten gibt und worin sich die drei *Slam*-Kulturen unterscheiden. Aus Paris kamen K'Trin-D, Pilote le Hot und Tsunami, Moskau wurde durch Anastasia Trubacheva und Oleg Lyakhovich vertreten, aus Berlin kämpften die *Slammer* Xòchil A. Schütz, Stephan Porombka und Sebastian Krämer um die Gunst der Zuhörer.

Die „Internationale SLAM!REVUE" wurde 2002 von Martin Jankowski und Boris Preckwitz in Berlin gegründet. Seitdem findet die Revue jedes Jahr im Rahmen des „Internationalen Literaturfestival Berlin" im September statt. Seit 2005 haben sich die Veranstalter zum Verein „Berliner Literarische Aktion e.V." zusammen geschlossen. Zehn Minuten haben zwischen zwölf und sechzehn Poeten aus aller Welt Zeit, „das Publikum zu beeindrucken, das per Applausometer den Gewinner kürt [...] ein Wettbewerb, der mit seinen außergewöhnlichen Regeln stets zu den Highlights des Berliner Literaturfestivals zählt."[299] Bisher haben *Slammer* aus u. a. Kanada, Polen, Frankreich, USA, Russland, Schweden und Italien teil genommen. Bastian Böttcher und Grand Corps Malade (Fabien

---

[297] Vgl. Deaf Slam. Website. http//www.deafslam.ch (12.04.2010)
[298] Vgl. Spokenwordberlin Berlin. Website.
http://www.epoet.de/spokenwordberlin/archiv/davai_03.htm (12.04.2010)
[299] Berliner Literarische Aktion e.V. Website. SLAM!Revue.
http://www.berliner-literarische-aktion.de/projekte/slamrevue (18.03.2010)

Marsaud) bestritten im Januar 2010 unter dem Titel „Slam Strom" als die „international erfolgreichsten Slam Poeten Deutschlands und Frankreichs"[300] eine gemeinsame Performance aus Anlass des deutsch-französischen Tags im Berliner Admiralspalast. Veranstalter war die Berliner Literarische Aktion und das Bureau Export de la Musique in Zusammenarbeit mit der Französischen Botschaft und dem deutsch-französischen Jugendwerk.

Vor allem amerikanische *Slammer* touren regelmäßig durch Deutschland oder werden als „featured poets" zu größeren Veranstaltungen eingeladen. Anreiz für ausländische Dichter sind auch englischsprachige Lesebühnen oder *Poetry Slams* in englischer Sprache[301]. Deutsche *Slammer* treten in der Schweiz, in Polen, Tschechien, Kroatien und im übrigen Europa auf.

## 4.7 Diskussion um Kommerzialisierung

Die Kunstform *Poetry Slam* verbreitet sich seit fast zwei Jahrzehnten von den USA aus in die ganze Welt. Neben der weltweiten Akzeptanz des Formats entwickelte sich der *Poetry Slam* in manchen Regionen so erfolgreich, dass sich der Begriff des *Event* für diese Art der Veranstaltungen durchgesetzt hat.

Der *Poetry Slam* wurde zu einem Medienereignis, tauchte aus Szene-Kneipen in die Kulturmagazine der Fernsehsender ein, wurde vom „Spiegel", der „taz" und vielen regionalen und überregionalen Nachrichtenblättern entdeckt – und verramscht? Es entstand eine Diskussion um Authentizität und *Sell-Out*.

Besonders in den USA, dem Geburtsland des *Poetry Slam*, werden heftige Debatten über eine etwaige Kommerzialisierung geführt: Verschiedene *Slam*-Veranstaltungen wurden von großen Firmen unterstützt, darunter der Sportartikelhersteller „Nike", der eine Veranstaltung während der Olympischen Winterspiele in Japan 1999 sponsorte, oder die Firma „Borders Bookstore", die *Slam*s in San Francisco und New York möglich machte.[302] Diese Art von unternehmerischen Beteiligungen wurde von Beginn an kontrovers diskutiert – in einem Essay greift zum Beispiel Jonathan Dee die Dichterin Emily XYZ, die an dem Winterspiel-Event teilgenommen hatte, heftig an:

---

[300] FplusD. Website. Deutsch-Französischer Tag. http://www.fplusd.org (20.04.2010)

[301] Als Beispiel sei hier der RipRapEnglish Slam, der in München/Café Gap stattfindet, genannt.

[302] Vgl. Kane, Daniel: All Poets Welcome: The Lower East Side Poetry Scene in the 1960s. 1. Auflage. Berkeley: University of California Press, 2003. S. 205.

[the work of poet Emily XYZ] has no content – which is to say, no connection between the language you use and your actual conviction. [...] As for what her work concerns, the question is moot, since she has demonstrated that the content of her work is arbitrary; that is, it's for sale.[303]

Trotz Vorwürfen dieser Art ist für den Autor David Kane gerade die Unterstützung durch kommerzielle Firmen ein wichtiger Aspekt für die Verbreitung des *Poetry Slam* in den USA. Denn aus dieser Unterstützung resultierte für ihn ein *Spoken-Word*-Phänomen, an dem inzwischen Tausende von Menschen teilnehmen.[304]

Der Grundgedanke bei den ersten deutschen *Poetry Slam*s war, dass sie gewissermaßen ohne Kosten für die Veranstalter ablaufen sollten: *Slam*s fanden in Kneipen statt, die keine Miete verlangten, die Bands traten kostenlos auf, und die Preise für den Gewinner waren meist eine Flasche Schnaps, ein Hirschgeweih oder sonst eine Absurdität. Ein geringes Eintrittsgeld wurde aber meist ohne Murren vom Publikum gezahlt. Grundsätzlich ist es natürlich nicht verwerflich, Veranstaltungen zu organisieren, die Geld kosten, das letztlich von Sponsoren kommt. Einige *Slam*s in Deutschland werden von branchenähnlichen Sponsoren unterstützt: Buchhandlungen, kleineren Literaturzeitschriften, Plattenläden. Anders lassen sich Website, Werbemittel und Veranstaltungsort nicht mehr bezahlen.

Doch nicht nur die Veranstalter verändern die ursprünglichen Werte, auch die *Slammer* selbst rütteln am ehemals sozialen Gebilde der Slamily: Mit Honorarforderungen fühlt sich so mancher Veranstalter unter Druck gesetzt – früher handelte es sich lediglich um die Erstattung der Fahrtkosten, jetzt werden die Ausgaben immer größer. Wenn die Veranstalter ehemals für die geladenen *Slammer* eine vergnügliche Übernachtung in einer Studentenbude vermittelten, muss es heute ein Zimmer im „Maritim Hotel"[305] sein. Und bei größeren Festivals wird inzwischen auch mit Geldgewinnen gelockt.[306]

Der Münchner *Poetry-Slam*-Veranstalter Ko Bylanzky äußert sich in der von ihm und Rayl Patzak herausgegebenen Anthologie „Planet Slam. Das Universum Poetry Slam" zu der Kommerzialisierung des *Slam*s und wehrt sich massiv gegen den Vorwurf des Ausverkaufs. Dieser Ausverkauf, der vor allem durch den Kontakt zwischen *Slam Poetry* und Institu-

---

[303] Ebd. (Essay ursprünglich erschienen in Harper's, Januar 1999, S. 68.)
[304] Kane, Daniel: All Poets Welcome: The Lower East Side Poetry Scene in the 1960s. 1. Auflage. Berkeley: University of California Press, 2003. S. 205.
[305] Vgl. Gaußmann, Oliver. Im Interview am 08.01.2004. Materialanhang.
[306] Vgl. ebd., sowie vgl. Bylanzky, Ko und Rayl Patzak (Hg.): Planet Slam. Das Universum Poetry Slam. 1. Auflage. Riemerling: Yedermann Verlag, 2002. S. 167. Beispiel: „Westend ist Kiez", München. 50 Euro für den Gewinner.

tionen wie Literaturhäusern und Rundfunkanstalten stattgefunden habe, scheint für ihn eher eine Authentizitätsdebatte zu sein, die weniger relevant ist:

> Es war niemals unser Ziel mit der Veranstaltung im Untergrund zu bleiben [...] Wir machen unsere Arbeit und versuchen unsere Vorstellungen umzusetzen, egal ob im Substanz oder sonst wo. [...] Richtig interessant wird es doch erst, wenn sich die Vorurteile auflösen und die scheinbaren Gegensätze aufeinander treffen.[307]

Ob man sich schon „im Grenzbereich zur totalen Kommerzialisierung"[308] befindet, wie Slammer Sebastian23 in einem „Spiegel"-Artikel konstatiert, oder den *Poetry Slam* als „normale Abendunterhaltung" sieht, so wie Wolfgang Hogekamp, der den *Poetry Slam* in Deutschland von Anfang an mitgestaltet hat, im Gegensatz zum oft erwähnten „Underground", der die Szene zu Anfang gewiss ausmachte, sei jedem selbst überlassen. Parallel zum steigenden Interesse wird auch der kommerzielle Aspekt deutlicher – und bedeutender für das ganze Universum des *Poetry Slams*. Auch bei dem sprunghaften Anstieg von deutschlandweiten *Poetry Slams*, den hohen Zuschauerzahlen, *Slam* im TV, auf CD oder im Internet: die reine Idee des Slams, den Wettkampfgedanken und gute *Slam Poetry* kann man immer noch erleben. Wichtig ist dabei die Motivation, die hinter dem jeweiligen *Poetry Slam* steht: die meisten *Slammaster* veranstalten die *Slams* immer noch auf ehrenamtlicher Basis, mit hohem Engagement und Einsatz. Ein kaufmännischer Gedanke, der hinter künstlerischer Arbeit steht, mag den einen oder anderen abstoßen.

Abschließend ist festzustellen, dass sich durch einen eventuellen Kommerz die Qualität der Veranstaltungen nur verbessern kann, da sie einem größeren Publikum zugänglich gemacht werden können. Und die Qualität des Vorgetragenen wird sich nicht wesentlich durch einen kommerziellen Einfluss verändern, es wird immer gute und weniger gute *Slam Poetry* geben.

---

[307] Bylanzky, Ko: Poetry Slam – Zwischen Underground und Establishment. In: Planet Slam. Das Universum Poetry Slam. Hrsg. von Ko Bylanzky und Rayl Patzak. 1. Auflage. Riemerling: Yedermann Verlag, 2002. S. 154-157.
[308] Alexander, Constantin. Dichter Dran am Kommerz. Spiegel Online. 08.04.2009. http://www.spiegel.de/kultur/literatur/0,1518,602670,00.html (03.03.2010)

# 5. Exemplarische Darlegung der Gattung Slam Poetry

## 5.1 Themen und Texte

Für viele Autoren sind *Poetry Slam*s die erste Chance, einen Text der Öffentlichkeit vorzustellen. Zugleich ist die Teilnahme an einem *Slam* eine durchaus einfache Möglichkeit, auf das eigene Werk aufmerksam zu machen: Sowohl die Teilnahme an einem Literaturwettbewerb als auch die gedruckte Publikation eigener Texte gestaltet sich wesentlich komplizierter als ein Live-Auftritt bei einem *Poetry Slam*, zu dem jeder ambitionierte Künstler zugelassen ist und mit seinen Werken ein breites Publikum erreicht. Bei einem *Slam* kann man schon mit ein paar guten, kurzen Texten ein offenes Publikum überzeugen.

Die Gattungsbezeichnung *Slam Poetry* ist eine Wortumkehrung der Bezeichnung des Dichterwettstreits *Poetry Slam*. Eine formale inhaltliche Definition ist schwierig, da es keinerlei Vorgaben oder Regeln gibt.

Der *Poetry Slam* schuf in Amerika ein Podium für Außenseiter und ethnische Minderheiten, die gegen das Establishment rebellierten, und war zugleich die Basis der Identifikation mit einer bestimmten Gruppe. Die deutschen *Slammer* dagegen stammen mehrheitlich aus der bürgerlichen Mittelschicht und deswegen gilt für sie: Ein Ghetto-Image wäre nicht unbedingt authentisch.

> […] Den meisten deutschen „Slam Poeten" fehlt […] schlichtweg die „street credibility", die die Texte ihrer amerikanischen Vorbilder wenigstens kultursoziologisch interessant machen.[309]

Die *Slammer* hierzulande versuchen, auf unkonventionelle Art und Weise dem modernen, verwirrenden Leben in einer Zeit der ständigen Veränderungen literarisch beizukommen – und dies frei von jeglichem akademischen Zwang, mit fließenden Grenzen zwischen Lyrik und Prosa. *Slam*-Texte behandeln die unterschiedlichsten Themen in verschiedenen Formen, eine Klassifizierung erweist sich deswegen als schwierig. Es gibt jedoch bestimmte Inhalte und Grundmuster, die immer wieder auftauchen. Dazu gehören Selbstreflexionen, aktuelle politische und gesellschaftliche Kommentare, Milieuschilderungen sowie kritische Standpunkte. Die Präsentationsform variiert meist zwischen Gedicht, Prosaminiatur oder Monolog. Das Gedicht ermöglicht am wenigsten Interaktion mit dem Publikum. Der Monolog lässt im Gegensatz dazu am meisten Spielraum für den direkten Kontakt mit dem Publikum.

---

[309] Stahl, Enno: Zeitgenössische deutsche Pop-Lyrik. II Konkrete Praxis. http://satt.org/literatur/03_08_poplyrik.html (10.05.2010)

Der *Slammer* präsentiert häufig:

- Erzählungen über das Leben eines bestimmten Typs: Ansichten und Erlebnisse werden in der Rolle einer bestimmten Person wiedergegeben oder aus der Erzähler-Perspektive über das Leben eines Menschen reflektiert. Beispiele:

**Die Eistorte „Henkersmahl"**[310]

„Der Henker

Sitzt

nach Feierabend

in seinem Fauteuil

entspannt

vor dem Fernseher […]"

Hier wird allein durch Verwendung der dritten Person der „Henker" als eine Typologie aufgemacht, die im Text nicht charakterisiert wird. Der Typus steht alleine, es entsteht eine eigentümliche Situation durch die Beschreibung unerwarteter Bilder: Verstärkt durch Alliterationen entwickelt sich eine Komik, die nicht zum erwarteten Typus passt.

**Paul Hess „Kapitel Drei der Harmonie"**[311]

„Ein Schriftsteller

Ohne Veröffentlichung, doch mit gewissem Talent, ergeht er sich in Kurzgeschichten,

Gedichten, schreibt derzeit an einem Buch mit voraussichtlich vier Kapiteln, bei Kapitel Drei angelangt. […]"

Der Typus des „Schriftstellers" wird im Text eingehend dargestellt. Durch die Darlegung in der dritten Person werden Einblicke in das Leben des Schriftstellers gegeben. Seine Arbeit, Krankheit und Beziehung reflektiert er bis zu seinem Tod detailliert.

- Selbstreflexionen: Der *Slammer* reflektiert seinen Status als Person. Das können Reflexionen zum Beispiel in satirischer, zynischer oder unterhaltsamer Form sein, die den jeweiligen Status (Mann, Frau, Student, *Slammer*, Kellner, Pazifist, Liebhaber, Geliebte) darstellen.

---

[310] Eistorte, Die: Henkersmahl. In: Poetry Slam. Was die Mikrofone halten. Hrsg. von Ko Bylanzky und Rayl Patzak. 1. Auflage. Riedstadt: Ariel, 2000. S. 118.

[311] Hess, Paul: Kapitel Drei der Harmonie. In: Kaltland Beat. Neue deutsche Szene. Hrsg. von Boris Kerenski und Sergiu Stefănescu. 1. Auflage. Stuttgart: Ithaka, 1999. S. 335.

**Alexandra Becht „Koexistenz"**[312]
> „Steh ich wirklich hier
> Und schwinge große Reden
> oder steh ich neben mir
> und ein andrer zieht die Fäden […]
> es trügt der Schein
> der mehr Poet ist als ich je sein werde […]"

Durch die Verknüpfung von Poesie und Realität wird der Status als „Poet" reflektiert. Die Frage nach der wahren Realität, nach dem, was wirklich sicher ist, stellt sich durch die verschiedene Wahrnehmung der Menschen. Das Fazit ist, dass man sich nur dessen sicher sein kann, was man selber macht und denkt.

**Jo Widmann „Nachtschicht"**[313]
> „Ich drehe meinen Kopf nach rechts
> Und erkenne die Silhouette des anderen
> Geschlechts
> das neben mir liegt
> und mein Blick auf den Horizont versiegt […]"

Durch das Abdriften in den Status „Geliebter" wird ein Traum in die lyrische Realität eingebunden. Zwischen Sein und Schein wird über eine intime Situation reflektiert, die sich jedoch als Traumsequenz herausstellt.

- o Gesellschaftliche und politische Kommentare und Kritiken: Entweder in der Form von programmatischen Aussagen oder in Einbindung in ein Gedicht.

**DAN „an den real existierenden poetry slam"**[314]
> „was wird es euch nützen
> dieses sprachliche onanieren

---

[312] Becht, Alexandra: Koexistenz. In: Planet Slam. Das Universum Poetry Slam. Hrsg. von Ko Bylanzky und Rayl Patzak. 1. Auflage. Riemerling: Yedermann Verlag, 2002. S. 19.
[313] Widmann, Jo: Nachtschicht. In: Poetry Slam. Was die Mikrofone halten. Hrsg. von Ko Bylanzky und Rayl Patzak. Riedstadt: Ariel, 2000. S. 40.
[314] DAN: an den real exisiterenden poetry slam. In: Poetry Slam. Was die Mikrofone halten. Hrsg. von Ko Bylanzky und Rayl Patzak. Riedstadt: Ariel, 2000. S. 86.

dieses verbale entblößen –
gib kein haar vom Kopf deiner Vision [...]
verschont mich mit eurem lob und eurem tadel
geht einfach nach hause seid glücklich [...]
kläfft
wenn jemand die sprache erniedrigt
um sich zu erhöhn [...]"

Die Kritik an modernen Poeten und ihrem Umgang mit ihren Texten wird zu einer programmatischen Aufforderung, die eigene Kreativität zu bewahren.

**M.E.R.A.L. „Wenn du glaubst..."**[315]

„Macht es einen Sinn im System mitzugeh'n wie
Planeten die sich um die eigne Achse dreh'n
Und trotzdem nicht allein zu steh'n?
Damals in der Gegenwart und jetzt in der
Vergangenheit,
die Scheiße die ich kick ist Gesellschaftskritik
geschickt gemischt und verpackt in ein Reimpaket [...]"

Die Gesellschaft wird subjektiv kritisiert, ein Aufruf an einen unbekannten Adressaten und dessen Blindheit gegenüber den Problemen der Menschheit. Die Probleme, die man im alltäglichen Leben zu sehen bekommt und nicht reagiert. Eindringlich wird dazu aufgerufen, sich den Dingen zu stellen, mit denen man sich sonst nicht belasten will.

Meistens bestehen *Slam*-Texte aus einer Mischung der oben genannten Formen. Darüber hinaus gibt es zahlreiche Stile, Textvarianten und strukturelle Kennzeichen sowie spezielle Textelemente, um ein Werk für den Vortrag besonders reizvoll für die Zuhörer zu gestalten. Bevorzugte Stilelemente sind dabei:

- **Stabreime**

    „Fettabsauge-Facharzt Friedrich Faltermeyer
    Formulierte für fünfjährige Fachkliniks-Feier
    Folgendes fragwürdiges Festreden-Fanal:
    'Fröhlich feierndes Fachpersonal!

---

[315] M.E.R.A.L.: Wenn du glaubst... In: Poetry Slam. Was die Mikrofone halten. Hrsg. von Ko Bylanzky und Rayl Patzak. Riedstadt: Ariel, 2000. S. 29.

Festanlass: fruchtbare Fettwirtschaft
Fulminante Finanzen, fabelhaft.'[...]"[316]

Durch den immer gleichen Anfangsbuchstaben ergeben sich Stabreime, die durch die umgesetzte Thematik Komik hervorrufen. Es wird eine inhaltlich sinnvolle und unterhaltsame Situation erstellt.

- o **Lautmalerei**

  „Wenn im dichten licht bei garbsen pflichtbewusst die parzen quarzen

  und am schwarzen meer ein wicht mit warzen im gesicht und harzen

  zum begehr einst schwergewichtiger legionär mit federn teer und schiessgewehr [...]"[317]

In einer Akkumulation von lautmalerischen, zum Teil neuen Wortschöpfungen wird eine Spannung erzeugt, die in einer metapoetischen Ebene endet.

- o **Interaktion durch Fragen, die das Publikum beantworten soll:**

  „[...] So, the next time you meet a nut, what do you have to do?
  Yes,... crack the nut! [...]"[318]

Auf unterhaltende Art und Weise wird etwas Unglaubwürdiges – Nüsse wollen die Weltherrschaft an sich reißen – in einem glaubwürdigen Appell eingesetzt. Durch die sich ständig wiederholende Frage wird der Zuschauer in die unglaubliche Situation mit einbezogen und ist dazu gezwungen zu reagieren.

Die Themen der deutschen *Slam Poetry* sind oft Alltägliches der Gegenwart: Mode, Marken, Sex und Partys, Geschichten aus dem WG-Leben oder dem Leben in der Großstadt.

Während die ersten *Slam*-Wettbewerbe noch mit Wortgewalt beeindruckten, hat sich nun anscheinend der Trend zur Volksbelustigung durchgesetzt. Laut den Autoren von „Metropolis", einer Kultursendung beim Fernsehsender ARTE, haben viele amerikanische *Slam*-Poeten den Anspruch, soziale Probleme aufzugreifen. In Deutschland suche man

---

[316] Dreppec, Alex: Fettabsauge-Facharzts Fieberfantasien. In: Planet Slam. Das Universum Poetry Slam. Hrsg. von Ko Bylanzky und Rayl Patzak. 1. Auflage. Riemerling: Yedermann Verlag, 2002. S. 130.

[317] Koslovsky, Wehwalt: Ode an die Hirnhode. In: Planet Slam. Das Universum Poetry Slam. Hrsg. von Ko Bylanzky und Rayl Patzak. 1. Auflage. Riemerling: Yedermann Verlag, 2002. S. 22.

[318] Mergen, Ryan: Crack the nut. Vortrag beim Poetry Slam am 08.02.2004 im „Substanz", München.

dagegen eher die Nähe des Kabaretts.³¹⁹ „Die Comedy-Texte sind meistens die Gewinner des Abends, die Leute wollen unterhalten werden."³²⁰ Den Dichterkrieg gewinnt, wer möglichst mühelos unterhält und die Zuhörer mit raffinierten Pointen überrascht. „Es stimmt in der Tat, dass Performances beim deutschen Publikum [...] besser ankommen, wenn der Inhalt lustig ist und der Vortrag lässig abgehalten wird."³²¹
Man kann also von einer Reduzierung auf den Spaßfaktor sprechen. Daher wirkt es etwas problematisch, wenn gleichzeitig etwas Ernsthaftes eingefordert wird, denn dann besteht die Gefahr, dass weniger spaßige Texte untergehen, da das Publikum zu sehr auf Klamauk eingestellt ist. Für Marc-Uwe Kling gibt es

> „tatsächlich immer mehr lustige Texte, weil das bei den Leuten oft besser ankommt. Es ist auch leichter, einen halbwegs lustigen Text zu schreiben als einen guten ernsten. Doch ein durchdachter, ernster Text, der nicht den „Hab ich schon hundert Mal gehört"-Abschaltreiz auslöst, begeistert das Publikum immer. Außerdem schließen sich auch Witz und Anspruch keineswegs aus".³²²

Weiterhin gibt es Bedenken, die sich gegen die Einstellungen der *Slammer* richten. Marc Smith, der Initiator der ersten *Poetry Slams* in Chicago, sieht inzwischen vor allem im künstlerischen Vorgehen der *Slammer* eine Problematik:

> As any good father does, I worry about slam. Its growing success seems to threaten the eccentric nature of the art. More and more young poets copy the chops if someone they heard on CD or saw on TV. ³²³

Er wirft den *Slammern* der jüngeren Generation vor, dass sie nicht mehr aus ihren eigenen Erlebnissen und Erfahrungen schöpfen, sondern sich zu sehr an etablierten und erfolgreichen *Slammern* und deren Werken orientieren, ihrem eigenen Gesagten nicht mehr trauen. Smith glaubt immer noch daran, dass der *Poetry Slam* gerade „outsiders" und „novices" eine Plattform, sowie bereits künstlerisch Tätigen, ein Forum für neue Werke bietet. Bedauerlich ist für ihn ebenso: „[...]many slam poets

---

[319] Vgl. Dittus, Sabine und Jens Hoffmann: Saisonauftakt der Pop-Poeten. ARTE, „Metropolis", 30.03.2002. Sendeprotokoll im Materialanhang.
[320] Wolff, Moses. Interview am 31.01.2004. Materialanhang.
[321] Ebd.
[322] Weddeling, Britta. Radikal poetisch – Slam-Poetry. Focus online, 18.11.2008. http://www.focus.de/kultur/buecher/tid-12530/marc-uwe-kling-radikal-poetisch_aid_347727.html (10.05.2010)
[323] Smith, Marc: About Slam poetry. In: The Spoken Word Revolution. Hrsg. von Mark Eleveld. 1. Auflage. Naperville: Sourcebooks Inc., 2003. S. 119.

care more about building a career than they do about developing shows that offer communities, large and small, a much-needed poetic outlet".[324]

Bei einer Kulturtagung in Deutschland wurde über eine weitere eventuelle Problematik der *Slam*-Themen gesprochen:

> [...] besteht bei diesen kurzen Formen nicht die Gefahr, dass sie irgendwann an ihr Ende kommen, weil sich vieles wiederholt? Das könnte eine Gretchenfrage sein. Es beziehen sich wenige Slammer auf klassische Literatur. Das gibt es zwar, und dann ist es auch sehr spannend. Ich glaube, die Vielfalt von Slamtexten und die Möglichkeiten der Gestaltung sind doch sehr groß und durch neues Slammer-Personal, also Ressourcen, auch immer wieder neu belebbar. Diese Literaturform bringt noch viel und kann immer wieder Vorstufe für Romane oder Erzählungen sein.[325]

Tatsächlich werden immer wieder altbekannte Klassiker im Format des *Poetry Slam* eingesetzt und alte Reime neu in den Mund genommen: Eine Villa am Wannsee war Schauplatz eines „Sommer-Cover-Slam"[326], unter dem Motto „Play it again, Sam!", veranstaltet vom Literarischen Colloquium Berlin. Dort präsentierten „sechs der besten Spoken-Word-Artisten"[327] ihre Adaption von „Hohelied der Liebe", Schillers „Taucher" oder Hölderlins „Hyperion". Die beteiligten *Slammer* waren

> [...] aufgefordert und wild entschlossen, die im literarischen Kanon so sorgsam verwahrten Preziosen zu entstauben und, mit ihrer persönlichen Note, dem eigenen Rhythmus versehen, dem Publikum neu zu präsentieren.[328]

Beim Format „Poetry! Dead or Alive?", das von den Veranstaltern Rayl Patzak und Ko Bylanzky 2002 in München begründet wurde, treten *Slammer* gegen verstorbene Dichter wie Robert Gernhardt, Friedrich Nietzsche, Charles Baudelaire und Helmut Heißenbüttel an. Diese wurden durch Schauspieler, die ihre Texte in historischen Kostümen vortru-

---

[324] Ebd.
[325] Stilper, Andrea: Poetry Slam und andere Literaturformate. Cool – Kult – Kunst?! Jugendliche als Kulturpublikum. http://www.kunststiftungnrw.de/download/ckk_gesa.PDF?lang=de (10.05.2010) Stefan Keim stellte als Moderator die Frage, Andrea Stilper antwortete.
[326] Literarisches Colloquium Berlin. Website. http://www.lcb.de/archiv/?monat=07&jahr=03 (08.05.2010) Die sechs *Slammer* waren Sebastian Krämer, Bastian Böttcher, Xóchil A. Schütz, Timo Brunke, Stephan Porombka, Wehwalt Koslovsky.
[327] Literarisches Colloquium Berlin. http://www.lcb.de/archiv/?monat=07&jahr=03 (08.05.2010)
[328] Ebd.

gen, sozusagen „wieder zum Leben erweckt". Als „Poetry Slam Gala" in den Münchner Kammerspielen bis 2007 durchgeführt, findet diese Veranstaltung inzwischen auch in anderen namhaften Häusern wie dem Hamburger Schauspielhaus oder der Berliner Schaubühne und bei Literaturfestivals statt.[329]

Die Bundesakademie für kulturelle Bildung in Wolfenbüttel bot, passend zum Lessing-Jahr 2004, ein Seminar mit dem Titel „Miss Sara Slamson"[330] an, durchgeführt von Prof. Dr. Stephan Porombka. In dem zweitägigen Seminar sollte der „[...] Schwung, den die Spoken-Word-Bewegung in den Literaturbetrieb gebracht hat"[331], genutzt werden, „um Lessings Werke zu aktualisieren, um seine Themen, Motive und Verse mit dem Heute zu verdrahten."[332] Hier wurde auf unterhaltsame und wissenschaftliche Art und Weise gezeigt, wie man sich den alten Dichtern mit modernen Mitteln nähern kann. Es wurde auch dargelegt, wie man die Vielfältigkeit des *Poetry Slam* nutzt und mit den Elementen dieser Kunstform umgehen kann.

## 5.2 Sprache

Bei einigen *Slams* werden gelegentlich mundartliche Werke präsentiert, je nach Dialekt der Region. Der Dialekt kann auch dazu benutzt werden, den Text einer Rolle anzupassen. Oder der *Slammer* kann mit seinem Dialekt versuchen, einen Wiedererkennungswert zu erreichen. In Ludwigshafen wurde bei den „6. Rheinland-Pfälzischen Literaturtagen" der „Dialekt-Poetry-Slam" veranstaltet.[333] Bei diesem ersten landesweiten *Poetry Slam* in Mundart wurden aus über dreißig Bewerbungen zehn Finalisten ausgewählt, die „ein Feuerwerk verbaler Attacken und die Vielfalt der Dialekte"[334] präsentierten.

Die Sprache in vielen *Slam*-Texten zeichnet sich durch ihren Alltags- und Zeitgeistcharakter aus, es werden populäre Begriffe der Jugendsprache

---

[329] Münchner Volkstheater. Website. http://www.muenchner-volkstheater.de/?we_objectID=2088 (20.02.2010)

[330] Bundesakademie für kulturelle Bildung. Website. Programmheft. http://www.wolfenbuettel.de/media/custom/205_1526_1.PDF?loadDocument&ObjSvrID=205&ObjID=1526&ObjLa=1&Ext=PDF&_ts=1071739098 (26.04.2010)

[331] Ebd.

[332] Ebd.

[333] Rheinland-Pfälzische Literaturtage. Website.http://www.foerderkreis-rlp.de/littage.htm#4 (07.05.2010)

[334] Ebd.

eingebunden: „Das war'n cooler Wintertag"[335], „im groove nach freiheit"[336].

Man kann beim Zusammenspiel von Sprache und *Performance* durchaus von einer dramaturgischen Umsetzung sprechen, da die Wirkung der Texte durch inhaltliche Spannungssteigerung und rhetorische Mittel wie Emphasen und Wortspiele erreicht wird und durch Gestik und Mimik noch unterstrichen wird.

In extremen Standpunkten und Darstellungen in ihren Texten zeigen *Slammer* eine Offenheit, mit der sie alltägliche Themen präsentieren. Diese Offenheit wird durch Fäkal- und Sexsemantik noch verstärkt und teilweise ad absurdum geführt. Beispiele hierfür sind Lasse Samströms „Der Fuckuck"[337] sowie „Schiller fickt"[338] von Wehwalt Koslovsky und Bud Rose. Wenn man davon ausgeht, dass der *Slammer* bei seinem Auftritt einem Publikum gegenübersteht, das ein ähnliches Wissen hat und in einer vergleichbaren sozialen Situation agiert, nutzt der *Slammer* diese Ähnlichkeiten gezielt, um zu provozieren und Aufmerksamkeit zu erregen. Wehwalt Koslovsky zum Beispiel versucht neben rein literarischen Qualitäten auch gern mit Zotigem zu punkten.[339] Die Reaktion des Publikums macht ziemlich schnell deutlich, wie die offene und direkte Präsentation aufgenommen und gewertet wird. In der Regel wirken Worte wie „Scheiße", „Fotze", „Arsch", „Sperma", „Faustfick" provozierend und tabubrechend.

## 5.3 Textinterpretationen

Im Folgenden werde ich drei Texte vorstellen und interpretieren sowie dahingehend analysieren, was sie als *Poetry-Slam*-Texte kennzeichnet,

---

[335] Böttcher, Bastian: Cooler Winter. In: Poetry Slam. Was die Mikrofone halten. Hrsg. von Ko Bylanzky und Rayl Patzak. 1. Auflage. Riedstadt: Ariel, 2000. S. 111.

[336] Schmidt, Martin: Pogolog (Let it flow). In: Poetry Slam. Was die Mikrofone halten. Hrsg. von Ko Bylanzky und Rayl Patzak. 1. Auflage. Riedstadt: Ariel, 2000. S. 55.

[337] Samström, Lasse: Der Fuckuck. In: Poetry Slam. Was die Mikrofone halten. Hrsg. von Ko Bylanzky und Rayl Patzak. 1. Auflage. Riedstadt: Ariel, 2000. S. 96.

[338] Koslovsky, Wehwalt und Bud Rose. „Schiller fickt". Vorgetragen beim GIPS 2003, am 03.10.2003 in der „Centralstation" Darmstadt, Teamvorrunde 2. In diesem Vortrag wurde detailliert der Geschlechtsverkehr des Dichters Schiller mit mehreren Frauen beschrieben.

[339] Vgl. Dittus, Sabine und Jens Hoffmann: Saisonauftakt der Pop-Poeten. ARTE, „Metropolis", 30.03.2002. Sendeprotokoll im Materialanhang.

falls es solche Kennzeichen überhaupt gibt. Vor allem sollen sie beispielhaft die große Bandbreite an *Slam Poetry* zeigen. Dazu habe ich jeweils ein Werk von Sebastian Krämer, dem zweimaligen Gewinner des „German International Poetry Slam" gewählt, eines von Xòchil A. Schütz, die als *Slammerin* eine Vielzahl nationaler und internationaler Slams gewonnen hat und auch als *Slam*-Veranstalterin tätig war, sowie eines von Moses Wolff, der regelmäßig an süddeutschen *Slams* teilnimmt. Ich habe mich für diese drei *Slammer* entschieden, da ich alle schon einmal oder mehrmals auf der Bühne erlebt habe und ihre Texte außergewöhnlich finde.

Nach der Interpretation der Texte werde ich feststellen, ob es Kennzeichen gibt, die sie als *Slam Poetry* charakterisieren – abgesehen von der Länge der Texte, die sich den Zeitvorgaben bei *Poetry Slams* beugen müssen. Es gibt für die *Slam Poetry* keinerlei Stilvorgaben, und *Slammer* arbeiten selten mit akademischen Gattungsbegriffen. Sie haben ihre eigene Sprache entwickelt, ihre Werke näher zu definieren. Somit gilt es herauszufinden, welcher Mittel sich die Autoren bedienen, um einen erfolgreichen *Slam*-Text anzufertigen.

Dafür ist mir neben der Beschreibung des mündlichen Vortrags der Werke die Entstehungsgeschichte wichtig, die einen wesentlichen Einfluss auf die Rezeptions- und Vortragsästhetik haben kann. Denn es ist die Kombination aus sinnlichen Codes und intelligiblen Informationen, die *Slam Poetry* ausmacht. Die Beschreibung der Performances erfolgte bei Schütz und Wolff mit Video-Aufzeichnungen und bei Krämer durch einen Vortrag, den ich im Publikum mitverfolgte. Nach Rücksprache mit den Autoren konnte ich die Entstehungsgeschichte der Werke sowie Besonderheiten in Themenauswahl und Vortrag nachvollziehen. Dazu kam mir die Kenntnis ihrer *Performance* durch Besuche ihrer Auftritte zugute.

Die schriftliche Wiedergabe der Texte folgt den Vorgaben der Autoren.

### 5.3.1 Sebastian Krämer: Durchgebrannt

**Zum Autor**

Sebastian Krämer, 1975 geboren, ist seit 1996 in Berlin als Kabarettist, Sänger und Dichter tätig.[340] Krämer war von 2002 bis 2008 Veranstalter und Moderator eines *Poetry Slams* in der Berliner „Scheinbar". Er gewann den „German International Poetry Slam" 2001 und 2003 im Einzel-Wettbewerb und ist seitdem als *Slammer* auf vielen nationalen *Poetry Slams* aufgetreten. Zudem hat er als Kabarettist diverse Programme auf deutschen Bühnen präsentiert. Als Sänger gewann er 2003 den ersten

---

[340] Vgl. Sebastian Krämer. Website.
http://www.sebastiankraemer.de/person.html (07.05.2010)

Preis für Chanson im Bundeswettbewerb Gesang, 2009 den Deutschen Kleinkunstpreis in der Sparte Musik/Lied/Chanson.

„Durchgebrannt" erschien 2003 im Poetrymagazin[341], und wurde von Krämer auf diversen *Slams* als Teil seiner *Performance* vorgetragen.

„Ich bin nicht mit dir durchgebrannt.
Ich hab es seingelassen.
Es war halt grad kein Pferd zur Hand,
kein Mondlicht auf den Gassen.
Kein Mensch bestach den Wächter am
verschneiten Eisentor.
Um fünf nach halb geht hier die Tram,
und es war viertel vor.
Sonst hätt' ich dich beim Schopf gepackt
und kühn hinfortgezogen.
Ich habe nur »Hallo« gesagt.
Das war nicht mal gelogen.
Ich habe dir nichts zugeraunt,
was zu missdeuten war.
Ich hab nur insgeheim gestaunt,
dass nichts mit uns geschah.

Nur das mit deinem Blick ging klar,
der war schon auf dem Sprunge.
Und ein Gedicht von Deinem Haar
das lag mir auf der Zunge.
Dein Mund war schon bereitgestellt,
bereit zum süßen Wahn.
Wir haben's niemandem erzählt
Und haben's nicht getan!

Längst hatte ich dich angesehn
als ferne Hemisphäre,

---

[341] Brijbag, Claudia (Hg.): Poetrymagazin No.01, Edition Slam. 2003. S. 12 und 13.

in der die Sterne zu erspäh'n
ein Abenteuer wäre.
Dein Auge trug mich über See
in unbesehnes Land.

Wir sind es nicht, doch die Idee
ist mit mir durchgebrannt."

**Zum Text**

Monologisch aufgebaut, wird aus der Ich-Perspektive ein fiktives Gegenüber adressiert. Der erste Vers, „Ich bin nicht mir dir durchgebrannt.", ist eine Feststellung, die einerseits entschuldigend, andererseits resigniert wirkt. Im Verlauf der ersten Strophe klärt sich nicht auf, was davon zutrifft, da nur weitere Erklärungen folgen, warum das „durchbrennen" nicht vollzogen werden konnte. Das lyrische Ich hat das „durchbrennen" „seingelassen", da weder „ein Pferd zur Hand" war, noch „Mondlicht auf den Gassen". Zusätzlich war auch noch das „verschneite Eisentor" bewacht, und die Straßenbahn hatte er ebenfalls verpasst. Hier werden eigentlich nicht passende Bildbereiche verbunden: Pferd, Gassen, Eisentor, Tram funktionieren als Verbindung zu einer anderen Ebene, die das ewige Thema „Liebe" durch das Zeitalter der Menschen transportiert, egal ob zu Pferd oder mit der Tram.

Die erste Strophe mutet durch diese Erläuterungen nicht wie ein Werk aus der Gegenwart an, sondern ließe sich durch Thematik, Sprache und Metaphern auch gut zum Beispiel in das 18. Jahrhundert mit seiner Sturm und Drang-Zeit einordnen. Die unzeitgenössische Wortwahl wird zwar in den folgenden Strophen nicht durchgehend benutzt, dennoch mit einzelnen Motiven wie „kühn" und „zum süßen Wahn" weiterhin angewandt. „Durchgebrannt" ist ein Gedicht, das folgende Stilelemente aufweist: Vier Strophen aus acht Versen in Kreuzreimform geben dem Werk nicht nur eine eingängige, sondern auch eine klassische Reimform. Ein junger, zeitgenössischer Dichter bedient sich klassischer Mittel, um eine moderne Form der Lyrik zu bereichern. Sebastian Krämer transportiert auf der Bühne durch sein Auftreten und Aussehen eine gewollte Rolle: Im Anzug oder auch Sakko und Knickerbockern unterstreicht er strategisch sein jungenhaftes Aussehen, wirkt schüchtern und mutet im Gegensatz zu anderen Poeten auch altmodisch an. Besonders durch Texte wie „Durchgebrannt" unterstreicht er diesen Anachronismus. Zwar ist die Liebe, ob erfüllt oder unerfüllt, auch bei *Poetry Slams* ein immerwährendes Thema, doch Krämer wendet sich ab vom meist naturalistischen Stil anderer *Slam Poetry*, und benutzt eine klassische Form, um dieses Thema zu verarbeiten. Jedoch bedient er sich der ästhetischen *Performan-*

ce-Möglichkeiten, die der *Poetry Slam* bietet, um dieses Werk zu präsentieren: Er sinkt auf die Knie, rennt über die Bühne und gestikuliert theatralisch, indem er sich die Hand auf das Herz oder die Stirn legt.

Die zweite Strophe beginnt emotional, indem das lyrische Ich zugibt, wenn alle Widrigkeiten nicht gewesen wären, wären sie zu zweit durchgebrannt. Und nicht nur das, es hätte sie „am Schopf gepackt und kühn hinfortgezogen". Nicht nur textlich wird die Gefühlsaufwallung dargestellt, auch im Vortrag wird die Stimme lauter, der Sprechtakt schneller. Nach diesem emotionalen Bekenntnis wird auf einmal klar, dass es sich bei der ersten Strophe keineswegs um eine Entschuldigung handelt, sondern definitiv um die Resignation eines heimlichen Verehrers. Seine Liebe bleibt unerfüllt, muss unerfüllt bleiben, da er nicht mehr sagen kann als „Hallo", und somit die Unmöglichkeit entsteht, seine Gefühle zu äußern. Die unerfüllte Liebe wird semantisch durch „hätt'" und „haben's nicht getan" sowie die Beschreibung der Geliebten als „ferne Hemisphäre" deklariert. Es ist nicht eindeutig zu erkennen, ob es sich bei der Darstellung des „heimlichen Verehrers" um eine Darlegung eines bestimmten Typs, oder eine Selbstreflexion handelt. Wahrscheinlicher jedoch ist die Darlegung eines Typs, da sich Krämer in seiner besonderen Sprache mehrerer semantischer Ebenen bedient: Die Natur-Semantik „Mondlicht", „Sterne", „See", „Land" bringt eine starke emotionale und romantische Note in das Werk, die fantasievolle Bilder von der Ferne ausdrücken, die vom lyrischen Ich empfunden wird.

Die Begegnung zwischen Verehrer und Angebeteter, bei der von Seiten des Verehrers lediglich ein „Hallo" geäußert werden kann, wird durch den „Blick" der Verehrten bestätigt, in den mehr hinein interpretiert wird als wirklich gemeint ist.

Dann folgt eine metapoetische Ebene, in der über das Dichten gedichtet wird: „Und ein Gedicht von deinem Haar das lag mir auf der Zunge".

Die Leidenschaft, die das lyrische Ich empfindet, drückt sich in Beschreibungen der Elemente des Körpers aus, sie werden durch „Schopf", „Haar", „Zunge", „Mund", „Auge" dargestellt. Krämer betont diese Worte überdeutlich, mit einer höheren Stimme, gefolgt von jeweils einer kleinen Sprechpause, wird die Fantasie des Zuhörers angeregt.

Nachdem das lyrische Ich in den Vorstellungen geschwelgt hat, die Angebetete hätte ihn beachtet, glaubt es zu erkennen, dass sie ihren Mund „im süßen Wahn" zu einem Kuss anbietet. Doch dann folgt die emphatische Feststellung: „Wir haben's niemandem erzählt und haben's nicht getan!" Die Kommunikationsebene des lyrischen Ich wird durch die Ansprache des ungenannten Gegenüber aufgebrochen und zu einer Interaktion mit dem Publikum, das durch die Emphase „Wir haben's niemandem erzählt und haben's nicht getan" direkt in das Geschehen einbezogen wird.

Das lyrische Ich findet in der letzten Strophe zu sich selbst zurück, es wird klar, dass die Angebetete nicht erreichbar ist. Vielleicht hatte es diese Erkenntnis schon länger, aber einfach nicht realisiert: „Längst hatte ich dich angesehn als ferne Hemisphäre" impliziert schon die Entfernung, die beide einnehmen, und dass somit die so Verehrte in keinerlei Hinsicht in Frage kommt. „Dein Auge trug mich über See in unbesehenes Land" zeigt auf, dass das lyrische Ich eine emotionale Entwicklung vollzogen und neue Gefühlsebenen erreicht hat. Hier führt diese Entwicklung zwar nicht zum Erfolg, doch für die Zukunft ist sie bestimmt relevant.

Der thematische Kreis schließt sich zum Schluss, von Anfangs „Ich bin nicht mit dir durchgebrannt" zu „Wir sind es nicht, doch die Idee ist mit mir durchgebrannt", ist zugleich auch die Pointe, mit einer bedeutungsschweren Betonung auf „Wir" und „Idee". Statt mit der Verehrten brennt er mit einer fixen „Idee" durch.

### 5.3.2 Xóchil A. Schütz: tschi tschi

**Zur Autorin**

Xóchil A. Schütz, geboren 1975, präsentiert seit 2000 ihre Texte bei *Poetry Slams*. Sie war von 2001 bis 2002 als Veranstalterin und *MC* des Berliner SÜD*SLAM tätig. Sie bereiste in den letzten Jahren *Poetry Slams* in mehr als dreißig europäischen Städten. Schütz wurde vor allem mit ihrer subtil erotischen Lyrik und eindrucksvollen Performance bekannt. Die Berlinerin veröffentlichte in zahlreichen Zeitschriften und Anthologien. 2004 war sie Werkstatt-Stipendiatin für Lyrik im Literaturhaus Berlin und wurde mit ihrem Team Vize-Champion beim German International Poetry Slam 2005 in Leipzig. Sie erhielt u. a. 2007 den Kunstpreis der Zeitschrift „emotion" und den Tiroler Kleinkunstpreis, 2009 den 1. Preis bei der „Ziegel"-Lesung im Literaturhaus Hamburg 2009. Xóchil A. Schütz produzierte neben Poetry Clips auch ihre eigene LP „17.37" und veröffentlichte 2009 ihr Album „Perlenkind". Sie publizierte neben Lyrik, Prosa und einem Hörspiel auch ein Sachbuch mit Anregungen, wie man eigene *Slam Poetry* schreibt und performt.[342]

Obwohl Schütz eine formelle Unterscheidung ihrer Werke nicht als wichtig empfindet, definiert sie ihre Texte unter anderem als „poetry, story poems, lyrische performance-prosa und spokenword-poetry".[343] Ihr bevorzugtes Thema, das sie in ihrer *Slam Poetry* umsetzt, ist die Liebe.[344] Der folgende Text wurde aus dem „Poetrymagazin" nach Absprache mit der Autorin verwendet und der Text mit einer Änderung ihrerseits

---

[342] Schütz, Xóchil A. Website. http://www.xochillen.de (13.03.2010)
[343] Schütz, Xóchil A. In E-Mail an Verfasserin am 07.02.2004. Materialanhang.
[344] Vgl. ebd.

übernommen: Im Magazin beginnt die zweite Zeile mit „pflück mich", diese Wendung wurde von Xóchil A. Schütz gestrichen, da sie „tschi tschi" grundsätzlich ohne sie vorträgt. Da der live performte Text „tschi tschi" um einiges länger ist, habe ich mich auf den letzten Teil des Vortrags konzentriert.

rück mich, rück mich ins glück, von tag zu tag und stück für stück, wenn meine lunge zittert, dann gib mir deinen namen auf die zunge, gluck mich ins zück, ruck mich ins schlück, nuck mich nach mundistanzen und zurück – ich geb dir nichts als tschi tschi, also flieh oder pflück mich, wenn meine lippen zittern wipp mich, nipp mich im hafenglück am schiffahrtskanal auf dem meer mit den goldenen makrelen sitz ich auf der sandbank, mach du mir die flut, wühl mich in die tiefsee, gleitet die goldglut durch die dünung wallt mein blut, glimmt, wellt und glitzert das glück, noch ein stück, noch ein zück, rück mich von tag zu tag ins jaja, ich bin gierig, bleib in meinem blick und ruck mich in den goldflutenrausch, ich will meer – komm, mein schwermatrose, nah, ich nuck, zücke näher, immer her, glück mich von tag zu stück ins dada, ich will tschi tschi und nie zurück, nein, ich rück dich, rück dich ins zück, von tag zu tag und stück für stück, wenn meine lunge zittert, dann gib mir deinen namen auf die zunge, gluglück

**Zum Text**

In einem dialogischen Aufbau wird von einem lyrischen Ich ein unbekanntes Gegenüber adressiert. Der onomatopoetische Titel „tschi tschi" sagt nichts über das Thema des Werks aus, man wird an die Laute erinnert, die ein heimischer Vogel von sich gibt. Schütz konfrontiert so das Publikum auf eine raffinierte Art und Weise mit einem nicht fassbaren Begriff und lässt es im Unklaren, um was es sich bei „tschi tschi" handelt.

Das Werk ist ein einziger, langer Satz, bestehend aus vielen kurzen Wörtern. Nach dem ersten „rück mich" kommt eine Sprechpause. Damit erzeugt Schütz bei den Zuhörern Aufmerksamkeit und eine Erwartungshaltung gegenüber dem Kommenden. Sie bedient sich auch einer ausgefeilten Sprechtechnik, die Häufigkeit der Konsonanten wird noch mehr betont, und dennoch wirkt der Vortrag von Xòchil A. Schütz ganz leicht, wie ein Singsang, da sie die Stimme selten senkt, sondern auf höheren Sprechfrequenzen bleibt.

Die Aufforderung „rück mich, rück mich ins glück", die das Gegenüber „von tag zu tag und stück für stück" erfüllen soll, zeigt von der Distanz, die das lyrische Ich und das Gegenüber trennt. Die Distanz wird erst durch die Körperlichkeit in „wenn meine lunge zittert, dann gib mir deinen namen auf die zunge" aufgelöst.

Vom lyrischen Ich werden Appelle ausgesandt, „rück mich", „gib mir", „flieh oder pflück mich", die immer nachdrücklicher werden. Diese Nachdrücklichkeit wird im Vortrag durch eine Anhebung der Stimme und eine leichte Atemlosigkeit dargestellt, zum Beispiel bei „gluck mich ins zück, ruck mich ins schlück, nuck mich nach mundistanzen und zurück". Dann wird das bis dahin fiktive Gegenüber direkt angesprochen, was dem Gedicht Authentizität verleiht: „komm, mein Schwermatrose". In einer orgasmisch anmutenden Form steigern sich die Appelle von tätlichen Aufforderungen „ruck mich", „wühl mich" bis hin zu atemlosem Verlangen durch Wiederholungen von „komm", „immer her", „ich will" und direkter Rede „nah", „nein".

Dann wird erstmals auf den Titel des Werks eingegangen: „ich geb dir nichts als tschi tschi". Hier handelt es sich um ein Symbol für das Unaussprechliche, das Unfassbare. Es könnte sich auch um den Versuch handeln, die Distanz, die sich vorher schon angedeutet hat, aufrechtzuerhalten. Denn das Gegenüber wird nicht mehr bekommen als eben „tschi tschi", obwohl von ihm so viel mehr verlangt wird. Das Verlangen wird durch die Natur-Semantik des Meeres mit seiner Weite und unbekannten Tiefen, die die Tiefe der Leidenschaft darstellen, bildlich umgesetzt: „auf dem meer mit den goldenen makrelen sitz ich auf der sandbank, mach du mir die flut". Auf eine lasziv Art und Weise wird die erotische Körperlichkeit durch metaphorische Elemente angedeutet. Das lyrische Ich sitzt auf einer Sandbank und fordert das Gegenüber auf, die Flut zu sein und es in die Tiefsee zu wühlen – eine Aufforderung, das Blut in Wallung zu bringen. Die Vereinigung der Körper wird durch die Laute dargestellt, die im Rausch der Sinne von sich gegeben werden „jaja", „dada". „Ich bin gierig" ist eine noch direktere Aufforderung, gemeinsam den „goldflutenrausch" zu erreichen. Die Doppeldeutigkeit wird durch „ich will meer" noch verstärkt – wird „meer" oder „mehr" verlangt?

Und die Gedanken an die Liebe werden immer intensiver. Die Seiten werden gewechselt: Wo vorher nur gefordert und genommen wurde, wird jetzt gegeben: „nein, ich rück dich, rück dich ins zück".

Denn nur so wird das wahre Glück erreicht – auch wenn man gemeinsam untergehen könnte, hier besonders lautlich durch „gluglück" dargestellt.

Schütz nutzt viele onomatopoetische Elemente, um ihrem – thematisch ohnehin schon reizvollen – Text eine ganz besondere Note zu geben. Auf eine laszive Art und Weise reflektiert das lyrische Ich den Status als begehrte Frau und als Frau, die begehrt. Es wird eine erotische Spannung aufgebaut, ohne jede sprachliche Eindeutigkeit.

### 5.3.3 Moses Wolff: Das Lied

#### Zum Autor

Moses Wolff wurde 1969 in München geboren. Er arbeitet dort als Schauspieler, *Rap*-Musiker, Comedian und *Slammer*. Neben zahlreichen Auftritten als Musiker und Schauspieler veröffentlichte er im Februar 2004 seine eigene CD „Verbissenlos"[345], auf der auch „Das Lied" zu hören ist. Wolff verbindet als *Slammer* seine Leidenschaft für *Rap* und *HipHop* mit Lyrik: Seine Texte sind gerappte Lyrik oder auch lyrische *Raps*. Als *Slammer* tritt er seit 1998 auf, er war Mitglied des Münchner Teams bei den „National Slams" 1998 und 2000. Eines von Wolffs Gedichten, „Endkorrekt", wurde in der Anthologie „Poetry Slam. Was die Mikrofone halten"[346] publiziert. Wolff ist zusammen mit den Autoren Michael Sailer und Jaromir Konecny Veranstalter der Lesebühne „Schwabinger Schaumschläger Show".

„Das Lied" wurde bei einem *Poetry Slam* vorgetragen sowie als Rap-Version aufgenommen und, mit Musik untermalt, auf Audio-CD veröffentlicht. Diese liegt der folgenden Interpretation zugrunde.[347]

vor jahren da brannte mein feuer noch heller,

da war ich noch wilder, da war ich noch schneller

ich war seinerzeit rastlos, nervös und getrieben,

und eines schönen tags hab ich ein lied drüber geschrieben.

das lied war heiß umstritten, ich hab sehr deswegen gelitten

es war auf eine art und weise sogar teilweise weise.

---

[345] Wolff, Moses und Sal Ban: Verbissenlos. CD. München: Oszillation, 2004.
[346] Wolff, Moses: Endkorrekt. In: Poetry Slam. Was die Mikrofone halten. Hrsg. von Ko Bylanzky und Rayl Patzak. 1. Auflage. Riedstadt: Ariel, 2000. S. 54.
[347] Moses Wolff stellte mir persönlich den Text zu „Das Lied" zur Verfügung. „Das Lied" erschien auf der CD "Verbissenlos" von Moses Wolff und Sal Ban. München: Oszillation, 2004.

ich verunglimpfte darin fraun, machte witze übers häuserbaun
und dazu noch dieser sound, es war einfach das grau'n.
ich verspottete persönlichkeiten und deren eigenheiten
verhöhnte schwache menschen und kranke und ihr leiden,

selbst mein onkel aus neuwied wusste nicht wie ihm geschieht,
er hörte auf den beat und wurde nicht schlau aus meinem lied.

es hatte einen verfänglichen titel der so manchen braven mann störte,
viele warn der meinung, dass sich sowas nicht gehörte.

es war auf eine art komponiert die nicht jedermann gefiel,
es war ein ganz spezieller stil so zwischen heiß und kühl,

es war ein lied für all diejenigen die fast schon alles hatten,
es stellte vieles in den schatten,
selbst meine heinz rudolf kunze platten.

wenn ich es live performte ließ ich darin all meinen hass raus,
ich sah beim singen ziemlich krass aus,
die moralisten sahn eher blass aus...

es kam wie es kommen musste das lied wurde verboten,
dass puschte zwar die quoten doch verbrannte ich mir die pfoten,

auf einem grossen open air da wollte ich es spielen,
hey, die leute wolltens hören, natürlich auch fühlen,
doch die zensur untersagte und zeigte sich stur,
eine privatperson klagte wie ich später erfuhr

ich schrie: das lied muss sein! die medienwächter sagten: nein!
ich sah das nicht ein, betrat die bühne ganz allein

und ich fing an zu plärren, zu kläffen, zu bellen
da hörte ich was klicken, das warn wohl die handschellen,

dann zog man mich raus, die musik ging aus.
als sie mich in den mannschaftswagen zerrten,
hörte ich noch leise den applaus...
jetzt hat man mich belehrt, ich hab gesehn, es war verkehrt
und hab alles, was das lied betrifft, vollständig zerstört.

das müssen sie verstehn, es wird auch so weitergehn,
das leben ist doch schön.
auf wiedersehn.

## Zum Text

Der Autor Moses Wolff schrieb den Text nach einem misslungenen Auftritt, der vom Veranstalter abgebrochen wurde. Danach sinnierte er über die vielen übersehenen „Wahnsinns-Songs" nach, die es gibt, aber kaum bekannt sind.[348] „Da habe ich erstmal „Wir müssen hier raus" von Ton Steine Scherben gehört und anschließend "Das Lied" geschrieben"[349].

In „Das Lied" wird ein Teil einer Lebensgeschichte wiedergegeben. Der Ich-Erzähler beginnt aus der Gegenwart eine Selbstreflexion, an einem Punkt in der Vergangenheit. Damals, zu diesem Zeitpunkt hatte er Eigenschaften inne, die er heute nicht mehr so intensiv verspürt. Ein Feuer, das in ihm hell brannte und er wild, rastlos und nervös war. Dieses Feuer brachte ihn dazu, ein Lied zu schreiben. Hier beginnt eine metapoetische Ebene, da ein Lied über ein Lied entsteht.

In den einzelnen Versen werden vor allem Paarreime angewendet, „heller" zu „schneller", „getrieben" zu „geschrieben", „störte", „gehörte". Dies gibt „Das Lied" einen eingängigen Rhythmus, der durch die teilweise Anwendung des Metrums des Alexandriners noch unterstützt wird.

Das lyrische Ich konstatiert offen, dass das Lied, das es geschrieben hatte, „heiß umstritten" war, und es unter dieser Kritik litt. Interessant ist, dass zu diesem Zeitpunkt konstant über das Lied in der grammatikali

---

[348] Vgl. Wolff, Moses. In E-Mail an Verfasserin am 10.02.2004. Materialanhang.
[349] Wolff, Moses. In E-Mail an Verfasserin am 10.02.2004. Materialanhang.

schen Vergangenheit erzählt wird. Eine ungewöhnliche Vorgehensweise, da man eigentlich davon ausgehen könnte, dass das Lied heute noch existiert.

Für das lyrische Ich war das Lied „teilweise weise", das heißt, es distanziert sich in keiner Weise von dem Inhalt des umstrittenen Liedes, sondern erzählt detailliert, was das Lied thematisch beinhaltete. Bei dem Lied handelte es sich um einen sozialen Rundumschlag, bei dem kaum jemand verschont bleibt: „ich verunglimpfte darin fraun, machte Witze übers häuserbaun", „ich verspottete persönlichkeiten und deren eigenheiten verhöhnte schwache menschen und kranke und ihr leiden". Für das lyrische Ich war es ein Lied, das für diejenigen war, „die fast schon alles hatten", und es konnte bei seinen Auftritten all seinen Hass ausdrücken, den es empfand. Das Lied hatte dazu auch noch einen „verfänglichen titel, der so manchen braven mann störte, viele warn der meinung, dass sich sowas nicht gehörte". Der Titel des Liedes wird nicht erwähnt, es muss die Erklärung reichen, dass er nicht gesellschaftsfähig war.

Nicht nur thematisch, auch musikalisch war das Lied umstritten. Das lyrische Ich sagt frei heraus, dass das Lied einen ganz speziellen Stil hatte, „so zwischen heiß und kühl", „und dazu noch dieser sound, es war einfach das grau'n". Doch für den Künstler selbst ist das Lied ein Werk, das besser ist als vieles, das er kennt, „es stellte vieles in den schatten, selbst meine heinz rudolf kunze platten".

Durch die Erwähnung eines „onkel aus neuwied" wird in „Das Lied" eine Authentizität fingiert. Der Onkel weiß mit dem künstlerischen Schaffen des Neffen nichts anzufangen: „er hörte auf den beat und wurde nicht schlau aus meinem lied". Es wird hier eine familiäre Beziehung genannt, die zeigt, dass der Erzähler die Rolle des Neffen, trotz all seines Hasses und seiner Verunglimpfungen der Gesellschaft gegenüber, erfüllt.

Doch es gab Menschen, die sich durch den Titel und den Inhalt des Liedes moralisch angegriffen fühlten, die „moralisten sahen eher blass aus…". Der Künstler, dem diese Reaktionen auf sein Lied bekannt waren, änderte dennoch nichts, um die Vorwürfe zu entkräften. Für ihn war dies ein bewusst eingegangenes Risiko („es kam wie es kommen musste"), denn das Resultat war, dass das Lied verboten wurde. Es beginnt ein Kampf um künstlerische Freiheit. Denn die Zensur hatte zum einen den Effekt, dass das Lied noch bekannter wurde und noch mehr verkauft wurde, „das puschte zwar die quoten". Zum anderen merkt das lyrische Ich auf einmal, dass es sich nicht mehr alles erlauben kann. Es will durchsetzen, das Lied auf der Bühne zu spielen, denn „die leute wolltens hören, natürlich auch fühlen". Für das lyrische Ich bedeutet das Lied inzwischen mehr als nur Verkaufszahlen und Erfolg, es kann sich persönlich nicht mehr davon ablösen, drückt dies durch eine Emphase aus: „ich schrie: das lied muss sein!". Doch die Zensur des Liedes und die „Medienwächter" untersagen einen weiteren Auftritt.

Der Künstler widersetzt sich und fängt auf der Bühne an „zu plärren, zu kläffen, zu bellen".

Als Folge davon wird er verhaftet und abgeführt. Doch das wichtigste für ihn ist, dass das Publikum ihm noch applaudiert.

Dann folgt ein Zeitsprung in die Gegenwart. Das lyrische Ich ist geläutert: „jetzt hat man mich belehrt, ich habe gesehn, es war verkehrt". Der Druck der Zensur und der Gesellschaft war zu groß, es hat „alles, was das lied betrifft, endgültig zerstört". Beinahe resigniert konstatiert es einem fiktiven Gegenüber „das müssen sie verstehn, es wird auch so weitergehn das leben ist doch schön". Die Adressierung eines Gegenüber erweitert wiederum die Erzählweise in einem authentischen Rahmen, die Trennung von Vortragendem und realer Person wird aufgehoben: Durch ein „auf wiedersehn" verabschiedet sich das lyrische Ich sowie der Vortragende, die Verabschiedung gehört zum Text, ist durch einen Reim mit einbezogen. Es handelt sich bei „Das Lied" um eine Darstellung eines bestimmten Typs Menschen: Ein Künstler, der – umstrittenen – Erfolg hat. Er ist bereit, für diesen Erfolg, für dieses Lied, das ihm soviel bedeutet, alles zu riskieren. Doch nachdem ihm alles genommen wurde, zuerst seine Stimme durch die Zensur, dann seine Freiheit durch die Polizei, trifft er eine schwere Entscheidung: Er zerstört alles, was das Lied betrifft. Hier greift auch eine große Portion Gesellschaftskritik, denn die – künstlerische – Meinungsfreiheit wurde dem Erzähler entzogen, durch staatliche Willkür und durch Privatpersonen.

Wolff trägt „Das Lied" mit einer sehr deutlichen Aussprache, manche Wörter schon überartikuliert, vor. Zu den extrem betonten Wörtern gehören vor allem die sich reimenden und die beschreibenden Adjektive: „vor jahren da brannte mein feuer noch *heller*, da war ich noch *wilder*, da war ich noch *schneller*".

Man kann „Das Lied" in drei Vortragsweisen aufteilen: Der erste Teil, von „vor jahren da brannte mein Feuer noch heller" bis zu „die moralisten sahn eher blass aus", wird mit ruhiger Stimme, fast schon bedächtig erzählt. Es hört sich so an, als ob da jemand sehr überlegt erzählt, über etwas, das er schon viele Male von sich gegeben hat. Im zweiten Teil ab „es kam wie es kommen musste" bis „hörte ich noch leise den applaus" – wird der Sprechrhythmus schneller und die Stimme lauter, klingt aufgewühlt. Im Text überschlagen sich die Ereignisse, und auch die Erzählweise wird hektischer und aufgeregt. „jetzt hat man mich belehrt, ich hab gesehn, es war verkehrt" ist der Schlussteil, bietet inhaltlich die „Läuterung" des widerspenstigen Künstlers, der sein Werk zerstört, damit er seine Freiheit wieder bekommt. Hier wird der Vortrag wieder lei-

111

ser, die Stimme wirkt müde und resigniert. Dies wird durch den langsameren Sprechrhythmus und Pausen noch weiter betont.

Wolff benutzt mit „Das Lied" eine metapoetische Ebene: Die Geschichte einer *Performance* wird selbst zu einer sprachlichen und stimmlichen *Performance*.

# 6. Slam-Poetry-Publikationen und -Dokumentationen

## 6.1 Anthologien

Im Ursprungsland des *Poetry Slam*, den USA, wurde die erste Anthologie des *Poetry Slam* im „Nuyorican Poets Café" im Jahr 1994 herausgebracht. Bei „Aloud: Voices from the Nuyorican Poets Café"[350] handelt es sich um eine erste Bestandsaufnahme der Szene. Im Laufe der Zeit wurden weitere umfassende Anthologien veröffentlicht. Vor allem die aktuelleren Publikationen helfen, die Rezeption zu erweitern, indem zusätzlich zu den abgedruckten Texten CDs mit den gesprochenen Pendants der Texte beiliegen. Weiterhin wird großer Wert auf die Erklärung der Ursprünge und Strömungen des *Poetry Slam* gelegt. Dies geschieht durch Essays von Veranstaltern, *Slammern* und *Slam*-Begeisterten sowie Beschreibungen einzelner Themenbereiche.

Unter den veröffentlichten US-amerikanischen Anthologien möchte ich „Poetry Slam – The competitive Art of Performance Poetry"[351] von Gary Mex Glazner sowie „The Spoken Word Revolution (slam, hip hop and the poetry of a new generation)"[352] von Mark Eleveld und Marc Smith als besonders umfassende Werke herausgreifen. Glazner bietet neben einer umfangreichen Textsammlung die Beschreibung, wie ein *Slam* abläuft. Die *Slam*-Bewegung wird in diversen Essays beschrieben. Bei „The Spoken Word Revolution" wird neben vielen *Slam-Poetry*-Texten auch die Genese des *Poetry Slam* in den USA beschrieben.

In Deutschland konnte man lange Zeit nicht von einer literarischen Infrastruktur, den *Poetry Slam* betreffend, sprechen. Obwohl es schon Anfang der neunziger Jahre erste Veranstaltungen gab, die sich nach kurzer Zeit etablierten, gab es zunächst kaum Ambitionen zu Veröffentlichungen. Zwar erschien 1994 die Anthologie „Slam!Poetry. Heftige Dichtung aus Amerika"[353] des Berliner Druckhaus Galrev – mitten in den Anfängen der *Poetry-Slam*-Bewegung in Deutschland wurden darin allerdings nur amerikanische *Spoken-Word*-Aktivisten vorgestellt. Obwohl die junge deutsche *Poetry-Slam*-Szene nicht berücksichtigt wurde, erschien kurze

---

[350] Algarín, Miguel und Bob Holman (Hg.): Aloud: Voices from the Nuyorican Poets Café. 1. Auflage. New York: Henry Holt, 1994.
[351] Glazner, Gary Mex (Hg.): Poetry Slam: The Competitive Art of Performance Poetry. 1. Auflage. San Francisco: Manic D Press, 2000.
[352] Eleveld, Mark (Hg.): The Spoken Word Revolution (slam, hip hop and the poetry of a new generation). 1. Auflage. Naperville: Sourcebooks Inc., 2003.
[353] Beatty, Paul u. a. (Hg.): Slam!Poetry. Heftige Dichtung aus Amerika. 2., neu überarb. Auflage. Berlin: Edition Druckhaus Galrev, 1994.

Zeit später eine zweite, neu überarbeitete Auflage mit Übersetzungen der englischen Texte und Porträts der Autoren.

1996 erregte der Rowohlt Verlag mit seiner Anthologie „Poetry! Slam! Texte der Pop-Fraktion"[354] nationales Aufsehen. Mit einer Promotion-Tour durch Deutschland war das Medieninteresse geweckt. Doch das von Marcel Hartges und Andreas Neumeister herausgegebene Buch wurde recht zwiespältig aufgenommen: Die Anthologie sei zum einen „[...] tot & hohl wie die Vielzahl der darin protegierten schriftstellernden Yuppies und diskursverliebten Musikredakteure."[355] Zum anderen äußerten sich Autoren wie Heiner Link eher diplomatisch über den Versuch von „Rowohlt", den *Poetry Slam* in gedruckter Form literarisch zu erfassen:

> Obwohl die Herausgeber [...] im Vorwort deutlich artikulierten, daß für die Auswahl der Texte weniger die faktische Slam-Teilnahme von Autoren als die Slam-Tauglichkeit der Texte [...] ausschlaggebend war, kritisierte man einhellig die faktische Nichtteilnahme dieser und jener Slam-Protagonisten, spekulierte wild über angebliche Seilschaften zwischen Herausgebern und vertretenen Autoren und wurde nicht müde, der Anthologie kommerziellen Charakter zu unterstellen. Dem Versuch [...] der Herausgeber, ein ästhetisches Beispiel vorzustellen, welches vielleicht nicht gerade Profilneurosen der besonderen Art das Wort redet, wurde als solches gar nicht erst zur Kenntnis genommen [...][356]

Trotz aller Diskussionen – die Herausgeber Hartges und Neumeister hatten ein Novum erschaffen: Bis zu diesem Zeitpunkt hatte die noch kleine *Poetry-Slam*-Szene in Deutschland ihre Texte kaum schriftlich dokumentiert. Somit war die viel diskutierte „Rowohlt"-Anthologie eine Herausforderung für die *Slammer*, ihre eigene, wahre *Slam Poetry* zu publizieren.

Die Medien benutzten nach dieser ersten bekannten und umstrittenen Anthologie Schlagworte wie *Poetry Slam*, um eine neue Richtung in der deutschen Literatur zu proklamieren. Wenn also „[...] der kulturelle Durchlauferhitzer warm gelaufen ist und auch Die Zeit, FAZ und Spie-

---

[354] Hartges, Marcel und Andreas Neumeister (Hg.): Poetry! Slam! Texte der Pop-Fraktion. 1. Auflage. Hamburg: Reinbek Rowohlt, 1996.

[355] Schönauer, Michael: 1e literarische Kompilation unZerer Zeit. In: Social Beat, Slam! Poetry: Die Ausserliterarische Opposition meldet sich zu Wort. Hrsg. von Michael und Joachim Schönauer. 1. Auflage. Killroy Media, Asperg 1997. S. 8.

[356] Link, Heiner: Poetry Slam! Spaß bis zum Abwinken? Kritisches zur deutschen Slam-Nation. In: GrauZone. Zeitschrift über neue Literatur. Ausgabe 15. 2. Quartal 1998. Freiburg: GrauZone, 1998. S. 7 und 8.

gel schon berichtet haben, kommt die Zeit für erste Sammlungen und Bestandsaufnahmen."[357]

Einer, der zwar nicht an den Erfolg des *Poetry Slam* in Deutschland glaubte[358] und sich auch sonst nicht den neuen Begrifflichkeiten wie *Social Beat*, *Slam*, Pop unterwarf, publizierte dennoch eine Anthologie mit eben *Social-Beat-*, *Slam-* und Pop-Literaten: Heiner Link nannte sie *Trash*-Autoren und veröffentlichte 1997 „Trash-Piloten. Texte der 90er". Für ihn stammen

> Autoren, die man unter dem Begriff Trash subsumieren kann, [...] aus den unterschiedlichsten Ecken und weisen verschiedenste Ansätze auf. [...] Thematisiert wird Banales, Triviales, »Abfälliges« eben. So herum ist auch die deutsche Entsprechung des Begriffes Trash zu verstehen. Nicht das Ergebnis ist Trash, der literarische Ansatz ist es.[...][359]

Nachdem sich Ende der neunziger Jahre ein Netzwerk der *Slam*-Veranstalter und *Slammer* gebildet hatte, wurde die vielfältige Aussagekraft von *Slam Poetry* nicht mehr nur mündlich, sondern auch schriftlich im klassischen Medium Buch transportiert. Nachdem sich die ersten Versuche der Veröffentlichungen der *Slammaster* und *Slammer* bezahlt gemacht haben, scheint es mittlerweile geradezu obligat, *Slam Poetry* in Anthologien oder Einzelwerken zu veröffentlichen. Hilfreich war hierbei die Vereinfachung des Publizierens: „Books on Demand", um nur einen der vielen Online-Verlage zu nennen, simplifizieren das Druckverfahren. Mit Computerprogrammen wie QuarkXPress kann ein Seitenlayout selbst erstellt werden, das Druckverfahren ist heute um einiges günstiger als noch vor wenigen Jahren. Auch die Möglichkeiten, direkt im Internet zu publizieren, sind wesentlich weitreichender geworden (s. Kapitel 8.1).

Die Aufzählung der zahlreichen Anthologien, die zu diesem Zeitpunkt zu erhalten sind, ob über Verlage, (Online-) Buchhändler oder bei den *Slam*-Veranstaltungen selbst, würde den Rahmen dieses Kapitels sprengen. Deswegen seien nur die bemerkenswerten Anfänge der Publikationen genannt, die, je nach Auflage, z. T. nur noch antiquarisch erhältlich sind, aber selbstverständlich trotzdem einen wichtigen Platz in der gedruckt dokumentierten Welt des *Poetry Slam* einnehmen; sowie exemplarisch einige Beispiele der gegenwärtlichen Publikationen.

---

357 Hugendick, David: Planet Slam. Clubsessel No. 08, 2003. Website. Yedermann Verlag. http://www.yedermann.de/yslampresse3.htm (20.01.2010)

358 Link, Heiner (Hg.): Trash-Piloten. Texte für die 90er. 1. Auflage. Leipzig: Reclam, 1997. S. 14.

359 Link, Heiner (Hg.): Trash-Piloten. Texte für die 90er. 1. Auflage. Leipzig: Reclam, 1997. S. 15 und 16.

1998 erschien die Anthologie „Es gibt Social Beat/Slam Poetry. Texte der 90er"[360] beim „Ithaka" Verlag, die sich um eine authentische Darstellung der Szene bemüht. Boris Kerenski, einer der Herausgeber, sorgte für die wichtigen Kontakte zu Autoren wie Bastian Böttcher, Jan Off und Philipp Schiemann. Hauptkriterium bei der Auswahl waren die Thematik und die Qualität der Texte. Dadurch setzte diese Anthologie einen Meilenstein in der progressiven Entdeckung der jungen Literaturtrends im deutschsprachigen Raum. Inhaltlich ist diese Anthologie eine reine Textausgabe. Man versucht weniger zu definieren, was *Social Beat* und *Slam Poetry* bedeuten, sondern zeigt es anhand der Primärtexte auf.

Ebenfalls 1998 wurde von den Münchner *Poetry-Slam*-Veranstaltern Rayl Patzak und Ko Bylanzky „SLAM! Texte aus dem Substanz"[361] veröffentlicht, eine in kleiner Auflage im Eigenverlag erschienene Textsammlung. Zwei Jahre später porträtieren Bylanzky und Patzak in „Poetry Slam. Was die Mikrofone halten"[362] den *Poetry Slam* in Deutschland, wobei sie die Anthologie in drei Teile gliederten: Zuerst in einen Münchner Teil, der viele *Slammer* des Substanz-*Slam* vorstellt. Dies gibt der Anthologie einen wichtigen dokumentarischen Charakter, da für die Aufnahme der *Slammer* in das Buch ihr Erfolg beim Publikum maßgeblich war. Dazu werden noch *Slammer* aus dem deutschsprachigen Raum, die Finalisten des „National Poetry Slam" und zuletzt amerikanische Poeten und ihre Werke in Originalsprache präsentiert. 2002 erschien die dritte Textausgabe von Bylanzky und Patzak, „Planet Slam. Das Universum Poetry Slam"[363], im Yedermann Verlag, München. Darin werden über vierzig Poeten mit ihren Werken vorgestellt. Neben den Texten der *Slammer* wollen die Herausgeber den Leser noch eindringlicher über den *Poetry Slam* informieren: Sie erklären die Grundregeln des *Poetry Slam* – an und für sich eine plausible und nachvollziehbare Hilfestellung für die Leserschaft, wenn sie nicht kurzerhand Teile des Texts von Gary Mex Glazner ohne Angabe von Quellen beinahe wortwörtlich übernommen hätten. Dieser erklärt in seiner 2000 erschienenen Anthologie „Poetry Slam. The Competitive Art of Performance Poetry" im Einführungskapitel „The Rules":

---

[360] Kerenski, Boris und Sergiu Ştefănescu (Hg.): Es gibt Social Beat/Slam Poetry. Texte der 90er. Text Zeitschrift für Literaturen. Nr. 3-4. Stuttgart: Ithaka, 1998.
[361] Bylanzky, Ko, Rayl Patzak und Stefan Mirbeth (Hg.): SLAM! Texte aus dem Substanz! 1. Auflage. München: TN-Verlag, 1998.
[362] Bylanzky, Ko und Rayl Patzak (Hg.): Poetry Slam. Was die Mikrofone halten. 1. Auflage. Riedstadt: Ariel, 2000.
[363] Bylanzky, Ko und Rayl Patzak (Hg.): Planet Slam. Das Universum Poetry Slam. 1. Auflage. Riemerling: Yedermann, 2002.

Shocking to have rules for poetry. Perhaps not so strange if you consider poetic form. The 14 lines and rhyme scheme of the sonnet. The season word and syllable count of the haiku.[364]

In „Planet Slam" liest es sich dann so:

Wie schockierend es doch ist, Regeln für die Dichtung zu entwerfen. Vielleicht dann doch nicht ganz so fremdartig, wenn man auch die dichterische Form in Betracht zieht, das 14 Zeilen-Schema des Sonetts etwa oder die strenge Form des Haiku.[365]

Von diesem Plagiat abgesehen, geben sich Bylanzky und Patzak redlich Mühe, die Geschichte des deutschen *Slams* seit seinen Anfängen in einer umfangreichen Zeittafel wiederzugeben. Das Buch ist inzwischen vergriffen.[366] Im Oktober 2004 folgte die Veröffentlichung von „Planet Slam 2 - Ein Reiseführer durch die Welten des Poetry Slam" ebenfalls im Yedermann Verlag. Neben Texten von Jaromir Konecny, Felix Bonke, Martina Schwarzmann, Etta Streicher, Nora Gomringer, Sebastian Krämer und Matthias Politycki wurden darin noch Texte von 43 weiteren Dichtern veröffentlicht.

„Kaltland Beat. Neue deutsche Szene"[367] des Ithaka Verlags versuchte 1999, die Ursprünge der neuen literarischen Bewegung in Deutschland zu beleuchten. Ursprünglich nur als Erweiterung der 1998 herausgegebenen Anthologie „Es gibt: Social Beat/Slam Poetry. Texte der 90er" gedacht, merkten die Herausgeber Boris Kerenski und Sergiu Ştefănescu schnell, wie groß die theoretische Auseinandersetzung mit dem Thema Subkultur ist.[368] Soziologische und kulturgeschichtliche Essays zur Geschichte des *Social Beat* bis hin zur Ästhetik des *Poetry Slam*, Poesie und Kurzgeschichten sowie Resümees von Veranstaltern und *Slammern* bilden diese umfangreiche Textausgabe.

Neben Ko Bylanzky und Rayl Patzak haben inzwischen andere deutsche *Poetry-Slam*-Veranstalter Anthologien mit Texten aus „ihrem" Slam veröffentlicht. Die Veranstalter der Dresdner, Leipziger und Chemnitzer *Poetry Slams*, die heute als „Livelyrix" stattfinden, veröffentlichten ihre erste Anthologie „Die Nacht im Blutbett des Schwagers und andere Club-Geschichten" im Herbst 2003 im Eigenverlag „Edition Laienlyrix". In dem Buch sind die Texte von 13 Autoren vertreten, die in den zwei

---

[364] Glazner, Gary Mex (Hg.): Poetry Slam: The Competitive Art of Performance Poetry. 1. Auflage. San Francisco: Manic D Press, 2000. S. 13.
[365] Bylanzky, Ko und Rayl Patzak (Hg.): Planet Slam. Das Universum Poetry Slam. 1. Auflage. Riemerling: Yedermann, 2002. S. 7.
[366] Stand: 10.04.2010
[367] Kerenski, Boris und Sergiu Ştefănescu (Hg.): Kaltland Beat. Neue deutsche Szene. 1. Auflage. Stuttgart: Ithaka, 1999.
[368] Ebd. S. 5.

Jahren zuvor bei „Laienlyrix" aufgetreten sind. Die Hälfte der Autoren besteht auf national bekannten, die andere Hälfte aus lokalen *Slammern*. In der „Edition Kulturbremse" ist vom Ravensburger Veranstalter und *Slammer* Toby Hoffmann zusammen mit Michael Helming „Automat – Maschinentexte" erschienen. Darin haben unter anderem Alexandra Becht, Andreas Grimm, Wehwalt Koslovsky, Sir Jan Off, Jan Siegert und Etta Streicher ihre *Slam Poetry* veröffentlicht.[369] Hoffmann und Helming veröffentlichten noch zwei weitere Anthologien, darunter „Love Me Gender"[370] Laut Klappentext ist „Diese Anthologie […] gleichsam für Mädchen und Buben gemacht. […]Damit es keinen Streit gibt, ist das Heft bei gleichem Inhalt in zwei Covervariationen lieferbar."[371]

Die Bamberger *Slammasterin* Nora Gomringer veröffentlichte zusammen mit Martin Beyer im Januar 2002 im Eigenverlag BeGo „Best of Poetry Slam Bamberg I"[372]. Auf 44 Seiten vereint der Band die Werke von zwölf *Slammern*, die auf den ersten vier *Poetry Slams* in Bamberg vorgetragen haben. Neben vielfältiger *Slam Poetry* finden sich zusätzlich zu deutschen auch Texte in englischer und sogar arabischer Sprache. Damit soll die große Bandbreite des Bamberger *Slams* gezeigt werden.

Die Veranstalter des „Hamburg ist Slamburg" *Poetry Slam*, Tina Uebel und Hartmut Pospiech, veröffentlichten 2002 beim Rotbuch Verlag das erste Jahrbuch der deutschen *Slam Poetry*. Es folgten die Jahrbücher „Poetry Slam 2003/2004"[373] und „Poetry Slam 2004/2005", mit einer Auswahl der besten *Spoken-Word*-Poeten in Deutschland.[374]

Natürlich stellt sich trotz der Vielzahl an Textausgaben die Frage, ob sich die herkömmlichen Printmedien als angemessene Publikationen von *Slam Poetry* eignen. Denn „[…] ist es nicht gerade das Event, was Slam! nach gängiger Definition ausmacht? Kann das lebendige Layout das gesprochene oder gerappte Wort ersetzen?"[375] Für eine authentische Archivierung und rezipientengerechte Wiedergabe der Texte, die ihre Wirkung in erster Linie durch den gesprochenen Vortrag entfalten, sind die neueren elektronischen Medien wie CD und DVD zu präferieren. Dies

---

[369] Vgl. Toby Goffmann. Website. http://www.korpustoby.de/publik/kulturbremse.html (10.02.2010)
[370] Ebd.
[371] Ebd.
[372] Beyer, Martin und Nora Gomringer (Hg.): Best of Poetry Slam Bamberg I. 1. Auflage. Bamberg: BeGo, 2002.
[373] Pospiech, Hartmut und Tina Uebel (Hg.): Poetry Slam 2003/2004. 1. Auflage. Hamburg: Rotbuch, 2003.
[374] Uebel, Tina. Website. Bücher. http://www.tina-uebel.de/ (20.03.2010)
[375] Tiedemann, Frank: Druck statt Rap: Slam!-, Trash- und Social-Beat-Anthologien aus dem Rhythmus?. In: GrauZone. Zeitschrift über neue Literatur. Ausgabe 15, 2. Quartal 1998. Freiburg: GrauZone, 1998. S. 20

und der allgemeine Boom von Hörbüchern führten dazu, dass die meisten *Slam-Poetry*-Bücher mit beigelegter Audio-CD veröffentlicht werden. Erstmalig in der deutschen Verlagslandschaft widmete sich der „Hoffmann und Campe Hörbücher Verlag" der Veröffentlichung von *Slam*-Veranstaltungen auf Audioträgern: Im März 2002 veröffentlichte der Verlag eine CD mit Live-Beiträgen des fünften „German International Poetry Slam". Bei Voland & Quist, einem Verlag mit Sitz in Leipzig, erschien die Anthologie „Slam 2005" über den „German International Poetry Slam 2005", der in Leipzig stattfand. Dem 160-seitigen Buch wurde eine DVD beigelegt.[376] Das verlegerische Leitbild des Verlages setzt konsequent auf die Kombination von Buch und Audio-CD[377], mehr dazu unter Punkt 6.2.

Schließlich ist, trotz aller Diskussionen in der *Poetry-Slam*-Szene und Literaturkritik sowie vielen neuen elektronischen und medialen Umsetzungsmöglichkeiten,festzustellen: Jede literarische Avantgarde und jede subkulturelle Bewegung muss irgendwann ihre Widerstandsfähigkeit in der großen Szene der Literatur beweisen und zeigen, „wie weit die Texte den Bruch zwischen Bühne und Buch wirklich verkraften."[378] Dies wurde eindrucksvoll durch die Vielzahl der Veröffentlichungen bewiesen.

## 6.2 Verlage

Im Zuge der *Poetry-Slam*-Entwicklung in Deutschland und des zunehmenden Publikumsinteresses haben sich einige Verlage mit ihren Programmen auf *Slam Poetry* spezialisiert und geben jungen Autoren die Chance zu ersten Veröffentlichungen. Weiterhin haben größere Verlage *Slam Poetry* und die Poeten für sich entdeckt, das Publikumsinteresse und die Nachfrage werden durch die Etablierung des Slams als Literaturvermittlung immer größer.

Der Ariel Verlag wurde 1993 während der Mainzer Minipressen-Messe von Oliver Bopp gegründet. Der Verlag veröffentlichte zunächst Texte der *Social-Beat*-Bewegung. Da der *Social Beat* allerdings Ende der neunziger Jahre stagnierte, widmete sich der Verlag fortan vor allem dem *Poetry Slam*. Es ist

> […] das definierte Selbstverständnis des Ariel-Verlages, von den Publikumsverlagen verschwiegene oder verfälscht wiedergege-

---

[376] Voland & Quist. Website. Bücher. http://www.voland-quist.de/website/index.html?shop/schritt_1.php (28.03.2010)
[377] Vgl. Voland & Quist. Website. Verlag. http://www.voland-quist.de/website/index.html (28.03.2010)
[378] Tiedemann, Frank: Druck statt Rap: Slam!-, Trash- und Social-Beat-Anthologien aus dem Rhythmus?. In: GrauZone. Zeitschrift über neue Literatur. Ausgabe 15, 2. Quartal 1998. Freiburg: GrauZone, 1998. S. 20

bene (weil nicht repräsentativ), subkulturelle Strömungen zu dokumentieren [...]³⁷⁹.

Das Motto des Verlags: Welcome to the Underground.³⁸⁰ Der Verlag präsentiert den *Poetry Slam* in der gleichnamigen Anthologie mit dem Untertitel „Was die Mikrofone halten. Poesie für das neue Jahrtausend". Auch Audio-CDs sind im Programm des Verlags enthalten: Neben fünf CD-Ausgaben der „Darmstädter Dichterschlacht" wurde auch die erste CD der *Spoken-Word*-Künstlerin Tracy Splinter im „Ariel Verlag" veröffentlicht. Weitere *Slammerinnen* und ihre Werke wurden umfangreich in der Anthologie „L.A. Woman Literatur von Los Angeles Ladies" dokumentiert, mit Texten von amerikanischen Autorinnen.³⁸¹ *Slammer* und Autor Jaromir Konecny veröffentlichte zahlreiche Romane, *Slam*-Stories und Kurzgeschichtensammlungen bei Ariel.

Michael und Joachim Schönauer brachten bei Killroy Media 1997 mit „Social Beat, Slam Poetry. Die Ausserliterarische Opposition meldet sich zu Wort" den ersten Band einer umfassenden Trilogie zu *Slam Poetry* und *Social-Beat*-Literatur heraus. Der zweite Band erschien 1999, „Slammin' BRD. Schluckt die sprechende Pille", 2001 Band drei, „German Grand SLAM. Freestyle versus SLAM". Der im schwäbischen Asperg niedergelassene Verlag publiziert in verschiedenen Reihen und realisiert „Projekte und Werke eigenwilliger, eigenständiger und unverbrauchter Künstler", die sie „ein Stück des Wegs über das weite literarische Feld begleiten."³⁸²

Der in Stuttgart ansässige Lautsprecherverlag bestand von 1997 bis 2007. Neben Veröffentlichungen wie „Lyrikland" mit Texten von Mathias Bach, Nadine Barth, Björn Kuhligk und anderen war der Lautsprecherverlag auch als Veranstalter von Lesungen und *Slams* tätig.

Aus einem ehemaligen studentischen Fanmagazin-Verlag ist 1999 der Ventil Verlag in Mainz geworden. Mit dem Schwerpunkt im popkulturellen Bereich werden sowohl Belletristik als auch Sachbücher von *Slammern* wie Jaromir Konecny oder Jan Off verlegt. Bekanntestes Werk aus dem Ventil Verlag ist wohl Johannes Ullmaiers „Von Acid nach Adlon und zurück".

---

[379] Ariel Verlag. Website. Verlagsgeschichte.http://www.ariel-verlag.de/html/verlagsgeschichte.html (18.03.2010)

[380] Ariel Verlag. Website. Homepage. http://www.ariel-verlag.de/html/ariel-verlag_welcome_to_the_un.html (18.03.2010)

[381] Vgl. Ariel Verlag. Website. L.A. Woman. http://www.ariel-verlag.de/html/l_a__woman.html (07.03.2010)

[382] Killroy Media. Website. Programm. http://www.killroy-media.de/programm.html (19.03.2010)

Der Schweizer Der gesunde Menschenversand Verlag unter der Leitung von Matthias Burki publiziert Bücher, Zeitschriften und CDs schwerpunktmäßig aus der *Spoken-Word-* und *Poetry-Slam-*Szene. Autoren und Künstler sind u. a. die *Slam-*Boygroup SMAAT, Nora Gomringer, Michael Stauffer, Fiva, Timo Brunke, Etrit Hasler und Pedro Lenz.[383]

Mit „Mut zum Experiment" veröffentlicht der Yedermann Verlag aus München seit 2000 zeitgenössische Literatur und die *Slam-*Anthologien „Planet Slam" Band 1 und 2.[384]

Voland & Quist wurde im Oktober 2004 von den Literaturveranstaltern Sebastian Wolter und Leif Greinus gegründet. Der Verlag veröffentlicht junge, zeitgemäße Literatur, Spoken-Word-Lyrik, Lesebühnenliteratur, „Liveliteratur": Als ehemalige Literaturveranstalter legen Wolter und Greinus Wert darauf, dass diese „nicht nur niedergeschrieben, sondern auch viel und gerne vorgetragen [wird], sie sollte also in jedem Fall auch hörbar sein."[385] Alle Titel des Verlages erscheinen mit Audio-CD.

Der Lichtblau Verlag aus Frankfurt widmet sich „den Grenzregionen zwischen Wort, Kunst und Musik."[386] Veröffentlichte Autoren sind u. a. Dirk Hülstrunk und Michael Bloeck.

## 6.3 Publikationen und Programme von Slammern

Nachdem die ersten Anthologien veröffentlicht und die kritischen Stimmen rund um Sinn und Unsinn der Veröffentlichung von *Slam Poetry* wieder verstummt waren, zeigte sich die Kreativität der *Slammer* immer deutlicher: Denn wer das Publikum von seinen Texten überzeugt, den Kritiken standhält und sich immer weiter verbessert – der hat große Chancen, sein eigenes Buch herauszubringen.

Jaromir Konecny, der „Rekordchampion"[387] des Münchner *Slams*, veröffentlichte im Ariel Verlag mehrere seiner Kurzgeschichten als Bücher: „Zurück nach Europa", „Slam Stories", „Das Geschlechtsleben der Emigranten", „Endlich daheim" sowie „Mährische Rhapsodie". Im Oktober 2002 erschien im Ventil Verlag „Das traurige Ende des Märchenkönigs ... und andere Sexgeschichten".

---

[383] Der Gesunde Menschenversand. Website. http://www.menschenversand.ch (14.03.2010)
[384] Yedermann Verlag. Website. http://www.yedermann.de (18.03.2010)
[385] Voland & Quist. Website. Verlag. http://www.voland-quist.de/website/index.html (19.03.2010)
[386] Lichtblau Verlag. Website.Konzept. http://www.lichtblau.de (25.03.2010)
[387] Planet Slam Website. About Slam. http://www.planetslam.de/historyofslam.html (13.02.2010)

Alex Dreppec, *Slammer* und Veranstalter der „Darmstädter Dichterschlacht", veröffentlichte seine Stabreime als *Slam-Poetry*-Alphabet: „Die Doppelmoral des devoten Despoten" bei der Düsseldorfer Eremiten Presse. Nachdem Dreppec, der eigentlich Alexander Deppert heißt, vor zehn Jahren noch bei Literarverlagen „Klinken putzen" musste, um Texte zu veröffentlichen[388], hat sich die Situation für ihn durch den *Poetry Slam* entscheidend geändert: Heute gibt es beispielsweise Anfragen, ob Dreppec in Sammelbänden publizieren möchte – wie etwa in „Der große Conrady" und zahlreichen Zeitungen und Zeitschriften.[389]

Im Laufe der *Poetry-Slam*-Bewegung in Deutschland haben sich zudem einige Dichter der ersten Stunde mit ihren Veröffentlichungen einen Namen außerhalb der *Slam*-Szene gemacht. Wie zum Beispiel Tanja Dückers, die 1995 ihre ersten literarischen Gehversuche auf *Slam*s unternahm und im Laufe der Jahre auf den Bühnen der Berliner „Aurora-Bar", dem „Schlachthof" in Wiesbaden und dem „Substanz" in München ihre Werke darbot. Nach „Morsezeichen"[390], einem Band mit Lyrik und Kurzprosa, brachte sie 1999 ihren Debütroman „Spielzone"[391] heraus, danach folgten Erzählungen in „Café Brazil"[392], der Gedichtband „Luftpost"[393] und 2003 der Roman „Himmelskörper"[394]. Weiterhin veröffentlichte Dückers 2004 im St. Oberholz Verlag Berlin die CD „Mehrsprachige Tomaten", auf der ihre Lyrik mit Unterstützung des Filmkomponisten Bertram Denzel vertont wird. Trotz oder auch wegen ihres Erfolgs trat sie noch lange ab und zu bei *Slam*s auf.[395] Karen Duve, die 1999 mit „Der Regenroman" auf sich aufmerksam machte, sowie Judith Herrmann, seit „Sommerhaus, später" hochgelobte Autorin, wagten sich ebenfalls mit ersten selbstverfassten Texten auf Bühnen der Berliner *Poetry Slam*s.

In Hamburg schlossen sich Autoren, Verleger und Veranstalter aus der Hamburger Off-Szene zu „Macht e.V." zusammen, um die junge Literaturbewegung in Hamburg zu unterstützen. So zum Beispiel die Autorin Tina Uebel, Veranstalterin des „Hamburg ist Slamburg" *Poetry Slam*. Sie brachte im Mai 2002 „Ich bin Duke" im Berliner Taschenbuch Verlag heraus. Das Buch war zwar schon seit Jahren fertig, doch „fehlten die Auf-

---

[388] Vgl. Gelis, Jürgen: Dichter des devoten Despoten. In: Frankfurter Rundschau, 06.10.2003.
[389] Krüger, Ninette. Es darf laut gelacht werden. Frankfurter Rundschau. 17.10.2006.
[390] Dückers, Tanja: Morsezeichen. Berlin: Bonsai typ Art, 1996.
[391] Dückers, Tanja: Spielzone. Berlin: Aufbau, 1999.
[392] Dückers, Tanja: Café Brazil. Berlin: Aufbau, 2001.
[393] Dückers, Tanja: Luftpost. Köln: Tropen, 2001.
[394] Dückers, Tanja: Himmelskörper. Berlin: Aufbau, 2003.
[395] Vgl. Dückers, Tanja. In E-Mail an Verfasserin vom 13.07.2002. Materialanhang.

merksamkeit der Verlage und die richtigen Kontakte, um es früher zu veröffentlichen."[396]

Von Mischa Sarim-Vérollet erschien 2009 „Das Leben ist keine Waldorfschule" und 2010 „Poetry Slam – Das Buch" (als Mitherausgeber) im Carlsen Verlag.

Neben Auftritten auf *Poetry Slams* und Lesebühnen haben einige *Slammer* eigene abendfüllende Solo-Bühnenprogramme entwickelt. Der zweimalige Gewinner der deutschsprachigen *Slam*-Meisterschaften, Marc-Uwe Kling, tourt u. a. mit den Kabarettprogrammen „Die Känguru-Chroniken" und „Der astronomische Ausritt" durch Deutschland. Sebastian Krämer, ebenfalls Gewinner der *Slam*-Meisterschaften, tritt mit Chansons und Lyrik u. a. mit „Krämer bei Nacht" ebenfalls deutschlandweit auf.

## 6.4 Magazine und Fotodokumentation

Mit der ersten Ausgabe des **Poetrymagazin** entwickelte Herausgeberin Claudia Brijbag eine Dokumentation der *Slam*-Szene in der Bundesrepublik in bildlicher und textlicher Hinsicht.

Ihr Projekt, die Dichter zu fotografieren, wurde eine „Forschungsreise mit dem Ziel, durch den subjektiven Blick ein dennoch treffendes Portrait des Poeten, der Unmittelbarkeit und Dynamik seiner Kunst zu schaffen, ohne die jeweilige Individualität zu verlieren."[397]

In Eigeninitiative begann die Studentin der Fotografie dieses Projekt zuallererst mit der Idee, die Fotos und das Design des Magazins für ihre Mappe zu benutzen. Da sie sich schon länger mit dem Thema *Poetry Slam* auseinandersetzte – hauptsächlich durch Besuche von *Slams* und Bühnenfotos von dort auftretenden Künstlern – wollte sie dem *Slam* ein ansprechend designtes und interessantes Magazin widmen.[398] Die Auswahl der zu porträtierenden Künstler geschah „einerseits bewusst und andererseits zufällig."[399] Neben bekannten deutschen Künstlern war es Brijbag auch wichtig, eine repräsentative Auswahl an weiblichen *Slammern* zu haben.[400] Somit wurden unter anderem Xóchil A. Schütz, deren Text „tschi tschi" in dieser Arbeit interpretiert wird (s. Kapitel 5.3.2.), Etta Streicher und Alexandra Becht neben Sebastian Krämer (sein Text „Durchgebrannt" wird ebenfalls in dieser Arbeit interpretiert, s. Kapitel

---

[396] Uebel, Tina. Radiointerview. SWR, „Kulturzeit". 10.07.2002.
[397] Brijbag, Claudia: Vorwort. „Poetrymagazin No.1.Edition Slam"
[398] Vgl. Brijbag, Claudia. Im Interview am 26.01.2004. Materialanhang.
[399] Ebd.
[400] Vgl. ebd.

5.3.1.), Dirk Hülstrunk und André Michael Bolten u. a. mit Porträts und ihren Texten vorgestellt.

Mit den Fotos wollte Claudia Brijbag den einzelnen *Slammern* gerecht werden, allerdings gilt: „die Tendenz, wie ein Mensch wirklich ist, kann man nie ganz feststellen. Mit der Kamera kann ich nur die äußere Hülle zeigen."[401] Zuerst befasste sich Brijbag mit den Texten der *Slammer*. Der erste Eindruck wurde in Telefonaten und persönlichen Treffen vertieft. Die endgültige Bild- und Textauswahl lag bei jedem *Slammer* selbst.[402] Einwände der *Slammer* gab es nur bei der typographischen Umsetzung der Texte, „denn Design hält sich nicht immer an die Regeln des Slams."[403] Nach über einjähriger Vorbereitung und Arbeit erschien das „Poetrymagazin No. 1. Edition Slam" pünktlich zum „German International Poetry Slam" im Oktober 2003 in einer Auflage von 800 Stück. Doch trotz eigener Website und Verkaufsständen bei regionalen *Poetry Slams* hat Brijbag erst rund 250 Stück verkauft.[404] Die Distribution des Magazins gestaltet sich schwieriger, als die Fotografin dachte. Obwohl sie *Slam*-Veranstalter in ganz Deutschland kontaktierte, waren viele „[…] sehr zögerlich, und die einzigen wenigen Vorschläge bestanden daraus, einige Hefte „in Kommission" zu nehmen […]"[405]. Auch Sponsoring oder die Zusammenarbeit mit größeren Buchverlagen war nicht möglich, weil das Magazin durch den Vierfarbdruck sehr aufwändig und dadurch auch teuer ist.[406] Der Preis von zehn Euro „[…] ist vielen zu hoch, das habe ich schon manchmal zu hören bekommen. Doch selbst wenn ich alle Magazine verkaufe, ist es finanziell immer noch eine Nullnummer für mich."[407]

Leider hat sich dieses Projekt als ein einzigartiges heraus gestellt: Eine Folgeausgabe hat es nie gegeben.

**Exot**, die Zeitschrift für komische Literatur, erscheint vierteljährlich bei der Exot GbR in Bonn. Veröffentlicht werden darin Kurzgeschichten, Rezensionen, Lyrik und Interviews „die mehrheitlich über den üblichen Comedyblödsinn auf Lesebühnen und Slam Poetry-Veranstaltungen hinausgehen."[408] Herausgeber sind Christian Bartel, Olaf Guercke und Anselm Neft. Die Ausgaben der Zeitschrift können auf der Internetseite be-

---

[401] Ebd. S. 104.
[402] Vgl. Brijbag, Claudia. Im Interview am 26.01.2004. Materialanhang.
[403] Ebd.
[404] Vgl. ebd. S. 105.
[405] Ebd.
[406] Ebd.
[407] Ebd.
[408] Lorenz, Dr. Christian. Doch, dafür muss man sogar eine Zeitschrift machen. 29.02.2008. http://www.kritische-ausgabe.de/index.php/archiv/1165/ (15.04.2010)

stellt oder bei diversen Poetry Slams in NRW, Rheinland-Pfalz und Hessen erworben werden.[409]

Der Verlag Andreas Reiffer publiziert seit 2004 jährlich **The Punchliner**, Anthologie und Buchmagazin für Literatur, Satire und *Slam Poetry*. Autoren sind u. a. Micha-El Goehre, Björn Högsdal, Tobias Kunze, Frank Schäfer, Jaromir Konecny, Daniel Terek und Hartmut El Kurdi. The Punchliner kann über die Internetseite des Verlags oder über Internetbuchhandlungen bestellt werden.[410]

Neben schriftlicher Dokumentation und Auseinandersetzung mit *Poetry Slam* hat Hendrik Schneller eine ganz andere Art der künstlerischen Sicht auf den *Slam*: Er betätigt sich als **Slamfotograf**. Während seines Studiums in Marburg trug Schneller eigene Texte auf der Lesebühne Late-Night-Lesen vor, knüpfte Kontakte zu anderen *Slammern*. Er begann die *Poetry Slams* in Marburg zu dokumentieren und stellte die Fotos auf seiner eigenen Website sowie Netzwerk-Seiten wie flickr online, damit die *Slammer* ihre Auftritte begutachten können.[411] Die besondere Schwierigkeit in der Slamfotografie ist,

> „mit den jeweiligen Lichtsituationen vor Ort klar zu kommen, da ich weder mit Blitz noch Licht in das Geschehen eingreife sondern die vorherrschende Lichtsituation ausnutze. Mein Hauptaugenmerk liegt auf Gestik, Mimik und Lichtsituation, die ich so perfekt wie möglich einfangen möchte um den Betrachtern ein Gefühl von der lebendigen und perfmormancereichen Bühnenshow der Slammer zu vermitteln. Nach dem Motto: Der Text lebt."[412]

Inzwischen haben einige Verlage seine Bilder in Schulbüchern abgedruckt, und der Slam2010 wirbt mit seinen Fotos im Pressematerial.

## 6.5 Berichterstattung in den Medien

Schon über die „1. Deutsche Literaturmeisterschaft" 1993 in Köln wurde bundesweit berichtet. Da vor allem Kulturjournalisten wie beispielsweise der Münchner Karl Bruckmaier an der Etablierung der Kunstform *Poetry Slam* beteiligt waren, wurde im Feuilleton über den *Slam* berichtet. Bruckmaier konstatiert, wie 1994 die Medien über seine Anfänge als *Poetry-Slam*-Veranstalter berichteten:

---

[409] Exot Magazin. Website. http://www.exot-magazin.de (12.04.2010)
[410] Verlag Andreas Reiffer. The Punchliner.Website. http://www.verlag-reiffer.de (13.04.2010)
[411] Schneller, Hendrik in E-Mail an Verfasserin am 26.04.2010. Vgl. Website. http://www.slamfotografie.de (20.04.2010)
[412] Ebd.

VIVA und BR schickten Kamerateams. Die Süddeutsche Zeitung berichtete groß und die Abendzeitung. Von denen schrieben wieder die Trendmagazine und Frauenzeitschriften ab, schließlich Provinzpresse. Anhand von Schreibfehlern ließ sich die Spur von Artikel zu Artikel recht gut verfolgen.[413]

Eben diese Fehler wurden z. B. auch 2004 in den Berichten über den ersten Münchner *Poetry Slam* gemacht. Namen der *Slammer* wurden orthografisch falsch wiedergegeben oder Tatsachen schlichtweg ignoriert. So berichtete die Frankfurter Allgemeine Zeitung über den „German International Poetry Slam 2003" in Darmstadt: „Nicht für die allerletzte Runde qualifizierten sich, […] Mini-Kurzgeschichten, die oft von skurrilen Begebenheiten berichteten, so von der Anmache im Zugabteil […]"[414] Doch der Gewinner des „German International Poetry Slam 2003", Sebastian Krämer, gewann mit eben dieser Darbietung die Vorrunde.[415]

Das Medieninteresse an *Poetry Slams* wurde zum Zeitpunkt des Erscheinens der ersten Ausgabe dieses Buches, Ende 2004, also knapp zehn Jahre, nachdem die ersten *Slams* in Deutschland veranstaltet wurden, als „weiterhin ungebrochen groß" beschrieben. Dies gilt auch heute noch. Da sich seitdem auch der Status des *Poetry Slam* im Kultur- und Literaturbetrieb in Deutschland aus einer Nische heraus etabliert hat, ist es ganz natürlich, dass sich auch die Berichterstattung ausgeweitet hat, ebenso wie die Zahl der Veranstaltungen. Es berichten nicht mehr nur Feuilletons großer Magazine und Zeitungen, sondern natürlich auch Lokalblätter und Magazine jeglicher Art.

Die journalistische Neutralität wurde und wird nicht immer eingehalten. Da wird von „verkrachten Dichter-Existenzen"[416] geschrieben, „Eine Form der Poesie, die die Geister scheidet…was alles so Sprache sein kann"[417] – immer wieder ist Berichterstattung in kritischen Tönen zu lesen. Dabei handelt es sich meist um die Form der Reportage, in der von einem *Poetry Slam* berichtet wird. Eine Reportage ist eine tatsachenbetonte oder tatsachenorientierte Stilform, ein Erlebnisbericht über Handlun-

---

[413] Bruckmaier, Karl: Slam No More – eine Liebeserklärung. In: Pop – Technik – Poesie. Die nächste Generation. Hrsg. von Marcel Hartges, Martin Lüdke und Delf Schmidt. 1. Auflage. Rowohlt Literaturmagazin Nr. 37. 1996. S. 58.

[414] Breunig, Werner: Die heiße Luft der Dichter. Frankfurter Allgemeine Zeitung. (06.10.2003): 49.

[415] Krämer, Sebastian. GIPS 2003, Vorrunde 5, Einzel-Wettbewerb am 04.10.2003, „Centralstation" Darmstadt.

[416] Carl, Verena. Hier spricht der Dichter! 10 Jahre Poetry Slam. 25.02.2005. Der Spiegel. Website. http://www.spiegel.de/kultur/literatur/0,1518,343597,00.html (03.04.2010)

[417] Moek, Hans Georg. Schwall im All. Frankfurter Rundschau. Lokales. 19.07.1999

gen und Ereignisse.[418] Dabei finden natürlich auch persönliche Eindrücke ihren Raum.

Interessant ist auch die fortlaufende, langjährig falsche Wiedergabe der richtigen Bezeichnungen: Statt *Poetry Slam* hieß es dann Slam Poetry, der *Slammer* wurde zum Slamer usw.

---

[418] Mast, Claudia (Hg.). ABC des Journalismus. Konstanz: UVK Medien, 2000. S.235.

# 7. Multimediale Trends

## 7.1 Poetryfilm

Bemerkenswert an der *Poetry-Slam*-Szene ist der Einsatz visueller sowie neuer (elektronischer und digitaler) Medien in Verbindung mit Literatur. Texte werden nicht mehr nur vorgetragen, sondern regelrecht inszeniert. Im Rahmen des „Berliner Sommerfest der Literaturen" wurde im Juli 2002 weltweit erstmals der „ZEBRA Poetry Film Award" im Rahmen des „ZEBRA Poetry Film Festival" in Berlin ausgeschrieben. Das Miteinander von Lyrik, Ton und Bild führt – vielleicht – zu einem neuen Filmgenre und wirft die Frage auf: Ermöglicht der „Poetryfilm" eine neue Rezeption von Dichtung?

Teilnahmeberechtigt waren Filme und Videos mit einer Länge von bis zu 10 Minuten, die einen Bezug zu einem oder mehreren Gedichten aufwiesen. Es konnte sich hierbei um eine Dokumentation einer *Spoken-Word*-Veranstaltung oder um eine artifizielle Umsetzung eines Gedichts handeln. Der „Poetryfilm" scheint ein Trend zu sein, ein neues Format um Dichtung medial umzusetzen: Die Veranstalter meldeten über 600 Einsendungen aus 30 Ländern. Filme aus den verschiedensten Rubriken waren zu sehen: Sozialkritische Themen, Beziehungsdramen, *Trash*, Animation, ebenso ein Filmspecial zu Bob Holman, „Urvater" des Poetryfilms aus den USA und Gründer des „Nuyorican Poets Café".

Im Rahmen des „poesiefestivals berlin" schrieb für Juli 2004 die „literaturWERKstatt" gemeinsam mit der „Deutschen Gesellschaft für Technische Zusammenarbeit" und „Interfilm Berlin" den Preis zum zweiten Mal aus. Eine international besetzte Jury ermittelte vom 1. bis 4. Juli 2004 die Gewinner des „2. ZEBRA Poetry Film Award". Aus über 800 eingereichten Filmen aus 57 Ländern nominierte die Auswahlkommission, bestehend aus Lyrik- und Filmexperten, 42 Kurzfilme mit einer Länge von bis zu 10 Minuten für den internationalen Wettbewerb. Es gab keinerlei formale Vorgaben zu Genre und Sujet, inhaltlich reichte das Spektrum von Drama über Tragik zu Komödie. Der einzige gemeinsame Nenner: Alle Filme setzten sich inhaltlich, ästhetisch oder formal mit einem oder mehreren Gedichten auseinander. Verschiedene Sonderprogramme, ein internationales Kolloquium sowie eine umfassende Retrospektive ergänzten den „2. ZEBRA Poetry Award".[419] Den ersten Preis, dotiert mit 10.000 Euro, gewann Ralf Schmerberg aus Deutschland. Er drehte seinen Film „Nach grauen Tagen" inspiriert durch ein Gedicht von Ingeborg Bachmann. Filmemacher Ralf Schmerberg hatte bereits 2003 in seinem

---

[419] Zebra Award. Website. http://www.literaturwerkstatt.org/index.php?id=726 (02.03.2010)

Film „Poem" deutschsprachige Lyrik inszeniert. In dem 91-minütigen Film werden 19 Gedichte u. a. von Heiner Müller, Ernst Jandl, Hans Arp, Ingeborg Bachmann, Paul Celan von Schauspielern wie Meret Becker, Hannelore Elsner, Jürgen Vogel, Richy Müller und Klaus Maria Brandauer gesprochen und szenisch gespielt.[420]

Auch 2006 wurde der Wettbewerb neu ausgeschrieben. Aus rund 600 Bewerbungen wurden 34 Filme ausgewählt, die im Wettbewerb liefen, und aus 150 weiteren Einsendungen das Programm für die Festivaltage vom 11.10. bis 14.10.2006 zusammengestellt. Die etwas geringere Bewerberzahl als in den beiden Wettbewerben zuvor war trotzdem für die Festival-Veranstalter „der Beweis, dass das weltweite Interesse am Poesiefilm nach wie vor anhält."[421] Der ZEBRA-Preis für den besten Poetry Film ging an Rong aus Großbritannien, und zwar für den Film „Oedipus", basierend auf dem gleichnamigen Gedicht von Nathan Filer. Gewinner des Preises für experimentelle Filmpoesie, verliehen durch das Goethe-Institut, ist Taatske Pieterson (Niederlande) für den Film „One Person/Lucy", basierend auf dem gleichnamigen Gedicht der Regisseurin. Der Preis für Poesie, Film und Politik, verliehen durch die Bundeszentrale für politische Bildung, ging an Antonello Faretta (Italien) für den Film „Just say no to family values", nach dem gleichnamigen Gedicht von John Giorno. Die radioeins-Hörer vergaben den Preis der Publikumsjury, gestiftet von Cine Impuls, an David Downes (Neuseeland) für den Film „Generation".[422]

Nachdem sich der spätere Veranstaltungszeitpunkt im Oktober inzwischen bewährt hatte, fand auch das Festival 2008 vom 09.10. bis 12.10. statt. Aus rund 900 Bewerbungen wurden 30 Filme nominiert. Der ZEBRA-Preis für den besten Poetry Film ging an Juan Delcán (USA) für den Film „The Dead", basierend auf dem Gedicht „The Dead" von Billy Collins. Gewinner des Preises des Goethe-Institut ist Raphael Chevenment aus Frankreich für den Film „Une leçon particulière", basierend auf dem Gedicht „Vieille chanson du jeune temps" von Victor Hugo. Der Preis der Literaturwerkstatt Berlin ging an Cristóbal León Dooner, Joaquin Cociña und Niles Atallah aus Chile für den Film „Lucía" nach dem gleichnamigen Gedicht von Joaquin Cociña, der Preis für den besten Kinderfilm, gestiftet von Cine-Impuls, ging an Eku Wand für den Film „Bestiarium". Der Preis der Publikumsjury ging an Davor Medurecan und Marko Meštrovic (Kroatien) für den Film „Silencijum".

---

[420] Vgl. Poem. Website zum Film. Hintergrund und Presseinformation. http://www.poem-derfilm.de/index2.htm (14.03.2010)

[421] Zebra Award. Website. http://www.literaturwerkstatt.org/index.php?id=138 (03.03.2010)

[422] Zebra Award. Website. http://www.literaturwerkstatt.org/index.php?id=124&L=1%27andchar (03.03.2010)

Das Festival und der Wettbewerb finden zum fünften Mal vom 14.10. bis 17.10.2010 wieder in Berlin statt.

Das „ZEBRA Poetry Film Festival" hat sich als größtes Forum für den internationalen „Poetryfilm" etabliert und bietet Filmemachern aus aller Welt Gelegenheit zur Inspiration und zum Ideenaustausch. Aus Sicht der Veranstalter gibt es eine vergleichbare Präsentation von Filmen zur Poesie nicht.[423] Das Festival macht Poesie über Sprach- und Kulturgrenzen hinweg erlebbar und bietet eine Plattform für ein neues, dynamisches Kurzfilmgenre, das sich zwischen Literatur, Film und Neuen Medien zu einer eigenständigen Kunstform entwickelt hat. Eine ständige inhaltliche und technische Weiterentwicklung dieser Kunstform ist vor allem durch die regelmäßigen Wettbewerbe gegeben.[424] Und der Poetryfilm

> „befreit den Textkörper, verleiht ihm eine Stimme, visualisiert ihn in Bildern, begleitet und akzentuiert ihn musikalisch oder zerstört ihn. Poesie, die auf die Leinwand geschrieben bzw. auf der Leinwand umgesetzt wird, erleichtert den Zugang zu Lyrik. Poesie im Film macht Spaß, Lyrik anders zu entdecken. Film mit Poesie regt an und schärft den Blick für eine Bild- und Sprach-Ästhetik jenseits dessen, was täglich auf dem Bildschirm und im Kino geboten wird. Der Unlust an Sprache in Versform begegnet Poetryfilm mit der Leidenschaft zur Sprache und Experimentierfreude in der visuellen Umsetzung. Ob er zukünftig einen dem Musikclip vergleichbaren Status erlangen könnte - wie im Programmheft zum Festival formuliert-, sei dahingestellt."[425]

## 7.2 Poetry Clips

Im November 2001 fand in Berlin im Rahmen des „Interfilm-Festival" die Premiere der ersten deutschen *Poetry Clips* statt. Von den Initiatoren als „ein Medium, das so revolutionär ist wie die Erfindung des Buchdrucks,"[426] bejubelt, wurde dieses neue Format der Öffentlichkeit vorgestellt. Der Regisseur Wolfgang Hogekamp, selber Slammer sowie Initiator und Veranstalter der ersten *Poetry Slams* in Berlin, setzt die Texte von einigen der bekanntesten *Slammer* Deutschlands in Bilder um, darunter

---

[423] Zebra Award. Website. http://www.literaturwerkstatt.org/index.php?id=511&L=1%20AND%201%3D0 (03.03.2010)
[424] Goethe Institut, 2009. Website. http://www.goethe.de/INS/hr/zag/acv/lit/2009/de4365613v.htm (02.03.2010)
[425] Mattern, Ulrike. Herold der Avantgarde in der Kulturbrauerei. Jump Cut Magazin. http://www.jump-cut.de/zebrapoetryfilm.html (03.03.2010)
[426] Lyrikline. Website. News. http://www.lyrikline.org (14.01.2010)

Bastian Böttcher, Till Müller-Klug und Tracy Splinter. Vergleichbar mit aus dem Musikfernsehen bekannten Popvideos werden *Spoken-Word*-Texte in Bildern inszeniert, ein Clip ist bis sieben Minuten lang und richtet sich dabei nach der Länge der vorgestellten Werke. In einem artifiziellen Rahmen stellen die Poeten ihre Textperformance dar, *Poetry Clips* sind keine „abgefilmten Liveacts von Poetry Slams".[427] „Poetry Clips Vol. 1" ist die erste *Poetry-Clip*-Anthologie der deutschsprachigen *Spoken-Word*-Szene mit Beiträgen vieler bekannter *Slammer*. Zum Inhalt gehören unter anderem folgende *Poetry Clips*:

Sebastian Krämer: „Bonn"; Wolfgang Hogekamp: „Drogen"; Timo Brunke: „Ich hab doch keinen Vogel"; Bastian Böttcher: „Hi Tec" und „Teleliebe"; Boris Preckwitz: „Valentine"; Xóchil A. Schütz: „Tag unter deiner Fahne"; Tanja Dückers: „Meine Freunde"; Tracy Splinter: „Word Poem"; Claudius Hagemeister: „Aufzählungen".

Hogekamp hat mit spokenwordberlin ein Label gegründet, um die Produktion und den Vertrieb der *Poetry Clips* weiter voranzutreiben. Er ist davon überzeugt, dass sich *Poetry Clips* als Erweiterung der bisherigen Rezeption von *Spoken Word* in der Szene etablieren werden.[428] Denn in der amerikanischen *Spoken-Word*-Szene sind die *Poetry Clips* schon seit Ende der 1990er Jahre „zu einem multimedial-literarischen Genre entwickelt worden, das sich als ideale Vermittlungsform für Performance Poetry erwiesen hat"[429]. Es ist damit ein Markt eröffnet worden, dessen Möglichkeiten der Entwicklung noch nicht einmal ansatzweise bestimmt sind.[430] Hohe Ansprüche hat Hogekamp in der künstlerischen Umsetzung:

> Tödlich wäre für Poetry Clips, wenn die Bilder versuchen würden, den Text zu erklären. Denn nur wenn die Fantasie angesprochen wird, bleibt der Respekt für den Poetry Slam erhalten.[431]

Hogekamp nutzt bewusst das Internet, um Rezipienten zu erreichen, und sieht darin auch die Zukunft der *Poetry Clips*: Als abendliche Unterhaltung in deutschen Haushalten soll das Internet das Medium Fernsehen in der Zukunft ablösen.[432]

---

[427] Spokenword Berlin. Website. Poetry Clips. http://www.epoet.de/poetryclips/clip/clips.htm (12.03.2010)
[428] Vgl. ebd.
[429] Preckwitz, Boris: Poem und Performance. In: ndl. neue deutsche Literatur. Zeitschrift für deutschsprachige Literatur. 49. Jg, 536. Heft. März/April 2001. S. 88.
[430] Vgl. Porombka, Stephan. Poetry Clips. In: Schütz, Erhard et al. (Hrsg.): Das BuchMarktBuch. Der Literaturbetrieb in Grundbegriffen. Reinbek: Rowohlt, 2005. S. 296-299. Hier: S. 296.
[431] Hogekamp, Wolfgang. Im Interview am 02.03.2004. Materialanhang.
[432] Ebd.

Auch die zweite DVD, „Poetry Clips Volume 2", ist für Hogekamp „der Versuch, eine mediale Form zu schaffen, die die wachsende Vielfalt in der *Performance Poetry* adäquat vermittelt und darstellt."[433] Thematisch erzählen die Poeten in den Clips von Liebe, Drogen, Reisen, Großstadt, Sprache, Sex und anderen Desastern. In den Clips *performen* Lars Ruppel, Sebastian 23, Wolf Hogekamp, Nora Gomringer, Großraumdichten, Julius Fischer, Frank Klötgen, Bastian Böttcher, Gabriel Vetter, Beatpoeten und Yaneq. Die Premiere erfolgte am 01.05.2010 im Rahmen der „Oberhausener Kurzfilmtage".

Mit den *Poetry Clips* verschmilzt die Pop-Idee des Musikfernsehens mit dem Zeitgeist der neuen literarischen Dichtung. Formate wie dieses bedeuten die konsequente Weiterentwicklung der multimedialen *Poetry-Slam*-Idee in Deutschland und Europa. Was vor einigen Jahren noch für Einschränkungen in der Umsetzung sorgte, hat sich in Zeiten von Webcams, Handy-Kameras und so genannten „sozialen Netzwerken" im Internet erledigt. Technische Ausstattung bzw. finanzielle Mittel sind nun kaum mehr ein Hindernis in der Umsetzung von Clips. Zwar wird immer noch mit Basis-Ausstattung und viel Enthusiasmus gedreht, doch YouTube und andere Plattformen im Internet ermöglichen eine schnelle und kostenlose Veröffentlichung der eigenen *Poetry Clips*.

Der Fernsehsender 3sat strahlte am 07. November 2009[434] die Sendung „Poetry Slam – tot oder lebendig" aus. Diese zeigte die Eröffnungsveranstaltung des Theaterwettbewerbs „Schüler spielen Sturm und Drang – das ZDF filmt mit" am 31.10.2009 in der Akademie für Darstellende Kunst Baden-Württemberg in Ludwigsburg. Dem Aufruf des Senders[435] für einen *Poetry-Clip*-Wettbewerb innerhalb dieser Sendung folgten so viele Einsendungen, dass zusätzlich zum Jurypreis auch ein Publikumspreis (durch eine Internet-Abstimmung) vergeben wurde. Der Moderator Andreas Korn nannte *Poetry Clips* „Poetry ohne Slam, dafür mit Videokamera."[436]

Gewinner des Preises der Jury war „Du baust einen Tisch" von Nora Gomringer und Wolfgang Hogekamp. Der Clip wurde nach Verkündung ausschnittsweise gezeigt. Darin *slammt* Nora Gomringer vom Bau eines Tisches, Drehort war der Parkplatz einer bekannter Baumarkt-Kette. Schnelle Schnitte unterstreichen ihre Modulation.

---

[433] Spokenword Berlin. Website. http://www.epoet.de/poetryclips/index.htm (12.03.2010)
[434] Die Erstausstrahlung erfolgte am 01. November 2009 auf dem ZDFtheaterkanal um 20.45 Uhr.
[435] 3sat. Website. Programm. http://www.3sat.de/dynamic/sitegen/bin/sitegen.php?tab=2&source=/theater/programm/137660/index.html (12.03.2010)
[436] „Poetry Slam – tot oder lebendig". Zeit 01:14:20

Für Wolfgang Hogekamp sind die Clips ein „einfaches Format, bei dem der Poet in die Kamera schaut, als sähe er dem Zuschauer direkt in die Augen. Sie sind simplifiziert und man findet sie im Internet."[437] Den Publikumspreis erhielt der Beitrag „Spiegel" der Gemeinschaftsproduktion „Eichstätter Schule" – ein Zusammenschluss der Künstlergruppen Großraumdichten, Lichtpunkt Film und Radient Audiovisual Arts. In dem experimentellen Fünfminüter werden die *Poetry Slammer* der Gruppe „Großraumdichten", Pauline Füg, Tobias Heyel und Ludwig Berger, in einer Tiefgarage in Szene gesetzt. Enstanden sei der Clip durch eine „Schnapsidee [...] in einer Nacht gedreht, mit so wenig Aufwand und Kosten wie möglich."[438]

Sollte sich der *Poetry Clip* im Literaturmarketing etablieren, könnte sich eine ähnliche Entwicklung wie in der Musikbranche vollziehen. Der *Poetry Clip* als kurzer Werbefilm, bei dem sich der Autor in Szene setzt: Dessen Buch als Produkt und der Autor selbst als Marke. Denn sobald aufwändigere Produktionen durch Vorfinanzierungen möglich werden und sobald mit diesem Format eine breitere Öffentlichkeit erreicht wird, kann sich der *Poetry Clip* auch ästhetisch weiterentwickeln und vielleicht selbst zu einer eigenständig vermarktbaren Kunstform werden.[439]

## 7.3 Fusion von Musik und Slam Poetry

Die Lyrik von heute, *Slam Poetry*, ist mit ihrem Rhythmus und ihren vielfältigen Genres zu einer neuen Ausdrucksform geworden. Eine Fusion von Musik und *Slam Poetry* erweitert diese Form in neue auditive Zonen: „Vertonte Poesie ermöglicht einen mehrdimensionalen Lyrik-Genuss. Inhalt, Rhythmus und Sprachmelodie der Gedichte gehen ins Ohr."[440]

Einer der ersten deutschen *Slammer*, der Musik und Poesie zu stimmungsvollen Bildern verband, ist Bastian Böttcher mit seiner Band „Zentrifugal". Böttcher übernimmt bei „Zentrifugal" als *MC* das Dichten und Vortragen, Loris Negro ist als *DJ* für die musikalische Untermalung zuständig. 1996 veröffentlichte „Zentrifugal" ihr Debütalbum „Poesiealbum"[441] – und der Titel spiegelt sich im Design der CD wider: Die von

---

[437] „Poetry Slam – tot oder lebendig". Wolfgang Hogekamp im Interview mit Moderator Andreas Kern 01:19:28

[438] „Poetry Slam – tot oder lebendig". Pauline Füg im Interview mit Moderator Andreas Kern 01:18:27

[439] Vgl. Porombka, Stephan. Poetry Clips. In: Schütz, Erhard et al. (Hrsg.): Das BuchMarktBuch. Der Literaturbetrieb in Grundbegriffen. Reinbek: Rowohlt, 2005. S. 296-299. Hier: S. 298.

[440] Patzak, Rayl: Pong! Is it a Poem...or is it a Song?. In: Das Gedicht. Zeitschrift für Lyrik, Essay und Kritik. Hrsg. von Anton G. Leitner. Nr. 11. Sommer 2003 bis Sommer 2004. Weßling: Leitner, 2003. S. 100.

[441] Zentrifugal. „Poesiealbum". CD/LP. Indigo, 1996.

Böttcher und Negro entworfene Hülle gleicht einem Poesiealbum, das Booklet enthält ein Lesezeichen und Putten-Bilder.

1997 gewann Bastian Böttcher den ersten „National Poetry Slam" in Berlin. Damit begann seine Karriere sowohl auf den Bühnen der deutschen *Poetry Slams* als auch bei etablierten Kulturinstitutionen wie dem Goethe-Institut: Dieses schickte ihn auf Tournee in die USA, nach Brasilien, Australien und Neuseeland, wo er seine Rap-Poesie präsentierte. 1999 kam das zweite Album namens „Tat oder Wahrheit"[442] von „Zentrifugal" auf den Markt. Auch hier legten Böttcher und Negro Wert darauf, mit experimentellen Klängen und eindringlichen Texten die Vielfalt der Rap-Poesie aufzuzeigen.

Und auch als *Slammer* feiert Bastian Böttcher immer mehr Erfolge: Er gehört mittlerweile zu den bekanntesten deutschen *Slammern*, hat seine Texte in vielen Anthologien veröffentlicht und wird zu Veranstaltungen nicht nur in der Bundesrepublik, sondern auch in den USA[443], Kanada, Südamerika und vielen europäischen Ländern eingeladen.

Xóchil A. Schütz, die seit 2000[444] bei Poetry Slams auftritt, viele davon gewonnen hat und seit Jahren auch Prosa- und Lyriktexte veröffentlicht, setzt ihre Stimme bei ihren Performances gezielt ein. „Mal erotisch, mal provokant"[445] und „[…] eindringlich vorgetragen mit melodiöser, fast gerappter Singsangstimme."[446] Obwohl sie schon seit 2001 mit Musik experimentierte, brachte sie ihre Debüt-CD bei einem bekannten Musikverlag erst im April 2009 heraus.[447] Auf „Perlenkind" fusionieren 13 *Slam-Poetry*-Stücke zusammen mit Musik von Dirk Hänfer, Michael Hagel, Andreas Vollenweider und Remixen von DePhazz zu SlamSongs[448]. Bei der Entstehung des Albums trug sie entweder ihre Texte den Musikern vor und diese haben „selbst nachgefühlt, was sie dazu machen möch-

---

[442] Zentrifugal. „Tat oder Wahrheit". CD/LP. Jive/Zomba, 1999.
[443] Unter „RaPoetry Goes Deutsch: Bastian Boettcher in America" wurde eine einstündige Radiosendung von Bastian Böttcher in den USA als CD veröffentlicht. Böttcher traf auf die amerikanischen Rap-Poeten Kenneth Carroll und Joel Dias-Porter, und zusammen trugen sie ihre Werke vor. Begleitet wurden sie von den Jazz-Musikern Brother Ah und Emory Diggs.
[444] Abendblatt Hamburg online. 21.06.2007. „Poetry-Slam – Liebe meines Lebens". http://www.abendblatt.de/kultur-live/article865285/Poetry-Slam-Liebe-meines-Lebens.html (02.03.2010)
[445] Schütz, Xóchil A. Website. Pressestimmen. 3Sat. http://www.xochillen.de/pressestimmen.html (13.03.2010)
[446] Ebd. Thuner Tagblatt. (13.03.2010)
[447] Content Records. Website. http://www.contentrecords.de (10.03.2010)
[448] Schütz' eigene Benennung: http://www.myspace.com/slamsongs (10.03.2010)

ten"[449], oder es war „andersherum, dass die Musiker ihre Stücke vorgespielt haben und ich dann in mich gegangen bin und unter den hunderten Texten, die ich habe, geschaut habe: welcher kommt denn dieser Stimmung nahe?"[450]

In seiner Zeitschrift „Das Gedicht" widmet Anton G. Leitner die elfte Ausgabe dem Thema „Pop und Poesie". Dieses Thema sollte weder

> die Muster einer angloamerikanischen Lifestyle-Literatur […] reproduzieren, noch soll die konservative „Generation Golf" mit lässigen und unbekümmerten Versen, in denen sich Markennamen auf Songtitel reimen, gefüttert werden.[451]

Unter dem Überbegriff „Pop-Lyrik" werden in der Zeitschrift Gedichte unter anderem von Bastian Böttcher, Boris Preckwitz, Matthias Politycki und Xóchil A. Schütz veröffentlicht. Leitner stellt in seinem Editorial weiterhin fest, dass die Poesie als Kunst in unmittelbarer Nachbarschaft zur Musik steht. Diverse Autoren beleuchten diese Aussage in Essays mit Erklärungen über die Wurzeln der abendländischen Dichtung wie Albert von Schirnding in „Die Geburt der griechischen Lyrik aus dem Geist der Musik" bis hin zu modernen Formaten wie Enno Stahl in „Zeitgenössische deutsche Pop-Lyrik" und Rayl Patzak in „Pong! Is it a Poem...or is it a Song? Die gesprochene Poesie und der Dancefloor"[452]. Darin zeigt Patzak die Entwicklung der Verschmelzung von Poesie und Musik auf, vor allem, wie sich diese auf die Dichter selbst auswirkt:

> In Anlehnung an die mittelalterlichen Barden und antiken Vortragsdichter wollen die ‚neuen' Lyriker nicht nur Verse verfassen, sondern Gedichte Zuschauern und Hörern auch möglichst ausdrucksstark vermitteln […] Dabei spielt der Bühnenwettstreit […] ebenso eine Rolle wie Solo-Tourneen und Veröffentlichungen auf CD, Videoclip oder als Buch.

Patzak untersucht die Vertonungen von Gedichten aus den USA, die ersten Versuche von *Spoken-Word*-Musik aus Deutschland und zeigt diverse europäische Plattenproduktionen auf. Er muss sich in seinem Essay mehrheitlich auf die USA konzentrieren, da dort die Möglichkeiten der Veröffentlichungen von *Poetry*-CDs und LPs schon viel länger bestehen als etwa in der Bundesrepublik. Allerdings scheint seine Einschätzung, dass die *Slam Poetry* „schon beim Morgenkaffee oder beim Stadtbummel

---

| | |
|---|---|
| 449 | Schütz, Xóchil A. Website. Promotionvideo. Film. 2:04. http//www.xochillen.de/film.html (11.03.2010) |
| 450 | Ebd. 2:11 (11.03.2010) |
| 451 | Leitner, Anton G.: Editorial. In: Das Gedicht. Zeitschrift für Lyrik, Essay und Kritik. Nr. 11. Sommer 2003 bis Sommer 2004. Weßling: Leitner, 2003. S. 4. |
| 452 | Patzak, Rayl: Pong! Is it a Poem...or is it a Song?. In: Das Gedicht. Zeitschrift für Lyrik, Essay und Kritik. Hrsg. von Anton G. Leitner. Nr. 11. Sommer 2003 bis Sommer 2004. Weßling: Leitner, 2003. S. 98f. |

(mit Walkman)"[453] die Menschen begleiten wird, noch eine utopische Idee. Doch er versucht stetig, diese Mischung aus Dichtung und Musik unters Volk zu bringen: Der Münchner *Poetry-Slam*-Veranstalter kürte sich zum „einzigen europäischen Poetry DJ"[454] und nennt sich „Rayl Da P-Jay". P-Jay, weil er ausschließlich *Poetry*-Platten auflegt. Beim „German International Poetry Slam" 2003 in Darmstadt und Frankfurt versuchte Patzak, mit den *Spoken-Word*-Platten amerikanischer *Slammer*, das Publikum vor den Vorrunden-Wettkämpfen in Stimmung zu bringen. Auch war er bei weiteren Veranstaltungen als P-Jay tätig, zum Beispiel beim „Hörsalon" im „Funky Kitchen" in München. Die aufgelegten Platten eignen sich gut, um einen *Slam* zu untermalen oder die Menschen auf das Geschehen einzustimmen. Patzak erklärt seine künstlerische Vorgehensweise so:

> „Es gibt drei verschiedene Wege wie ich arbeite. Erstens, ich spiele fertige Platten, ich bin eben ein riesiger Sammler von Poesie-Musik-Produktionen. Aller Arten. Dann der zweite Weg ist Mixstoff. Ich hab' reine Sprechplatten und reine Beatplatten. Und die dritte Stufe, die dann kommt ist die Arbeit mit Dichtern. Also mit live."[455]

Patzak nutzte Kontakte in die USA und nach Großbritannien, um in Clubs als Poetry-DJ und bei Veranstaltungen als gebuchter DJ aufzulegen. Er begriff, dass sein Stil gefragt war und absolvierte mehrere hundert Veranstaltungen in den darauf folgenden Jahren und entwickelte, zum Teil kurzlebige, Veranstaltungen wie den „Knisterclub – die Hörspielnacht" im Münchener Volkstheater oder die „Lauschlounge" in den Kammerspielen München. „In der Lyrik und Literaturwelt wurde irgendwie bekannt, da gibt's nen DJ, der ist ideal für unser Festival um erstens junge Leute ran zu ziehen und um 'ne originelle Abschluss- oder Startparty zu inszenieren. [...] Ich produziere coole Tracks. Das muss irgendwie schnipsen. Das darf nicht anstrengend sein, das darf auch nicht zu simpel sein, das muss irgendwie was haben. Und ich glaube dieses was, kann man auch nicht beschreiben."[456]

Aber auch andere Veranstalter von *Poetry Slams* entwickelten die Idee von Dichtung und Musik weiter: Es entstehen ständig neue Literaturveranstaltungen, die eine Verschmelzung von Dichtung und Musik eingehen. Wenn die musikalische Unterhaltung des Publikums in den Pausen

---

[453] Ebd. S. 100.
[454] Flyer.
[455] Mayer, Daniela. Novalis auf Rap. Der Poetry Jockey Rayl Patzak. Deutschlandradio Kultur. Radiofeuilleton: Profil. Sendung am 19.07.2006.
[456] Ebd.

eines *Poetry Slams* nicht mehr genügt, wird *Slam Poetry* mit Unterstützung von *DJ*s und Soundkünstlern vorgetragen, oder eine Band begleitet die Dichter während des Vortrags.

Jazz ist eine der freiesten Formen musikalischen Ausdrucks. In Kombination mit einer der freiesten Formen der Literatur, dem *Poetry Slam*, wird daraus der *Jazz Slam*. Eine Veranstaltungsreihe namens „Jazz Poetry Slam" gab es z. B. in Gießen. Von den bisher bestehenden *Slam*-Regeln geleitet, wurde hier an die ursprüngliche Fusion von Jazz und *Spoken Word* der sechziger Jahre in den USA angeknüpft: Die Musiker sind zugleich Rezipienten und reagieren musikalisch spontan auf das Gesagte des *Slammers*.

In Frankfurt und Dresden haben sich diese Veranstaltungen etabliert: Der „Limit Jazz Slam" in Dresden findet regelmäßig in den Kellergewölben der Kasematten der Festung Dresden statt. Die Regeln:

- Jeder Poet darf die 555-Wort-Grenze nicht überschreiten.
- Es darf nicht gesungen werden.
- Es dürfen keine Hilfsinstrumente oder Kostüme benutzt werden.
- Die Texte müssen vom Künstler selbst verfasst sein.
- Die *Slammer* haben 30 Sekunden zum Beraten mit den Musikern

Statt eines üblichen Zeitlimits gibt es in Dresden ein Wortlimit. Renommierte Jazz-Musiker aus Sachsen stellen die Band.[457]

In Frankfurt möchte der „Jazz Poetry Slam" den *Slam* wieder zurück zu seinen Wurzeln bringen, da der erste *Poetry Slam* in Chicago auch in einem Jazzclub stattfand und bis heute die *Slams* dort von einer Jazz-Combo begleitet werden.

Björn Högsdal versucht seit 2010 in Kiel, Jazz mit *Poetry Slam* zu verbinden und zu einer neuen Veranstaltungsreihe für norddeutsche *Slammer* zu etablieren.

Bei diesen Verschmelzungen von Dichtung und Musik nähert man sich wieder an die bereits genannten Einflüsse des *Poetry Slam* an: In den siebziger Jahren war es der Einfluss des Jazz auf *Spoken Word* und später der *Rap*, der zur Dichtung wurde. In den Kapiteln 2.1 und 2.1.2 sind diese Einflüsse auf den *Poetry Slam* detailliert dargestellt. Doch mit der Rückbesinnung auf die frühen Formen wird die Kunstform *Poetry Slam* keineswegs in Frage gestellt. Es zeigt sich, dass eine konstante Kreativität im Umgang mit Dichtung und Musik besteht, wie es sie schon seit Hunderten von Jahren gibt.

---

[457] Vgl. Limit Jazz Salm, Dresden. Website.
http://www.myspace.com/limitjazzslam (03.03.2010)

# 8. Neue Medien und Rundfunk

## 8.1 Internet

Die Möglichkeit, im weltweiten Web zu kommunizieren und sich auszutauschen, eröffnete völlig neue Wege in der Literatur und schuf eine Nullpunktsituation. Die Linearität des Erzählens wurde durch das Internet durchbrochen. Die Textvernetzung, die von Tag zu Tag größer wird, stellt jedem Besucher frei, einen Link oder eine Seite anzuklicken. Somit entsteht ein immer unüberschaubareres Textarchiv. Die Möglichkeit, sich als Autor individuell im Internet zu präsentieren, schafft eine neue Art der Publikation: Im Netz kann jeder zum Autor werden und seine Texte einer großen Leserschaft präsentieren.

Enthusiastische Autoren und *Slammer* schufen Mitte der neunziger Jahre des 20. Jahrhunderts zahlreiche erste Websites und Homepages. Denn jetzt hatte jeder die Chance, seine Texte zu veröffentlichen und Foren zum Austausch zu öffnen – der Mythos des Begriffs „Autor" wurde dadurch beinahe aufgehoben. Einige Jahre später hatte sich das Bild allerdings stark verändert: Die meisten privaten Websites von *Slammern* und Autoren wurden seit 1998 nicht mehr aktualisiert oder existierten gar nicht mehr. Viele ehemals gepflegte Seiten zu *Poetry Slam* verwaisten oder wurden nach Jahren abgeschaltet, so zum Beispiel http://www.slam.kulturszene.de, ursprünglich die zentrale Internetseite der deutschen *Poetry-Slam*-Szene, ursprünglich betreut von Bastian Böttcher als Webmaster. Doch seit Jahren wurde diese Seite nicht aktualisiert. Seit Frühjahr 2002 ist sie nicht mehr existent. Die URL http://www.poetryslam.de, die eigentlich, ob des eindeutigen Namens, sehr begehrt sein sollte, war jahrelang nicht aktiv. Seit 06.07.2009 wird man nach der Eingabe der URL auf die Videoplattform YouTube weitergeleitet, auf das Konto von „szpoetry", den „Kanal" des „Süddeutsche.de Poetry Slam" (s. Kapitel 8.1.1 Poetry Slam – online).

Zahlreiche Seiten beschäftigen sich mit *Poetry Slam*. Am 09.03.2004 wurden bei der Eingabe von *Poetry Slam* bei der Internet-Suchmaschine http://www.google.de über 16.000 deutschsprachige Einträge gezählt. Rund sechs Jahre später sind es, bei der gleichen Suchmaschine, 281.000 deutschsprachige Einträge[458]. Förderlich bei der Entwicklung und Darstellung des *Poetry Slam* im Internet ist sicherlich auch die Verbreitung und Nutzung des Breitband-Anschlusses. Waren es 2004 noch rund 6

---

[458] Eingabe am 10.04.2010.

Millionen DSL-Nutzer, gab es 2009 schon 23,2 Millionen Haushalte mit DSL-Anschluss in Deutschland.[459]

Wie wirkt sich die Nutzung des Internets auf den *Poetry Slam* in Deutschland aus? Autoren präsentieren im weltweiten Netz ihre Texte und stellen sich selbst vor, *Slams* werden angekündigt, zahlreiche Artikel beschäftigen sich mit den deutschen *Poetry Slams* und auch die Veranstalter greifen auf das Internet zurück, um ihren jeweiligen *Slam* vorzustellen.

Die Website eines *Poetry Slam* lässt sich vielseitig gestalten: Neben Vorstellung des Veranstaltungsorts, Fotos, Videos und Informationen zu den *Slam*-Regeln und der *Slam*-Geschichte werden Texte von Teilnehmern veröffentlicht, Videos der Auftritte zur Ansicht angeboten, neue Veranstaltungen und Termine bekannt gegeben. Dazu gibt es Textarchive, Pressestimmen und Gästebücher, Foren, Newsletter.

Vor allem die Veranstalter, die es geschafft haben, in ihren Städten eine *Slam*-Veranstaltung auf regelmäßiger Ebene zu etablieren, geben sich mit ihren Websites große Mühe, die Besucher auf das Geschehen einzustimmen: Unter http://www.e-poetry.de stellt sich der *Poetry Slam* von Erlangen, Fürth und Nürnberg vor.[460] Mit vielen Schnappschüssen von *Slammern* und Zuschauern wird versucht, die Atmosphäre des „E-Poetry Slam" einzufangen und die *Slams* in Bild, aber auch in Ton (in Zusammenarbeit mit Radio Z) zu dokumentieren.

Neben Bildern und eingebetteten Videos bietet der *Slammaster* Alexander Bach vom Kölner *Poetry Slam* „The Word is not enough" eine schriftliche Dokumentation nach jeder Veranstaltung auf der Homepage des *Slams*. Nicht nur wird der jeweilige Gewinnername veröffentlicht, auch alle weiteren aufgetretenen *Slammer* und ihre *Performances* werden noch einmal kurz dargestellt. Für Bach eine Selbstverständlichkeit:

> „Wichtig ist mir eine gewisse Nachhaltigkeit, eine Wirkung über den Abend hinaus. Das Line-up wird auf der Website www.poetryslam-koeln.de in Wort und oft auch Bild dokumentiert, damit die Zuschauer auch zuhause noch nachvollziehen können, wer da das Haus gerockt hat. Poetry Slam ist für viele Autoren ein Schritt hin zu Veröffentlichungen oder Soloprogrammen und via links soll ihnen das interessierte Publikum auf diesem Weg folgen können. Denn das ist doch wirklich schade, wenn ich nach einem grandiosen, inspirierenden Abend mit dieser Gedächtnislücke da sitze und denke: "Da war dieser eine Typ,

---

[459] Bundesnetzagentur. Website. Pressemitteilung. http://www.bundesnetzagentur.de
[460] Slam Erlangen, Fürth, Nürnberg. E-Poetry. Website. http://www.e-poetry.de (02.05.2010)

äh, wie hieß der noch mal, der hat diese Geschichte gemacht, darin ging's um, äh..."[461]

Der Frankfurter *Poetry Slam* bietet neben Bildern und Dokumentationen des dort veranstalteten „German International Poetry Slam 2003" auch eine umfangreiche Seite mit Veranstaltungsankündigungen, Bildmaterial und zahlreichen Presseartikeln zur *Slam*-Szene in Frankfurt am Main. Dazu werden viele Gewinnertexte sowie die Websites vieler bekannter *Slammer* verlinkt.[462]

Auch die jeweiligen Veranstalter des „German International Poetry Slam" bieten seit 1999 jeweils eine eigene Homepage zu der Großveranstaltung an. Dort geben sie Interessierten die Möglichkeit, Informationen zu sammeln, online Tickets zu bestellen und die Geschichte des „German International Poetry Slam" nachzulesen.

Aber nicht nur die Veranstalter, auch die *Slammer* selbst stellen sich im Netz dar. Und dies teilweise unter erheblichem Aufwand, mit anspruchsvollem Design, Texten, Fotos, Biografien, Ton- und Filmdateien. Dazu gehört unter anderem Xóchil A. Schütz, die großformatige Porträts von sich sowie Audio-MP3-Dateien auf ihrer Website darbietet.[463] Einige *Slammer* verbreiten ihre Werke, Bücher und CDs über das Internet. Oder betreiben Marketing in eigener Sache, zum Beispiel unter Angabe ihrer Kontaktdaten oder Agenturen, so geschehen bei Dagmar Schönleber[464] und Sebastian Krämer[465].

### 8.1.1 Poetry Slam – online

Neben dem Informationsinteresse an Websites von Veranstaltern und *Slammern*, gibt es kommerzielle Websites, die das Format des *Poetry Slam* für ihre Zwecke beanspruchen. Eine der ersten Websites, die das Format des *Poetry Slam* benutzten, war die der **Bibliothek Deutschsprachiger Gedichte**, http://www.gedichte-bibliothek.de (vormals http://www.nationalbibliothek.de) der Realis Verlags GmbH aus Gräfelfing bei München.

Seit 2001 wird ein Online-*Poetry Slam* abgehalten. Bei diesem „wöchentlichen Online-Poesie-Wettstreit"[466] kann jeder seine poetische Kreativität

---

[461] Bach, Alexander. In E-Mail an Autorin, 13.05.2010.
[462] Vgl. Slam Frankfurt am Main. Website. http://www.slamffm.de (02.05.2010)
[463] Vgl. Xóchil A. Schütz. Website. http://www.xochillen.de (11.05.2010)
[464] Vgl. Dagmar Schönleber. Website. http://www.dagmarschoenleber.de.vu Link: Kontakt (10.05.2010)
[465] Vgl. Krämer, Sebastian. Website. http://www.sebastiankraemer.de Link: Kontakt (10.05.2010)
[466] Bibliothek deutschsprachiger Gedichte. Website. http://gedichte-bibliothek.de/pages/online-poetry-slam/teilnehmen.php (13.05.2010)

beweisen, den Gewinner erwarten „attraktive Preise"[467]. Die Teilnehmer müssen aus den vorhandenen Wortteilen und Buchstaben einen poetischen Text zusammensetzen. Dabei dürfen bis zu zwanzig Wortteile und Buchstaben verwendet werden. Die „Nationalbibliothek des deutschsprachigen Gedichtes" betrachtet es als ihre Aufgabe, die deutschsprachige Dichtung zu pflegen, fördern und zu veröffentlichen. Mit diesem Wettbewerb, der allerdings, außer den innovativen Texten, wenig mit einem realen *Poetry Slam* zu tun hat, versucht die „Bibliothek deutschsprachiger Gedichte" vor allem, „ohne elitären und akademischen Anspruch ein Forum für unbekannte, neue Autoren"[468] zu sein. Dies kommt dem Grundgedanken des *Poetry Slam* schon näher. Die – laut Anklick-Zähler – vielen Besucher der Website scheinen sich jedoch nicht an der meines Erachtens ungenügenden Umsetzung eines *Poetry Slams* oder der lyrischen Eigenkreativität zu stören. Damit scheint zumindest das Ziel der Nationalbibliothek, „mit Hilfe von Wettbewerben [...] ein möglichst breites Publikum zum poetischen Schreiben zu animieren,"[469] durchaus gelungen, erlangt jedoch nicht den Anspruch eines Online-*Poetry Slam*, da lediglich dem Anspruch genüge getan wird, dass jeder teilnehmen kann. Die Möglichkeit für die Besucher der Website, ihre Meinung kundzutun, ist nicht gegeben. Diese Art der schriftlichen Umsetzung eines *Poetry Slams* hat sich nicht weiter durchgesetzt.

Durch die technische Entwicklung auf der multimedialen Ebene, z. B. Mobiltelefone mit integrierter Kamera, günstige Digitalkameras mit Videofunktion, Webcams etc. sowie eine Vielzahl von so genannten Videoplattformen im Internet und ihre stark wachsende Beliebtheit seit ca. 2006, hat sich auch die der *Poetry Slam* online weiter entwickelt.

Einer der größten Kritikpunkte am *Poetry Slam* außerhalb des „üblichen" Rahmens (Bühne in Lokale, Kneipen, an diversen kulturellem Veranstaltungsort mit Publikum etc.) ist, dass *Poetry Slam* „live" und „direkt" stattfinden sollte. Die *Performance* der *Slammer*, die Atmosphäre, die Reaktion und Interaktion des Publikums – diese entscheidenden Faktoren konnten bislang nur ungenügend in anderer Form dargestellt werden. Ein entscheidender Schritt in der Online-Geschichte des *Poetry Slams* war die Entwicklung der Videoplattformen wie YouTube, MyVideo, Clipfish, um nur einige zu nennen. Marktführer ist **YouTube**, eine seit Februar 2005 bestehende, inzwischen international genutzte Plattform. Auf http://www.youtube.de gibt es die Möglichkeit, sich einen so genannten „Kanal" einzurichten, ein persönliches Konto. Weiterhin ist das Hochladen von Videos Hauptbestandteil der Website. Dazu gibt es zu

---

[467] Ebd.

[468] Bibliothek deutschsprachiger Gedichte. Website. http://gedichte-bibliothek.de/pages/haeufige-fragen/zur-institution.php (20.03.2010)

[469] Vgl. ebd.

jedem Video die Möglichkeit einer Videobeschreibung, ein Bewertungssystem (Sternvergabe von 1 = schlecht bis 5 = hervorragend, seit 2010 nur noch Bewertung „Mag ich", „Mag ich nicht" möglich) sowie eine Kommentarfunktion. Auch können die Lieblingsvideos von Nutzern auf deren persönlichen Seiten als „Favoriten" gespeichert werden. YouTube bietet auch die Möglichkeit, die dort publizierten Videos auf anderen Websites „einzubetten", d. h. sie sind auch auf diesen abspielbar. Somit ergibt sich die Möglichkeit, einen *Slam*, der aufgenommen wurde, als Video auf YouTube einzustellen und dieses wiederum auf der Veranstaltungs-Website als Dokumentation zu veröffentlichen. Viele *Slammer* und *Slammaster* nutzen YouTube als Dokumenationskanal – die Veranstalter des Slam2009 in Düsseldorf betreiben z. B. einen Kanal, auf dem die Finalrunden der deutschsprachigen Meisterschaft einzusehen sind."[470]

Die **Süddeutsche Zeitung** initiierte 2009 einen „Polit-Poetry-Slam" mit dem Motto „Slam die Wahl!" zur Bundestagswahl. Leser und User waren aufgerufen, Videos mit ihrer *Slam Poetry* hochzuladen. Als formelle Vorgabe galt eine Maximaldauer von drei Minuten, der Inhalt „[…] kann witzig oder ernst, existenzialistisch oder sozialkritisch, schnell oder langsam sein - nur irgendwie politisch muss er sein."[471], dazu der Einsendeschluss 31.07.2009. 43 Bewerber-Videos starteten in den Wettbewerb, aus denen die Jury acht Viertelfinalisten auswählte, die dann von den Internet-Nutzern bewertet werden konnten. Die Jury bestand aus Sebastian Rabsahl (alias *Slammer* Sebastian23), Politikerin Claudia Roth, Feuilletonredakteurin Christine Dössel sowie Chefredakteur der SZ, Hans-Jürgen Jakobs. Alle eingesendeten Videos können auf dem Kanal der Süddeutschen Zeitung auf der Videoplattform YouTube angesehen werden.[472] Es gab zwei Halbfinalrunden, bei denen die jeweils gegeneinander angetretenen *Slammer* kurz steckbrieflich vorgestellt wurden. Unter dem Portraittext konnte ein „eingebettetes" Video angeklickt sowie per Mausklick der beste *Slammer* gewählt werden. Die Gewinner waren Frank Klötgen und Wehwalt Koslovsky. Der Hauptgewinn war ein Wochenende in Berlin bestehend aus Hotelübernachtung mit Begleitperson sowie einer Besichtigung des Bundestags mit einem SZ-Reporter am Tag der Bundestagswahl. Der zweite Preis war ein Mietwagen für ein Wochenende gesponsert von einer bekannten Mietwagenfirma.

---

[470] YouTube. PoetrySlam2009. http://www.youtube.com/user/PoetrySlam2009 (14.01.2010)
[471] Süddeutsche Zeitung Online. Website. 09.07.2009. http://www.sueddeutsche.de/politik/449/479934/text/ (12.01.2010)
[472] YouTube. SZPoetry. http://www.süddeutsche Zeitung Online. Website. 09.07.2009. http://www.sueddeutsche.de/politik/449/479934/text/youtube.com/szpoetry (05.01.2010)

Auch bei dem Fernsehsender **ARTE** ist „das Poetry Fieber ausgebrochen": Alle drei Monate findet der „Arte WebSlam" statt. Auf der Internetseite von ARTE wird seit 2008 ein virtueller *Poetry Slam* veranstaltet, der „Wettstreit der Slam-Poeten", bei dem das Publikum die User sind, die per Abstimmung einen Favoriten auswählen. Teilnahmebedingung ist u. a. eine ideale Beitragslänge von drei Minuten, maximal fünf Minuten und mindestens eine Minute für das Video. Die Beiträge dürfen entweder in französischer oder deutscher Sprache sein, reine Textfilme sind nicht zugelassen, mindestens eine Person muss den selbstverfassten Text performen. Musikalische Untermalung ist nicht erlaubt, zudem ist eine Selbstproduktion des Videos Pflicht.[473] Der Gewinner erhält eine Urkunde und ein T-Shirt. Um bei dem WebSlam abzustimmen, kann man die eingereichten Videos anschauen, dabei auch den jeweils aktuellen Punktestand einsehen. Bewerten kann der User mit Punkten von 1 bis 10. Eine mehrfache Punkteabgabe ist möglich, was durchaus Einfluss auf das Ergebnis haben kann. Bisherige Gewinner waren Stefan Dörsing, Peh, André Herrmann, Sebastian23, Michelle Richter und Jaromir Konecny.

Weiterhin bietet arte.tv Interviews mit *Slammern* der ersten Stunde, darunter Marc Smith und Bob Holman, sowie Bas Böettcher, Wolf Hogekamp und Lars Ruppel. Auch werden in einem „Slam-Lexikon" Begrifflichkeiten rund um den *Poetry Slam* „von A wie Absolute Beginner bis Z wie Zeitlimit"[474] kurz erklärt.

### 8.1.2 Soziale Netzwerke – Slam 2.0

So sehr das Web 2.0 die Kommunikation und Unterhaltung im Internet beeinflusste, so groß war auch der Einfluss auf die *Poetry-Slam*-Szene. Gab es vorher schon einen regen Austausch, ermöglichten die so genannten sozialen Netzwerke eine schnellere Kommunikation und z. T. vielfältigere Einblicke in das Geschehen eines *Slams*. Die einfache Umsetzung der Darstellung ist ebenfalls ein entscheidender Faktor. Eine Registrierung ist bei diesen Diensten verpflichtend, mit Vorlagen können textliche Inhalte sowie Musik und Videos auf die Seite integriert werden. Dazu sind keine weitreichenden spezialisierten Kenntnisse nötig. Der Austausch mit anderen Internetnutzern erfolgt meist über Kommentarfunktionen und/oder Gästebücher.

Weblogs, besser bekannt als **Blogs**, nutzen Veranstalter und *Slammer* gleichermaßen. Es können Bilder und Videos auf der, für den Betreiber meist kostenlosen, Website publiziert werden. Vorherrschend ist jedoch

---

[473]   Arte TV. Website. Poetry Slam. http://www.arte.tv/de/Kulturentdecken/Poetry-Slam/WebSlam/1765212.html (12.03.2010)
[474]   Arte TV. Website Poetry Slam von A-Z.http://www.arte.tv/de/Kulturentdecken/Poetry-Slam/Poetry-Slam-von--A-Z-/1773528.html (1403.2010)

die Veröffentlichung von Texten, Nachberichterstattungen über einen besuchten *Slam* oder eigener *Slam Poetry*. Ein Blog als Tagebuch kann auf einer *Poetry-Slam*-Website einen Einblick hinter die Kulissen, den Ablauf oder die Gedanken des Veranstalters oder *Slammers* geben.

Es ist festzustellen, dass vor allem zwei international bekannte soziale Netzwerke von den *Slammastern*, Veranstaltern und *Slammern* genutzt werden, um sich darzustellen: Facebook und MySpace. **MySpace** eignet sich besonders gut zur übersichtlichen Darstellung der kommenden Termine sowie von eingebetteten Videos. Rund 177 *Poetry Slam*-Veranstalter und -Interessierte haben auf dem sozialen Netzwerk **Facebook** Gruppen mit dem Thema *Poetry Slam* eingerichtet.[475] Dabei sind auch internationale *Slams* aus den USA, Italien, Ungarn, Australien und Frankreich, die Facebook als Plattform nutzen. Für andere Facebook-Nutzer sind so Terminauflistungen sowie Bild- und Videomaterial einsehbar.

Unter myslam.de bzw. **myslam.net – Living Poets Society** hat Wolfgang Dinkel im Mai 2008 als Webmaster und Betreiber ein kostenloses Webportal eingerichtet, das sich hauptsächlich durch Spenden finanziert. In der Community gibt es die Möglichkeit, als registrierter Nutzer mit UGC, User Generated Content (vom Nutzer bereitgestelltem Inhalt) die Website aktiv mitzugestalten. Die Nutzer erstellen nach der Registrierung eine eigene Profilseite, bei der sie ihre Nationalität angeben können, sowie ob sie *Slam* Poet, *Slammaster*, Veranstalter, oder Teil eines *Slam*-Teams sind. Weiterhin können Termine, Medien, eine kurze Vita und persönliche Informationen angegeben werden. Andere Benutzer können den jeweiligen *Slammer* bewerten: Ein Farbcode, der unterhalb des Profilbildes angelegt ist, wird angeklickt und die Anteile der verschiedenen Farben erscheinen oberhalb des Profilbilds. Der Farbcode besteht aus Performance (orange), Experimentell (gelb), Storyteller (hellgrün), Comedy (grün), HipHop (blau), Erotisch (pink), Romantisch (rot), Lyrisch (ocker), Nachdenklich (braun), Politisch (schwarz). Wie man selbst die Texte und Performance des jeweiligen *Slammers* empfindet, kann man hier auf eine einfache, aber wirkungsvolle Weise kundtun. Die Funktionen der Gästebucheinträge sind nur nach Registrierung möglich. Es können 26 Länder angezeigt werden, aus denen die Informationen gefiltert gesehen werden können, wenn gewünscht. Weiterhin bringen die Nutzer ihre Beiträge in Form von Foreneinträgen ein, Termine werden auf der *Poetry-Slam*-Karte eingetragen und veröffentlichte Texte bewertet und kommentiert. Die Internationalität der Seite zeigt sich dadurch, dass sie in Deutsch, Englisch, Baskisch, Türkisch und Rumänisch

---

[475]   Stand der Abfrage: 01.06.2010.

angezeigt werden kann. Rund 2000 Benutzer sind angemeldet[476], monatlich kommen rund 100 dazu.

## 8.2 TV und Radio

Da die Ursprünge des *Poetry Slam* in den USA liegen (s. Kapitel 2.1.), gab auch das dort ansässige Fernsehen als erstes visuelles Medium das Format des modernen Dichterwettstreits wieder. Nach zahlreichen Berichten und Reportagen entwickelte der amerikanische Musiksender **MTV** eine Sendung namens „Spoken Word Unplugged". Zu einer Zeit, in der die „Unplugged"-Shows des Senders, in denen die bekanntesten Künstler der Welt live und nur mit akustischen Instrumenten auftraten, am erfolgreichsten waren, versuchte „MTV" mit „Spoken Word Unplugged" an diesen Erfolg anzuknüpfen. In einem zum Lokal umgebauten Studio traten im Juli 1993 zahlreiche amerikanische *Slammer* auf und rezitierten vor Publikum ihre Werke.[477] Diese erste *Slam*-Sendung im Fernsehen wurde zum Meilenstein in der *Spoken-Word*-Geschichte, und manche der auftretenden Dichter wurden über Nacht zu bekannten Stars, wie zum Beispiel Maggie Estep. Nach einem Jahr wurden zwei neue Folgen von „Spoken Word Unplugged" gesendet, danach beendete man das Format.

2002 hat das amerikanische Fernsehen den *Poetry Slam* wieder entdeckt. Der private Kabelsender **HBO** produzierte die Sendung „Def Poetry Jam Show" bis 2007. Moderator war Mos Def, HipHop-MC und Schauspieler. Für den ausführenden Produzenten der Show, Bruce George, war es zwingend notwendig, dass die *Spoken-Word*-Künstler ins Rampenlicht des „Mainstream" treten, um wahrgenommen zu werden. Der „Def Poetry Jam" wurde kreiert, um den stimmlosen, unsichtbaren Künstlern eine Stimme und ein Podium zu geben.[478]

Im deutschen Fernsehen haben sich vor allem die öffentlich-rechtlichen Sender, **3sat**[479] sowie der deutsch-französische Kulturkanal **ARTE** des *Poetry Slam* angenommen. Vor allem über den „German International Poetry Slam" wird seit 2001 verstärkt berichtet. In Kultursendungen wie „Metropolis" wird über regionale *Poetry Slams* informiert.[480]

---

[476] Stand: 16.05.2010
[477] Vgl. TV.Com. Website. http://www.tv.com/mtv-unplugged/spoken-word-i/episode/145368/summary.html (10.02.2010)
[478] Vgl. Def Poetry Jam on Tour. Website. Reviews. http://www.defpoetryjamontour.com/gainsville_01.html (14.02.2010)
[479] „Poetry Slam! Das laute Comeback der Poesie". 3sat. Ausstrahlung am 16.11.2002.
[480] Vgl. Dittus, Sabine und Jens Hoffmann: Saisonauftakt der Pop-Poeten. ARTE. Sendeprotokoll.

Das **ZDF** präsentierte bereits 2002 eine „Lyriknacht" in der Sendung „nachtstudio". Unter dem Motto „Sex'n'Reim – Gedichte für Erwachsene" wurde am 01.09.2002 die Aufzeichnung einer Live-Veranstaltung aus dem ZDF-Hauptstadtstudio ausgestrahlt. Im Berliner „Zollernhof" traten Marcel Beyer, Bastian Böttcher, Ulrike Draesner, Tanja Dückers, Katharina Franck, Franzobel, Hilde Kappes, Michael Lentz, José F.A. Oliver, Silke Scheuermann, Xóchil A. Schütz und Christian Uetz auf. Sie präsentierten erotische, laszive und deftige Gedichte zum Thema Lust und Sexualität.

Der ZDFTheaterkanal strahlte am 01. November 2009 die Sendung „Poetry Slam – tot oder lebendig" aus. Dies war die Eröffnungsveranstaltung des Theaterwettbewerbs "Schüler spielen Sturm und Drang – das ZDF filmt mit" am 31.10.2009 in der Akademie für Darstellende Kunst Baden-Württemberg in Ludwigsburg. Moderator war Andreas Korn, als MCs fungierten Rayl Patzak und Ko Bylanzky. Es traten vier „tote" Dichter (Klopstock, Goethe, Lenz und Schiller, dargestellt von Schauspielern in historischen Kostümen) gegen vier „lebendige" *Slammer* (Bastian Böttcher, Fiva, Marc-Uwe Kling und Simon Libsig) an. Die Jury bestand in der ersten Runde aus fünf zufällig aus dem Publikum gewählten Personen, die eine Wertung von 1 bis 10 Punkten abgeben konnten. Es gab eine Gruppenwertung, „Sturm und Drang" gegen die *Slammer* der Gegenwart, sowie einen Einzel-Wettkampf der historischen Dichter gegen die *Slammer*. Im Finale standen „Goethe" und die *Slammerin* Fiva. Ein DJ spielte beim Auftritt der einzelnen Dichter Musik ein, die Bühne, um die das Publikum gruppiert war, war eine kleine, runde Plattform in der Mitte. Die *Slammerin* Fiva (Nina Sonnenberg) konnte den Wettbewerb für sich entscheiden.

Der Moderator und Autor Jörg Thadeusz führte im Februar 2005 in der von ihm moderierten Sendung „Die Profis" beim Rundfunk Berlin-Brandenburg, RBB, ein Interview mit der Autorin dieses Buches und erfuhr dabei von der *Slam*-Szene in Deutschland. Im August 2006 wurde dann vom **WDR** angekündigt, dass ein *Poetry-Slam*-Format beim Sender geplant ist. Zu diesem Zeitpunkt stand nur der Moderator der Sendung fest: Jörg Thadeusz. In einer „experimentellen Phase"[481] des WDR wurde das Format für den Sendeplatz nach der Sendung „Zimmer Frei", sonntags, ca. 23.30 Uhr, angesetzt. Der Sender bewarb den WDR Poetry Slam als „[…] europaweit ersten, im TV ausgetragenen Poetry Slam."

Jeweils fünf Slammer haben drei Minuten Zeit, ihre Texte vor dem Publikum vorzutragen. Als Showband spielen „Ivo Lotion & die Mariachis", die auch das Zeitlimit ankündigen. Aufgezeichnet wurde die Sendung in

---

[481] DWDL Medienmagazin. Website. 02.08.2006.
http://www.dwdl.de/story/7407/wdr_bleibt_experimentell_und_bringt_poetry_slam_ins_tv/ (11.04.2010)

der Kölner Hallelujah-Halle. Faszinierend an *Poetry Slam* findet Thadeusz „Dass es so viele Leute gibt, die unsere Sprache entdecken und etwas mitzuteilen haben, Ein Programm gegen den grassierenden Kulturpessimismus".[482] Trotzdem wusste er zu Anfang nicht, was ihn erwartete: „Ich dachte, auweia, da kommen einfach nur viele ungewaschene junge Leute. [...]dann waren es aber richtige Dichter, irre, wie viel Fantasie und Feingeist die an den Tag legen."[483]

Andere Medien berichteten zunächst skeptisch: „Deutschland sucht den Superdichter – WDR will junge Zuschauer locken"[484]. Am Sonntag, 25. Februar 2007, erfolgte die Premierensendung des WDR Poetry Slam. Geplant waren zunächst acht Folgen, gedreht wurden schließlich 27 Folgen in drei Staffeln. Für WDR-Redakteur Klaus Michael Heinz stand die Authentizität des *Poetry Slam* im Vordergrund: „Wir wollen das nicht inszenieren [...] die Kameras richten sich nach den Poeten, nicht umgekehrt. Das Interessante am Poetry Slam ist die Vielfalt, dass es nicht nur Comedy ist, sondern auch ernste Texte darunter sind."[485] Trotzdem wollte die Redaktion der Sendung beim Inhalt der Texte sicher sein, dass sie ausgestrahlt werden können und ließ sie sich vorab[486] schicken. Authentisch sollte auch das Publikum in der Halle sein, es wurden von der Produktionsfirma gezielt „Studenten und „junge Leute[487]"" für die kostenlosen Karten an den Universitäten Köln und Bonn beworben.

Beim digitalen Abosender **Sat.1 Comedy** wurde in den Jahren 2008 und 2009 die 12-teilige Reihe „Slam Tour mit Kuttner" ausgestrahlt. Moderatorin Sarah Kuttner präsentierte in jeder Folge einen *Slam* in einer anderen Stadt. Vorgestellt wurden in jeweils 60 Minuten *Poetry Slams* in Bremen, Kiel, Hamburg, Lübeck, Berlin, München, Düsseldorf, Hannover und Dresden.

Kuttner nimmt „die wichtigsten Slam-Events Deutschlands unter die Lupe und begleitet mit Expertise und Charme die wilden Wortgefechte."[488] In der jeweils letzten Folge wurde aus den Gewinnern der vorangegangenen Folgen der beste *Slammer* in Kuttners „eigenen" *Slam* gewählt, der in der letzten Folge der Staffel stattfand.

---

[482] 3 Fragen an Jörg Thadeusz. Express am Sonntag. 07.05.2006.
[483] Roth, Jenni. Deutschland sucht den Superdichter. Medien. Kölnische Rundschau. 23.02.2007.
[484] Ebd.
[485] Schlegel, Christoph. Dichten als Kampfsport. Performance. Der Spiegel. 15.01.2007.
[486] Ebd.
[487] Rundmail von Zimmer, Felix im September 2007. WDR Poetry Slam-Ticketing-Team.vogelheim.tv
[488] Sat.1 Comedy. Website. Slam Tour mit Kuttner. http://www.sat1comedy.de/exklusiv/slam_tour/ (12.04.2010)

Zusätzlich zu den thematisch auf *Poetry Slam* spezialisierten Sendungen gibt es zahlreiche **Fernsehsendungen**, bei denen deutsche *Slammer* als Gäste eingeladen werden. Marc-Uwe Kling hat „generelle Probleme mit dem Medium"[489] Fernsehen. Er kritisiert geschnittene Auftritte im öffentlich-rechtlichen Fernsehen sowie den WDR Poetry Slam, bei dem die *Slammer* gezwungen waren, ihre Texte massiv zu kürzen: „Und dann haben die sich gewundert, dass Murks dabei raus kam. Wenn du so einen Text nimmst, und du reißt ihm das Herz raus, funktioniert er einfach nicht. Aber die haben gesagt, fünf Minuten könne keiner zuhören."[490] Nach seinem zweiten Sieg beim Slam2006, als er eine erste große Medienresonanz erlebte, trat er unter anderem im Januar 2007 bei „TV Total", moderiert von Stefan Raab, beim Privatsender ProSieben auf. Das Publikum im Studio reagierte während seiner Performance gar nicht, blieb stumm, und am Schluss gab es höflichen, verhaltenen Applaus. Nach dem Auftritt gab es noch ein kurzes Gespräch mit Moderator Stefan Raab, der den Eindruck machte, nicht viel mit seinem Gast anfangen zu können, kaum Fragen stellte und unvorbereitet auf das Interview wirkte, dabei viel lachte, ob über sich oder das Publikum ist nicht bekannt. Für Kling stellte sich die Situation so dar:

> „Man darf ja jeden Fehler einmal machen. […] So extrem wie vor Stefan Raabs Publikum habe ich es noch nie empfunden, dass die Leute wirklich gar nichts damit anfangen konnten, was ich ihnen erzähle. Ich weiß nicht, ob sie es nicht verstanden haben, oder ob es sie nicht interessiert hat. Es hat einfach nicht dort hin gepasst."[491]

Nicht nur als Medium, sondern auch als Sponsoren und Medienpartner sind **Radiostationen** in die *Slam*-Szene eingebunden. Die Berichterstattung erfolgt in Form von Interviews, Features und Reportagen, es wird stetig über die Szene berichtet. Als Live-Stream und Podcast werden die *Poetry Slams* hörbar gemacht. Der Leipziger *Poetry Slam* wird von Radio Mephisto übertragen, Radio Z überträgt den *Poetry Slam* in Erlangen und Radio Fritz in Berlin/Brandenburg die Berliner *Slams*.

Die deutschsprachigen Meisterschaften werden umfangreich dokumentiert. Eigene Radio-*Slams* werden veranstaltet, wie bei **SWR2** „Punkt. Satz. Match. RadioSlam". Im November 2009 wurden das erste Mal, im April 2010 zum zweiten Mal, die „Letzten Worte" vorgetragen, mit der „morbiden Aufgabenstellung: was kann einem auf der Zunge liegen, wenn Gevatter Tod in einer alltäglichen Situation unvermittelt zuschlägt:

---

[489] Jetzt. Süddeutsche Zeitung. „Die Zustände sind so krass, dass man sie nicht mehr zuspitzen kann". Interview mit Marc Uwe Kling. 03.04.2009. http://jetzt.sueddeutsche.de/texte/anzeigen/470878 (15.04.2010)
[490] Ebd.
[491] Ebd.

im Haushalt, bei der Arbeit, im Straßenverkehr?"[492]. Das Publikum vor Ort wählte über zwei Runden die Finalisten und anschließend den Gewinner, beide Male Florian Cieslik aus Köln.

Der Deutschlandfunk initiierte unter dem Motto „Die Verse tanzen wieder" die „Lange Nacht des Poetry Slam". In dem mehrstündigen Feature interviewten Sascha Verlan und Almut Schnerring *Slammer* und Veranstalter, Verleger und Autoren zum Thema *Poetry Slam*. Weiterhin wurden Live-Mitschnitte von *Poetry Slams* geboten. Ausgestrahlt wurde die Sendung im August 2005 und im Oktober 2007.

## 8.3 DVD und CD

Neben zahlreichen schriftlichen Publikationen von *Slam Poetry* haben sich inzwischen auch DVDs und CDs zur audiovisuellen Wiedergabe von *Slams* durchgesetzt.

Die erste filmische Dokumentation der deutschsprachigen *Slam*-Szene ist „Poesie auf Zeit" vom GIPS 2003 in Darmstadt und Frankfurt, die DVD wurde schon auf der Veranstaltung im Oktober 2003 angekündigt, der Veröffentlichungstermin war im Februar 2004.[493] Die DVD, herausgegeben vom Sprechstation Verlag, dokumentiert das Geschehen mit Auftritten der Slammer und Teams, Interviews mit *Slammern* und Zuschauern sowie einem Blick hinter die Kulissen. Neben zahlreichen Bildergalerien wird auch versucht, die Frage zu klären: Was ist *Slam*?

Von der „Darmstädter Dichterschlacht" wurden im Riedstädter Ariel Verlag jährlich die besten *Slams* auf den Audio-CDs „Dichterschlacht" Nr.1 – 5 herausgebracht.

Der Verlag Voland & Quist veröffentlicht junge, zeitgemäße Literatur. Deshalb liegt jedem Buch eine CD oder DVD bei, auf der sich neben Lesungen der Autoren oft auch Bonusmaterial befindet. Die Verleger proklamieren:

> Wir sind der erste Verlag in Deutschland, der konsequent auf die Kombination dieser beiden Medien setzt und die Vorlese-Qualitäten unserer Autoren für alle Leser erlebbar macht. Auf diese Weise kann man den Lesungen passionierter Bühnenpoeten lauschen, die Live-Atmosphäre einer Literaturshow auch zu Hau-

---

[492] SWR2. Website. Veranstaltungen.
http://www.swr.de/swr2/veranstaltungen/swr2-radioslam/-/id=661364/nid=661364/did=6223118/1cu528l/index.html (29.01.2010)
[493] Sprechstation Verlag. Website. http://www.sprechstation-verlag.de (03.02.2010)

se nacherleben oder einfach einen neuen Zugang zu den bereits gelesenen Texten finden."[494]

Der Slam2005, der in Leipzig stattfand, wird von Voland & Quist in der Anthologie mit beigelegter DVD mit Live-Aufnahmen des Wettbewerbs dokumentiert. Weiterhin erschienen bei Voland & Quist Bücher, kombiniert mit Audio-CDs, von Frank Klötgen, Lydia Daher, Micha Ebeling, Volker Strübing, Bastian Böttcher und Nora Gomringer.

---

[494] Voland & Quist. Website. Verlag. http://www.voland-quist.de (18.04.2010)

# Schlussbetrachtung

Der *Poetry Slam* ist ein der Subkultur zugehöriges Format, das sich besonders an junge Autoren wendet und ihnen eine Möglichkeit bietet, abseits vom klassischen Literaturbetrieb ihre Texte zu veröffentlichen. Der *Poetry Slam* in Deutschland ist ein Hybrid aus der amerikanischen *Spoken-Word*-Kultur und deutscher Poesie. Tatsächlich ist der *Poetry Slam* die radikalste Infragestellung des derzeitigen Literaturbetriebs und seiner zelebrierten Hochkultur, er ist das Modell einer demokratisierten Geschmacksbildung.

*Poetry Slam* besetzt eine Nische in der deutschen Literatur. Das Besondere dabei ist: Diese Nische wird nicht durch Literarizität besetzt – denn diese war in den Anfängen der Kunstform nicht gegeben – sondern durch ein Netzwerk an Veranstaltungen, enthusiastischen Organisatoren und begabten *Slammern*. Vor allem aber das große Interesse des Publikums hat zu der weiterführenden Geschichte der ersten *Slams* in Deutschland beigetragen. Der *Slam* ist das Resultat eines tiefen menschlichen Bedürfnisses, Geschichten zu erzählen, Geschichtliches zu teilen und uns mit anderen zu vergleichen, zu verbünden.

Es ist eine neue und anspruchsvolle Form der Unterhaltung und ein sichtbarer Aufstand des Echten, Absurden, Hässlichen. Dieser Aufstand zeigt sich vor allem in der Sprachwahl der *Slammer*: Alltagssprache und sogar Fäkalsprache wird in den *Slam*-Texten zur Dichtung. Aktuelles spiegelt sich in der *Slam Poetry* wider, genauso wie Soziales und Persönliches thematisiert wird. Mit den vorgestellten Textbeispielen habe ich versucht, die Vielfältigkeit der *Slam Poetry* sowie die verschiedenen Vortragsweisen darzustellen.

Auch auf der Bühne gehen die *Slammer* unkonventionell vor. Sie schreien, flüstern, stöhnen und fluchen – die Dichtung wird Teil einer *Performance*. Die *Slam Poetry* lebt in erster Linie vom Charisma und Vortragskönnen der Akteure sowie ihrem Zusammenspiel mit dem Publikum. Darin liegt letztlich aber auch die Tragik der *Slam Poetry*: Oftmals nimmt sich das Publikum wichtiger als den Künstler, dieser wiederum nimmt seine Person wichtiger als den Text. Natürlich erfinden auch die *Slammer* das Rad nicht neu. Aber sie entwickeln erstaunliche Qualitäten, mixen respektlos Zeitgeist und Literaturgeschichte. Was daraus entsteht, ist mehr als das Produkt intelligenter „Performer", mehr als nur die neue Lust am Erzählen.

Für mich ist *Slam Poetry* das Label für eine wieder erstarkte Literatur, die sich vor allem durch ein produktives Verhältnis zum Medienzeitalter auszeichnet. Sie bietet einem gegenwartsbezogenen und völlig unverkrampften Literaturverständnis Platz, das sich weder politisch noch (literatur)geschichtlich rechtfertigt und aus einem Selbstverständnis heraus existiert, das zu Beginn des Poetry Slam in Deutschland, Anfang der 90er Jahre des 20. Jahrhunderts, in der Bundesrepublik noch undenkbar gewesen wäre.

Der *Poetry Slam* ist eine noch junge Kunstform, die sich in Deutschland erst durchsetzen, Probleme überwinden und sich von Etikettierungen befreien musste – und dann zahlreiche Anhänger fand. Mut zur Lebendigkeit war und ist immer noch gefragt: von allen Seiten, egal ob Veranstalter, Autoren oder Zuschauer.

Dass sich die *Poetry-Slam*-Veranstaltungen in der gesamten Bundesrepublik als ein abendfüllendes, anspruchsvolles und unterhaltsames Format durchgesetzt haben, liegt an deren Eventtauglichkeit. Neben Städten wie Köln, Hamburg, Berlin oder München, in denen die ersten *Poetry Slams* Mitte der neunziger Jahre durchgeführt wurden, sind es inzwischen kleinere Städte wie Darmstadt, Passau oder Wiesbaden, deren *Poetry Slams* und *Slammer* aus der *Slam*-Geschichte in Deutschland gar nicht mehr wegzudenken sind. Die Veranstalter haben es geschafft, mit ihrem Einsatz und neuen Ideen den *Poetry Slam* als Veranstaltungsformat zu etablieren. Der *Poetry Slam* als Event wird inzwischen von den Veranstaltern sehr offensiv eingesetzt. Es werden immer mehr Varianten geboten: Ob Themen-*Slams*, Club-Lesungen mit einer Fusion aus *Slam* und Musik, Groß-Veranstal-tungen mit Deutschlands bekanntesten *Slammern*, Jugendslams oder auch die professionelle Durchführung des „German International Poetry Slam" – die Zuschauer kommen in Strömen. Hier wird auch die Zukunft des *Poetry Slam* liegen – in der Öffnung des *Slam* für ein immer größeres Publikum.

Auch wenn man aufgrund der Anzahl der Veranstaltungen und der Entwicklung neuer Formate meinen könnte, der *Slam* werde immer kommerzieller, ist diese Sorge meiner Meinung nach unbegründet. Der literarische Kreis und die Veröffentlichungen sind noch überschaubar und die Weiterentwicklung lediglich eine positive Bestätigung der neuen Literatur- und Kulturbewegung. Der *Poetry Slam* war in Deutschland nie „Underground" und hatte auch nie den Anspruch, „undergroundig" zu sein. Dafür war das Medien- und Publikumsinteresse immer zu groß. Dennoch hat sich der *Slam* neben aller Angepasstheit eine gewisse Subversivität bewahrt – die Professionalisierung der Szene könnte also durchaus einen positiven Einfluss auf die *Slams* haben. Dies zeichnet sich schon bei einigen *Slammern* ab, die durch den *Poetry Slam* bekannt wurden und so die Chance bekamen, ihre Texte zu veröffentlichen. Manch ein *Slammer* hat sogar schon einen eigenen Agenten, um die Vielzahl an Einladungen koordinieren zu lassen. Die großen Talente des *Slams* werden in der Zukunft bestimmt noch einiges von sich hören lassen.

Bei einem *Poetry Slam* geht es vor allem darum, das Publikum mittels Mündlichkeit von den eigenen Texten zu überzeugen – bei den multimedialen Umsetzungen des *Poetry Slam* zählen andere Dinge. Zum einen führen „Poetryfilme" und „Poetry Clips" zu einer neuen Rezeption der Dichtung. Zum anderen sind diese medialen Formate eine konsequente Weiterentwicklung des *Poetry Slam*: Der *Poetry Slam* – der selbst schon eine moderne Umsetzung eines Dichterwettstreits ist – wird aus seinem ursprünglichen Rahmen heraus in den modernsten Medien unserer Zeit neu dargestellt. Das Internet, das inzwischen einen entscheidenden Faktor im Alltagsleben einnimmt, bietet auch dem *Poetry Slam* eine neue Plattform. Es bietet die Möglichkeit des Austauschs von *Slammern* und Veranstaltern untereinander, somit wurde der Aufbau eines Netzwerks nicht nur in Deutschland, sondern auch international unterstützt. Und auch die Präsentationsform hat sich durch das Internet maßgeblich verändert: Hier bekommt jeder die Chance, sich darzustellen und die Menschen über den *Poetry Slam* zu informieren.

Auch die Aufzeichnung von *Poetry Slams* ist ein neuer medialer Trend. Es werden Audio-CDs einzelner *Slammer* und des „German International Poetry Slam" veröffentlicht. Die deutsche Meisterschaft wird inzwischen auch als DVD in die deutschen Wohnzimmer gebracht. Es stellt sich allerdings die Frage, ob eine Aufzeichnung eines *Slams* nicht lediglich dokumentarischen Charakter hat. Der *Poetry Slam* als Veranstaltung erweist sich als Unikat und kann wohl doch nur mit „Live-Charakter" wirken.

Der *Slam* bringt Menschen dazu, sich leidenschaftlich mit Kunst und Performance auseinanderzusetzen. Man beschäftigt sich mit Worten und Ideen, mit den Leuten, die die Worte sagen und den Leuten, die kommen, um zuzuhören. Der *Poetry Slam* ist eine Herausforderung für Menschen, neue Leute und Sichtweisen kennen zu lernen – eine Möglichkeit, die sonst an ihnen vorübergehen würde.

# Glossar

**After-Slam-Party –** Nach einem erfolgreichen Poetry Slam wird in derselben Location meist noch gefeiert, Teilnehmer wie Zuschauer gleichermaßen.

**All-Star-Slam –** Poetry Slam, bei dem nur eingeladene Slammer auftreten.

**Applausometer –** Bei Bestimmung des Siegers eines Poetry Slam durch Akklamation greifen einige Slammaster auf einen Lautstärkemesser zurück um den lautesten Beifall zu messen.

**Battle –** Engl. Kampf. Battles werden seit den Anfängen des →HipHop von konkurrierenden und rivalisierenden →Rappern vor Publikum ausgetragen, indem sie z. B. ihre →Freestyle-Künste zeigen und versuchen, sich dabei zu übertrumpfen.

**Beatbox –** Mit dem Mund erzeugte rhythmische Töne, die alleine ein Stück ergeben können oder als Unterstützung für →Rapper gedacht sind.

**Bilingue Slam –** In der Schweiz stattfindender Poetry Slam mit hörenden und gehörlosen Slammern.

**Challenging System –** Geladene Slammer →featured poets treten gegen die gleiche Anzahl Slammer aus der →offenen Liste an.

**DJ –** Engl. Discjockey. Plattenaufleger in Diskotheken oder im Radio, auch Musiker die mit ihren Plattenspielern durch Kombination verschiedener Sequenzen neue Lieder entstehen lassen.

**Deaf Slam –** In der Schweiz stattfindender Poetry Slam von und mit gehörlosen Slammern.

**Dissen –** Von engl. to disrespect. Jemanden nicht respektieren, hier: beleidigen, beschimpfen, verunglimpfen.

**Einzelwettbewerb** – Übliche Form des Wettbewerbs beim →Poetry Slam (eigene Kategorie beim →GIPS), bei der ein →Slammer seine Texte alleine vorträgt. Im Gegensatz dazu: →Team Slam.

**Event** – Engl. Veranstaltung. Hier: Format des →Poetry Slam, der in Szene-Kneipen veranstaltet wird, mit Musik, entspannter Atmosphäre und interagierendem Publikum.

**Featured Poets** – Engl. eingeladene →Slammer. Vom Veranstalter geladene, international und/oder national bekannte Dichter.

**Flow** – Engl. fließen, gleiten. Idealvorstellung im →HipHop, bei dem die Worte über den Rhythmus der Musik gleiten sollen.

**Flyer** – Engl. Flugblatt/Handzettel. Kleinformatiges Flugblatt, das in Lokalen ausgelegt oder an Passanten verteilt wird, auf dem eine Veranstaltung angekündigt ist.

**Freestyle** – Engl. Freistil (sportl.). Bedeutet im →HipHop und →Poetry Slam die freie Improvisation von Reimen und Texten.

**German International Poetry Slam** – Seit 1997 bestehende Internationale Deutschsprachige Poetry Slam Meisterschaft.

**GIPS** – Abkürzung für German International Poetry Slam. Namensänderung zu →Deutschsprachigen Meisterschaften und „Slam" plus die jeweilige Jahreszahl.

**Highlander Slam** – Die Sieger der Saison einer Stadt treten um einen Startplatz bei den deutschsprachigen Meisterschaften gegeneinander an.

**HipHop** – Überbegriff für das Genre der Rap-Musik.

**Location** – Engl. Standort. Hier: Bezeichnung für Veranstaltungsort, an dem Poetry Slams stattfinden.

**MC** – Master of Ceremony Engl. Zeremonienmeister. Ursprünglich im →HipHop für Moderator, der das Publikum unterhalten sollte, später für anerkannten →Rapper. Beim →Poetry Slam ist MC der Moderator der Veranstaltung.

**Offene Liste** – Liste bei einem →Poetry Slam, in die sich vor Beginn der Veranstaltung →Slammer eintragen, um später durch Auslosung ihre Texte auf der Bühne vortragen zu können.

**Open Mike/Open Mic** – Das offene Mikrofon ist vor allem in den USA Bestandteil einer Slam-Veranstaltung, bei der jeder die Möglichkeit hat, etwas vorzutragen.

**Poetry Clip** – Literarische Texte, →Slam Poetry wird in Kürzestfilme (bis ca. 7 Minuten) umgesetzt. Starke Anlehnung in Schnitt und Ästhetik an den Musik- und Videoclip.

**Poetry Slam** – Dichterwettstreit mit Wettbewerb, bei dem das Publikum den Gewinner bestimmt. Erstmals in Chicago 1986 als „Uptown Poetry Slam" von Marc Smith veranstaltet.

**Rap** – Stakkatoartiger Sprechgesang, in den USA entstanden, mit meist sozialkritischen und aggressiven Inhalten sowie charakteristischem Sprachrhythmus und Reimformen.

**Rapper** – Setzt den →Rap in Inhalt und Form um, ergänzt durch eigene Charakteristika in Sprache und Stil.

**Resident poets** – Meist die Veranstalter eines →Poetry Slam, die auch als →Slammer auf ihren „eigenen" Veranstaltungen auftreten. Auch Bezeichnung für →Slammer, die regelmäßig auf der Bühne des gleichen Slams stehen.

**Scratchen** – Engl. Kratzen. Schallplatte wird auf dem Plattenteller vom →DJ mit der Hand hin und her bewegt bis ein rhythmisches, perkussives Geräusch entsteht.

**Sell-Out** – Engl. Ausverkauf. Hier: Abwertend für Kommerzialisierung im Poetry Slam.

**Slammaster** – →MC, Master of Ceremony.

**Slammer** – Person, die bei einem →Poetry Slam eigene Texte vorträgt.

**Slamily** – Wortmischung aus Slam und Engl. Family, Familie. Überbegriff für das nationale Netzwerk der Slam-Szene, die aus →Slammern, Veranstaltern und →MCs besteht.

**Slam Poetry** – Engl. to slam – knallen, schlagen. Art der Dichtung, die bei einem →Poetry Slam vorgetragen wird. Es gibt keinerlei Stilvorgaben, lediglich das Zeitlimit, das bei jedem Poetry Slam festgelegt wird, beschränkt die Länge des Textes.

**Social Beat** – Literaturbewegung in Deutschland, ca. 1992-1999. S.B. stellte keine homogene Szene dar, sondern war lediglich eine Etikettierung für den „Underground" der gegen den akademischen Literaturbetrieb arbeitete.

**Spoken Word** – Tradition gesprochener Poesie, ursprüngl. USA, seit ca. 1950. Überbegriff für →Slam Poetry, →Rap etc.

**Team Piece** – Engl. Mannschaftsstück. Text, der bei einem →Poetry Slam von einem Team vorgetragen wird.

**Team Slam** – Engl. Mannschaftswettbewerb beim →Poetry Slam, (in Deutschland meist beim →GIPS ) im Gegensatz zum →Einzelwettbewerb treten hier mindestens zwei →Slammer zusammen mit einem →Team Piece an, um meist mit verteilten Rollen den Text zu präsentieren.

**Trash** – Engl. Müll. Hier: Bezeichnung für Underground-Literatur im Zuge der Social Beat-Bewegung und des aufkommenden Poetry Slam Mitte der neunziger Jahre des 20. Jh.

**Venue** – →Location.

# Poetry Slam in Deutschland - Städte und Veranstaltungen

Aachen - Satznachvorn

Ahrensburg - Jung!Wild!Laut!; U20Slam

Altdorf - KunstAmTisch-Slam

Ansbach - Poetry Slam

Augsburg - Lauschangriff; WordbustersU20 Slam

Bad Oeynhausen - Wortlust-Poetry Slam

Bamberg - Poetry Slam

Bayreuth - Poetry Slam

Berlin - Bastard Slam; Rosislam; Saalslam; AckerSlam ; Lautsprecher!; ManoSlam!; Aulaslam U20

Bielefeld - Bunkerslam Ulmenwall

Bietigheim-Bissingen - Satzbau

Bonn - RosenkriegBonn; Sex Drugs n Poetry

Braunschweig - Poppin Poetry

Bremen - Slammer Filet

Buchloe - Hirsch Slam

Büdelsdorf - Iron Slam

Chemnitz - Wortscharmützel

Detmold - Cup der guten Worte

Dortmund - Poetry Jam

Dresden - LIMIT-JAZZ-SLAM

Düsseldorf - Poesieschlacht; Pretty Poetry Slam; Zwischenruf U20 Slam

Essen - Grend Slam

Esslingen - Satzzeichen

Frankfurt am Main - slamffm

Freiburg - Poetry Slam

Freising - Poetry Slam Freising

Fürth - Poetry Slam

Gauting - Bosco Slam

Grevenbroich - Poetry Slam

Gütersloh - SLAM GT Poetry Slam Gütersloh

Hagen - Bauch der Katze; Poetry Slam Hagen

Halle Saale - Poetry Slam

Hamburg - 8 min Eimsbüttel; Slam the Pony; Slamburg; Heimfeld ist Reimfeld; Kampf der Künste, Stage Slam Deluxe; VUs Poetry-Slam; Lautsprecher U20 Slam

Hannover - Macht Worte; ALTSTADTSCHNACKH; dead or alive

Heidelberg - WORD UP! Poetry Slam; WORD UP! U20 Poetry Slam

Herne - SprechReiz

Hildesheim - Poetry Slam

Ingolstadt - MAKI SLAM

Karlsruhe - KOHI Slam

Kassel - dichterrat; Poetry Slam Café-Buch-Oase

Kiel - CAUderwelsch; Poetry Slam Kiel

Koblenz - Reimstein

Köln - The Word is not Enough; Reim in Flammen; Dichterkrieg; Gay-PoetrySlam

Königshofen - Slam the Kulturschock

Künzelsau - Poetry Slam

Krefeld - Papp a la Papp

Landsberg am Lech - Poetry Slam

Landshut - Poetry Slam

Leipzig - Poetry Slam

Lemgo - Lemgos Lautsprecher

Ludwigsburg - Maxstrassen-Slam

Lüneburg - Hausbar Slam; Poetry Slam Lüneburg

Magdeburg - PoetrySlam Magdeburg

Mannheim - WORD UP! Poetry Slam

Moers - SPRACHLABOR

München - Substanz Slam; Westend Kiezmeisterschaft; Schüler-Poetry Slam Dichter ran; Bless the Mic!

Münster - Tatwort Poetry Slam; WortWurf; Gewinn die Wahlnuss

Mönchengladbach - Poeterey im projekt42

Neumünster - WaschBar Slam

Nürnberg - Poetry Slam

Oberhausen - O-Ton

Oldenburg - Slamprodukt

Olten - Poetry Slam

Perg - Perg-Slam

Pforzheim - Poetry Slam

Regensburg - Poetry SlamRegensburg; U20 Poetry Slam Regensburg

Reutlingen - Poesie und Pommes

Rheine - Slambang

Rosenheim - FreiSpruch

Saarbrücken - Dichterdschungel-Slam

Schaffhausen - Poetry Slam

Schwabach - FREIdenker Poetry Slam

Soest - Schlachthof-Slam

Stade - Redefluss

Stuttgart - Rosenau SlamStuttgart; Wortwahl Slam, Der Slam auf der Couch

Trier - Verbum Varium Treverorum

Tübingen - Poetry Slam

Ulm - Poetry Slam in der Podium bar

Weingarten - Linse Poetry Slam

Weißenburg - Reimnacht Poetry Slam

Wetzlar - Poetry SlamWitten; Sprechstunde

Wuppertal - Wuppertaler Wortex

Würzburg - Poetry Slam Würzburg

# Bibliografie

## Primärliteratur

Becht, Alexandra : Koexistenz. In: Planet Slam. Das Universum Poetry Slam. Hrsg. von Ko Bylanzky und Rayl Patzak. 1. Auflage. Riemerling: Yedermann Verlag, 2002. S. 19.

DAN: an den real exisiterenden poetry slam. In: Poetry Slam. Was die Mikrofone halten. Hrsg. von Ko Bylanzky und Rayl Patzak. 1. Auflage. Riedstadt: Ariel, 2000. S. 86.

Dreppec, Alex: Fettabsauge-Facharzts Fieberfantasien. In: Planet Slam. Das Universum Poetry Slam. Hrsg. von Ko Bylanzky und Rayl Patzak. 1. Auflage. Riemerling: Yedermann Verlag, 2002. S. 130.

Eistorte, Die: Henkersmahl. In: Poetry Slam. Was die Mikrofone halten. Hrsg.von Ko Bylanzky und Rayl Patzak. 1. Auflage. Riedstadt: Ariel, 2000. S. 118.

Hess, Paul: Kapitel Drei der Harmonie. In: Kaltland Beat. Neue deutsche Szene. Hrsg. von Boris Kerenski und Sergiu Stefănescu. 1. Auflage. Stuttgart: Ithaka, 1999. S. 335.

Koslovsky, Wehwalt: Ode an die Hirnhode. In: Planet Slam. Das Universum Poetry Slam. Hrsg. von Ko Bylanzky und Rayl Patzak. 1. Auflage. Riemerling: Yedermann Verlag, 2002. S. 22.

Krämer, Sebastian: Durchgebrannt. In: Poetrymagazin No.1. Edition Slam. Hrsg. von Claudia Brijbag, 2003. S. 12 und 13.

M.E.R.A.L.: Wenn du glaubst... In: Poetry Slam. Was die Mikrofone halten. Hrsg. von Ko Bylanzky und Rayl Patzak. 1. Auflage. Riedstadt: Ariel, 2000. S. 29.

Mergen, Ryan: Crack the nut. Vortrag beim Poetry Slam am 08.02.2004 im „Substanz", München.

Schütz, Xóchil A.: tschi tschi. In: Poetrymagazin No.1. Edition Slam. Hrsg. von Claudia Brijbag, 2003. S. 18 und 19..

Widmann, Jo: Nachtschicht. In: Poetry Slam. Was die Mikrofone halten. Hrsg. von Ko Bylanzky und Rayl Patzak. 1. Auflage. Riedstadt: Ariel, 2000. S. 40.

Wolff, Moses: Das Lied. Oszillation. CD. München: Oszillation, 2004.

**Sekundärliteratur:**

Adelmann, Roland und Isabel Rox (Hg.): Downtown Deutschland. 1. Auflage. Riedstadt: Ariel, 1992.

Algarín, Miguel und Bob Holman (Hg.): Aloud: Voices from the Nuyorican Poets Café. 1. Auflage. New York: Henry Holt,1994.

Ayto, John (Bearb.): The Longman Register of New Words. 2. Auflage. Harlow: Longman, 1990. S. 295.

Ayto, John und John Simpson (Bearb.): Oxford Dictionary of Modern Slang. Oxford: Oxford University Press, 1992. S. 222.

Beale, Paul (Bearb.): A Concise Dictionary of Slang and Unconventional English. Langenscheidt: Berlin, 1989. S. 408.

Beatty, Paul u. a. (Hg.): Slam!Poetry. Heftige Dichtung aus Amerika. 2., neu überarb. Auflage. Berlin: Edition Druckhaus Galrev, 1994.

Beck, Silke. Event-Marketing in Bibliotheken. Berlin: BibSpider, 2006.

Beyer, Martin und Nora Gomringer (Hg.): Best of Poetry Slam Bamberg I. 1. Auflage. Bamberg: BeGo, 2002.

Brijbag, Claudia (Hg.): Poetrymagazin No.01, Edition Slam. 2003.

Bruckmaier, Karl: Slam No More – eine Liebeserklärung. In: Pop – Technik – Poesie. Die nächste Generation. Hrsg. von Marcel Hartges, Martin Lüdke und Delf Schmidt. 1. Auflage. Rowohlt Literaturmagazin Nr. 37. 1996. S. 58.

Bylanzky, Ko und Rayl Patzak (Hg.): Planet Slam. Das Universum Poetry Slam. 1. Auflage. Riemerling: Yedermann, 2002.

Bylanzky, Ko und Rayl Patzak (Hg.): Poetry Slam. Was die Mikrofone halten. 1. Auflage. Riedstadt: Ariel, 2000.

Dückers, Tanja: Morsezeichen. Berlin: Bonsai typ Art, 1996

Dückers, Tanja: Spielzone. Berlin: Aufbau, 1999.

Dückers, Tanja: Café Brazil. Berlin: Aufbau, 2001.

Dückers, Tanja: Luftpost. Köln: Tropen, 2001.

Dückers, Tanja: Himmelskörper. Berlin: Aufbau, 2003.

Eleveld, Mark (Hg.): The Spoken Word Revolution (slam, hip hop and the poetry of a new generation). 1. Auflage. Naperville: Sourcebooks Inc., 2003.

Glazner, Gary Mex (Hg.): Poetry Slam: The Competitive Art of Performance Poetry. 1. Auflage. San Francisco: Manic D Press, 2000.

Graf, Hubert (Hg.): Black American English. 2., erw. und akt. Auflage. Straelen: Straelener Manuskripte, 1994. S. 142.

Hartges, Marcel, Martin Lüdke und Delf Schmidt (Hg.): Pop – Technik – Poesie. Die nächste Generation. Rowohlt Literaturmagazin Nr. 37. 1996.

Hartges, Marcel und Andreas Neumeister (Hg.): Poetry! Slam! Texte der Pop-Fraktion. 1. Auflage. Hamburg: Reinbek Rowohlt, 1996.

Kammler, Clemens. Wendezeit. Om 90 - talets tyska litteratur (Zur deutschen Literatur der neunziger Jahre). In: Litteratur pa Tyska. Herausgegeben anlässlich der internationalen Buchmesse in Göteborg von der Botschaft der Bundesrepublik Deutschland in Stockholm, der Österreichischen Botschaft in Stockholm, der Schweizerischen Botschaft in Stockholm und vom Goethe – Institut, Stockholm 1999, S. 8 – 10.

Kane, David: All Poets Welcome: The Lower East Side Poetry Scene in the 1960s. 1. Auflage. Berkeley: University of California Press, 2003.

Kerenski, Boris und Sergiu Ştefănescu (Hg.): Es gibt Social Beat/Slam Poetry. Texte der 90er. Text Zeitschrift für Literaturen. Nr. 3-4. Stuttgart: Ithaka, 1998.

Kerenski, Boris und Sergiu Stefănescu (Hg.): Kaltland Beat. Neue deutsche Szene. 1. Auflage. Stuttgart: Ithaka, 1999.

Kerenski, Boris: Slam Poetry – Stimmen aus dem Underground. In: Journal der Jugendkulturen. Nr.5. Bad Tölz: Tilsner, 2001. S. 67f.

Koslovsky, Wehwalt und Bud Rose. „Schiller fickt". Vorgetragen beim GIPS 2003, am 03.10.2003 in der „Centralstation" Darmstadt, Teamvorrunde 2.

Link, Heiner (Hg.): Trash-Piloten. Texte für die 90er. 1. Auflage. Leipzig: Reclam, 1997.

Link, Heiner: Poetry Slam! Spaß bis zum Abwinken? Kritisches zur deutschen Slam-Nation. In: GrauZone. Zeitschrift über neue Literatur. Ausgabe 15. 2. Quartal 1998. Freiburg, GrauZone, 1998. S. 6f.

Mast, Claudia (Hg.). ABC des Journalismus. Konstanz: UVK Medien, 2000. S.235.

Moldenhauer, Friederike und Bitter, Joachim. Literatur veranstalten. Lesung, Vortrag, Event. München: M-press, 2005.

Oberländer, Jan. Poeten, Propheten, Proleten - Poetry Slam in Berlin. Hausarbeit im HS 16700. Freie Universität Berlin, WS 2002/2003. http://www.lyromat.de/texte/poetry_slam_in_berlin.pdf (08.01.2004)

Patzak, Rayl: Der Geburtsort des Poetry Slam. Eine Geschichte voll lebendiger Jazzpoesie. In: Das Gedicht Nr.7. Hrsg. von Anton G. Leitner. Weßling: Leitner, 1999. S. 86f.

Peuckert, Rüdiger: Interaktion. In: Grundbegriffe der Soziologie. Hrsg. von Bernhard Schäfers. 7. Auflage. Opladen: Leske und Budrich, 2001. S. 155.

Porombka, Stephan: Slam, Pop und Posse. Literatur in der Eventkultur. In: Bestandsaufnahmen. Deutschsprachige Literatur der neunziger Jahre aus interkultureller Sicht. Hrsg. von Matthias Harder. 1. Auflage. Würzburg: Königshausen und Neumann, 2001. S. 27f.

Pospiech, Hartmut und Tina Uebel (Hg.): Poetry Slam 2003/2004. 1. Auflage. Hamburg: Rotbuch, 2003.

Preckwitz, Boris: Slam Poetry – Nachhut der Moderne. Eine literarische Bewegung als Anti-Avantgarde. Norderstedt: Books on Demand, 2002.

Preckwitz, Boris: Poem und Performance. In: ndl. Zeitschrift für deutschsprachige Literatur. 49. Jg, 536. Heft. März/April 2001: 81-88.

Preckwitz, Boris: Ready-steady-slam! Notizen zum Poetry Slam. In: Weimarer Beiträge. Nr. 1. Wien: Passagen Verlag, 2003: 70-79.

PRINZ München: The lords of the words. München live. Februar 2004. Hamburg: Prinz Kommunikation Verwaltung GmbH&Co Verlags KG, Februar 2004. S. 12.

Schomacker, Tim: Der Markt, der Trash und das Buch. Über Anthologisierungsphänomene. In: GrauZone. Zeitschrift über neue Literatur. 2. Quartal 1998. Ausgabe 15. Freiburg: Grauzone, 1998. S. 22f.

Schönauer, Michael und Joachim Schönauer (Hg.): Social Beat, Slam Poetry: Die Ausserliterarische Opposition meldet sich zu Wort. 1. Auflage. Asperg: Killroy Media, 1997.

Schulze. Gerhard. Die Erlebnisgesellschaft. Kultursoziologie der Gegenwart. Frankfurt: Campus, 1997.

Schütz, Erhard et.al. (Hg.). Das BuchMarktBuch. Der Literaturbetrieb in Grundbegriffen. Reinbek: Rowohlt, 2005.

Seebold, Elmar (Bearb.): Etymologisches Wörterbuch der deutschen Sprache, Kluge. 23., erw. Auflage. Berlin; New York: de Gruyter, 1999. S. 529.

Stahl, Enno: Trash, Social Beat und Slam Poetry. Eine Begriffsverwirrung. In: Text und Kritik. Sonderband Pop-Literatur. Hrsg. von Heinz Ludwig Arnold. München: Richard Boorberg, 2003. S. 259.

Thorne, Tony (Hg.): Dictionary of Contemporary Slang. London: Bloomsbury, 1994. S. 467.

Tiedemann, Frank: Druck statt Rap: Slam!-, Trash- und Social-Beat-Anthologien aus dem Rhythmus? Grauzone, Zeitschrift über neue

Literatur. 2. Quartal 1998. Ausgabe 15. Freiburg: GrauZone, 1998. S. 20f.

Toop, David: The Rap Attack. 2., erw. Auflage. London: Plum Press, 1991.

Verlan, Sascha und Hannes Loh (Hg.): HipHop – Sprechgesang: Raplyriker und Reimkrieger. 1. Auflage. Mülheim an der Ruhr: Verlag an der Ruhr, 2000.

**Film:**

SlamNation. Paul Devlin, Regie. Trimark Pictures,1996.

Poem. Ralf Schmerberg, Regie. Trigger Happy Productions. 2003.

SlamRevolution. Dokumentation. Ralf S. Wolkenstein, Regie. ZDF/ARTE. 2007.

**CD/Vinyl:**

Darmstädter Dichterschlacht 1 – 5. Riedstadt: Ariel Verlag.

Diverse: WortSalat. CD. Köln: WortArt Verlag, 1999.

Dückers, Tanja: Mehrsprachige Tomaten. Berlin: St. Oberholz, 2004.

Fantastischen Vier: Vier gewinnt. CD/LP. Frankfurt: Sony Music Entertainment GmbH, 1992.

Poesie auf Zeit. Berlin: Sprechstation Verlag, 2004.

Schütz, Xóchil A. Perlenkind. Content Records, 2009.

Slam2005. Leipzig: Voland & Quist, 2006.

Ton, Steine, Scherben: Warum geht es mir so dreckig. LP. Berlin: David Volksmund Produktion, 1971.

Wolff, Moses und Sal Ban: Verbissenlos. CD. München: Oszillation, 2004.

Zentrifugal. "Poesiealbum". CD/LP. Indigo, 1996 und "Tat oder Wahrheit". CD/LP. Jive/Zomba, 1999.

**Rundfunkbeiträge:**

3sat: Poetry Slam! Das laute Comeback der Poesie. 16.11.2002.

ARTE: Dittus, Sabine und Jens Hoffmann (Autoren): Saisonauftakt der Pop-Poeten. Sendung „Metropolis", 30.03.2002.

ZDF Theaterkanal. Poetry Slam – tot oder lebendig. 01.11.2009.

SWR: Uebel, Tina. Sendung „Kulturzeit". 10.07.2002.

**Magazine:**
Exot – Zeitschrift für komische Literatur. Exot Gbr, Bonn.
The Punchliner. Verlag Andreas Reiffer, Meine.
Poetrymagazin No.01, Edition Slam. 2003. Claudia Brijbag.

**Interviews:**
Claudia Brijbag, Herausgeberin „Poetrymagazin".
Oliver Gaußmann, Veranstalter.
Wolfgang Hogekamp, Veranstalter und Filmemacher.
Volker Keidel, Veranstalter und Slammer.
Dominik Siegmann, Veranstalter.
Moses Wolff, Slammer.

**Internetseiten:**
*3sat. Website. Programm.*
http://www.3sat.de/dynamic/sitegen/bin/sitegen.php?tab=2&source=/theater/programm/137660/index.html (12.03.2010)

*8 min Elmsbüttel. Website von Friederike Moldenhauer.*
http://www.moldenhauer-text.de/index.php (12.02.2010)

*Ariel Verlag. Website.*
http://www.ariel-verlag.de/html/arielverlag_welcome_to_the_un.html (18.03.2010)

*Ariel Verlag. Website. Verlagsgeschichte.*
http://ariel-verlag.de/html/verlagsgeschichte.html (02.05.2009)

*Ariel Verlag. Website. L.A. Woman.*
http://www.ariel-verlag.de/html/l_a__woman.html (07.03.2010)

*Arte TV. Website Poetry Slam von A-Z.*
http://www.arte.tv/de/Kultur-entdecken/Poetry-Slam/Poetry-Slam-von--A-Z-/1773528.html (14.03.2010)

*Arte TV. Website. Poetry Slam.*
http://www.arte.tv/de/Kultur-entdecken/Poetry-Slam/WebSlam/1765212.html (12.03.2010)

*Augsburg-Wiki. Lydia Daher.*
http://www.augsburgwiki.de/index.php/AugsburgWiki/DaherLydia (19.02.2010)

*Berliner Literarische Aktion e.V. Website. SLAM!Revue.*
http://www.berliner-literarische-aktion.de/projekte/slamrevue (18.03.2010)

*Bibliothek deutschsprachiger Gedichte. Website.*
http://gedichte-bibliothek.de/pages/online-poetry-slam/teilnehmen.php (13.05.2009)

*Bibliothek deutschsprachiger Gedichte. Website.*
http://gedichte-bibliothek.de/pages/haeufige-fragen/zur-institution.php (20.03.2010)

*Blue Shell. Köln. Website.*
http://www.blue-shell.de/history.html (07.05.2009)

*Brave New Voices. Website. Contact and FAQ.*
http://docs.google.com/Doc?id=ddtj7mn3_0dbf6kbfk (17.01.2010)

*Bundesakademie für kulturelle Bildung. Website. Programmheft.*
http://www.wolfenbuettel.de/media/custom/205_1526_1.PDF?loadDocument&ObjSvrID=205&ObjID=1526&ObjLa=1&Ext=PDF&_ts=1071739098 (26.04.2009)

*Bundesnetzagentur. Website. Pressemitteilung.*
http://www.bundesnetzagentur.de

*Bunkerslam. Website.*
http://bunkerslam.com (10.02.2010)

*Content Records. Website.*
http//www.contentrecords.de (10.03.2010)

*Dead or Alive-Slam. Köln. Website.*
http://www.deadoraliveslam.de/ (12.05.2009)

*Deaf Slam. Website.*
http//www.deafslam.ch (12.04.2010)

*Def Poetry Jam on Tour. Website. Reviews.*
http://www.defpoetryjamontour.com/gainsville_01.html (14.02.2010)

*Der Gesunde Menschenversand. Website.*
http://www.menschenversand.ch (14.03.2010)

*Dichterkrieg. Köln. Website.*
http://dichterkrieg.hanebuechlein.de/regeln/index.php (07.05.2009)

*Exot Magazin. Website.*
http://www.exot-magazin.de (12.04.2010)

*FplusD. Website. Deutsch-Französischer Tag.*
http://www.fplusd.org (20.04.2010)

*Gay-Poetry-Slam Köln. Website. Teilnahmebedingungen.*
http://www.gay-poetry-slam.de/?page_id=28 (11.12.2009)

*Gay-Poetry-Slam. Köln. Die Idee. Website.*
http://www.gay-poetry-slam.de/ (11.12.2009)

*Goethe Institut, 2009. Website.*
http://www.goethe.de/INS/hr/zag/acv/lit/2009/de4365613v.htm (02.03.2010)

*Grüne Jugend Hamburg.*
http://www.gruenejugendhamburg.de (12.02.2010)

*Hamburg ist Slamburg. Website.*
http://www.slamburg.de (26.04.2009)

*Heimfeld ist Reimfeld. Website. Unsere Geschichte.*
http://www.reimfeld.de/page3.php (22.02.2010)

*Kampf der Künste. Website.*
http://www.kampf-der-kuenste.de (09.02.2010)

*Kiezmeisterschaft, München. Website.*
http://www.kiezmeisterschaft.de/ (17.03.2010)

*Killroy Media. Website. Programm.*
http://www.killroy-media.de/programm.html (19.03.2010)

*Krämer, Sebastian. Website.*
http://www.sebastiankraemer.de Link: Kontakt (10.05.2009)

*Krämer, Sebastian. Website.*
http://www.sebastiankraemer.de/poetry-slam.html (20.02.2010)

*Krämer, Sebastian. Website.*
http://www.sebastiankraemer.de/rahmen.html (19.01.2010)

*Kulturpalast Wiesbaden. Website. Schülerpalast.*
http://www.kulturpalast-wiesbaden.de/site/?page_id=15 (08.01.2010)

Kulturraum Trier e.V. Website. Comedy Slam. Historie.
http://www.kulturraumtrier.de (13.03.2010)

Landau Poetry Slam. Website.
http://www.slam-landau.de (20.02.2010)

Lichtblau Verlag. Website.Konzept.
http://www.lichtblau.de (25.03.2010)

Literarisches Colloquium Berlin.
http://www.lcb.de/archiv/?monat=07&jahr=03 (08.05.2009)

Literaturdienstag Köln. Website.
http//www.literaturdienstag.de (11.05.2010)

Limit Jazz Salm, Dresden. Website.
http://www.myspace.com/limitjazzslam (03.03.2010)

Livelyrix e.V. Website. Archiv.
http://www.livelyrix.de (30.03.2010)

Livelyrix e.V. Website. Info.
http://www.livelyrix.de/?page_id=2 (12.02.2010)

LX5. Website. Quattropolen Slam.
http://www.lx5.net/IMG/pdf/Projektbeschreibung.pdf (14.03.2010)

Lyrikline. Website. News.
http://www.lyrikline.org (14.01.2010)

Mano Slam, Berlin. Website. Infos.
http://www.myspace.com/manoslam (01.03.2010)

*Mark Smith. Website.*
http://www.slampapi.com (12.01.2010)

*Mitterbacher, Doris alias Mieze Medusa. Website.*
http://www.miezemedusa.com/poetry_slam_workshop.htm
(23.02.2010)

*Moving Locations e.V., Bonn. Finissage 27.02.2010.*
http://www.moving-locations.de (12.02.2010)

*MTV. Website.*
http://www.mtv.com/news/articles/1471038/20030404/story.jhtml
(02.05.2010)

*Münchner U-Bahn. Website.*
http://www.muenchnerubahn.de/aktuelles/2009/02/slam-train/
(10.03.2010)

*Münchner Volkstheater. Website.*
http://www.muenchner-volkstheater.de/?we_objectID=2088
(20.02.2010)

*My Slam. Website. Mano Slam, Berlin. Info.*
http://myslam.net/de/poetry-slam/190 (01.03.2010)

*NRW-Slam. Website. Infos.*
http://nrw-slam.de (03.04.2010)

*Nuyorican Poets Café.*
http://www.nuyorican.org/Poetry/poetry.html (02.05.2010)

*Planet Slam Website. About Slam.*
http://www.planetslam.de/historyofslam.html (13.02.2010)

*Poem. Website zum Film. Hintergrund und Presseinformation.*
http://www.poem-derfilm.de/index2.htm (14.03.2010)

*Poetry Slam Inc. Website.*
http://www.poetryslam.com/index.php?option=com_content&view=article&id=106&Itemid=53 (02.05.2010)

*Programmheft Herbst 2003 der VHS Dortmund, S. 119. Poetry Jam. Website.*
http://www.myslam.net/de/poetry-slam/246 (20.03.2010)

*Rap aus Dakar: Alif.*
http://www.conne-island.de/nf/97/8.html (02.05.2010)

*Rap Dictionary. Website.*
http://www.rapdict.org/MC (20.02.2010)

*Passauer Poetry Slam. Website.*
http://www.poetry-slam.de/regelwerk.html (23.02.2010)

*Poetry Slam Inc. Website.*
http://www.poetryslam.com/index.php?option=com_content&view=article&id=106&Itemid=53 (02.05.2010)

*Reclam Verlag. Website.*
http://www.reclam.de/detail/978-3-15-015060-3 (18.01.2010)

*Reim in Flammen. Köln. Website.*
http://www.reim-in-flammen.de/ (07.05.2010)

*Rheinland-Pfälzische Literaturtage. Website.*
http://www.foerderkreis-rlp.de/littage.htm#4 (07.05.2010)

*Sat.1 Comedy. Website. Slam Tour mit Kuttner.*
http://www.sat1comedy.de/exklusiv/slam_tour/ (12.04.2010)

*Schauburg. Website. Produktionen.*
http://www.schauburg.net/php/artikel.php?code=231&mp=3 (09.01.2010)

*Schneller, Hendrik.*
http://www.slamfotografie.de (20.04.2010)

*Schütz, Xóchil A. Promotion-Video zur Album Veröffentlichung. „Perlenkind". Bei 0:49 Min.*
http://www.Xochillen.de/film.html (13.03.2010)

*Schütz, Xóchil A. Website.*
http://www.xochillen.de (13.03.2010)

*Schütz, Xóchil A. Website. Pressestimmen. 3Sat.*
http://www.xochillen.de/pressestimmen.html (13.03.2010)

*Schütz, Xóchil A. Website. Promotionvideo. Film. 2:04.*
http//www.xochillen.de/film.html (11.03.2010)

*Schütz, Xóchil A. MySpace-Seite.*
http://www.myspace.com/slamsongs (10.03.2010)

*Schönleber., Dagmar. Website.*
http://www.dagmarschoenleber.de.vu  Link: Kontakt (10.05.2010)

*Slam2004. Website. U20.*
http://www.slam2004.de/u20.shtml (18.02.2010)

*Slam2008. Website. Schlusscommuniqué.*
http://www.slam2008.ch/wp-content/schlusscommunique-slam20082.pdf (19.02.2010)

*Slam2009. Geschichte des Poetry Slam im Zakk.*
http://www.slam2009.de/histozakk.php (10.03.2010)

*Slam2010. Website. Pressetext.*
http://www.slam2010.de/ (25.02.2010)

*Slam Erlangen, Fürth, Nürnberg. E-Poetry. Website.*
http://www.e-poetry.de (02.05.2010)

*Slam Frankfurt am Main. Website.*
http://www.slamffm.de (02.05.2010)

*Slam Revolution. Website.*
http://www.slamrevolution.com (25.02.2010)

*Slam the Pony. Website.*
http://www.slamthepony.de/wp/ (11.02.2010)

*Slam2006 Website.*
http://www.slam2006.de

*Slammin' Poetry. Website.*
http://www.slammin-poetry.de/ (25.02.2010)

*SMAAT. Website. Kennen.*
http://www.smaat.de (25.02.2010)

*Spokenword Berlin. Website.*
http://www.epoet.de/poetryclips/index.htm (12.03.2010)

*Spokenword Berlin. Website.*
http://www.epoet.de/spokenwordberlin/archiv/davai_03.htm (12.04.2010)

*Spokenword Berlin. Website. Poetry Clips.*
http://www.epoet.de/poetryclips/clip/clips.htm (12.03.2010)

*Sprechstation Verlag. Website.*
http://www.sprechstation-verlag.de (03.02.2010)

*Sprechstation. Website.*
http://www.sprechstation.de/sp_konstanz/index.htm (19.02.2010)

*Stadt München. Veranstaltungen. Website.*
http://www.muenchen.de/Rathaus/kult/veranstaltungstipps/veranstaltungen/slam_train/391677/index.html (10.03.2010)

*Stadtbücherei Überlingen: Veranstaltungen.*
http://www2.ueberlingen.de/stadtbuecherei/veranstaltungen.asp (12.02.2010)

*Substanz Club, München. Website.*
http://www.substanz-club.de ( 13.03.2010)

*Süddeutsche Zeitung Online. Website. 09.07.2009.*
http://www.sueddeutsche.de/politik/449/479934/text/ (12.01.2010)

*SWR2. Website. Veranstaltungen.*
http://www.swr.de/swr2/veranstaltungen/swr2-radioslam/-/id=661364/nid=661364/did=6223118/1cu528l/index.html (29.01.2010)

*The Word is not enough. Website Poetry Slam Köln.*
http://poetryslam-koeln.blogspot.com/ (07.05.2010)

*TV.Com. Website.*
http://www.tv.com/mtv-unplugged/spoken-word-i/episode/145368/summary.html (10.02.2010)

Uebel, Tina. Website. Bücher.
http://www.tina-uebel.de/ (20.03.2010)

Verlag Andreas Reiffer. The Punchliner.Website.
http://www.verlag-reiffer.de (13.04.2010)

Voland & Quist. Website. Bücher.
http://www.voland-quist.de/website/index.html?shop/schritt_1.php (28.03.2010)

Voland & Quist. Website. Verlag.
http://www.voland-quist.de (18.04.2010)

Voland & Quist. Website. Verlag.
http://www.voland-quist.de/website/index.html (19.03.2010)

VU's Slam. Website.
http://www.vu-s.de/events.html (11.02.2010)

Where the wild Words are. Website.
http://www.wtwwa.de/termine/pretexte/kids1.html (05.01.2010)

Wikipedia. Marc-Uwe Kling.
http://de.wikipedia.org/wiki/Marc-Uwe_Kling (02.02.2010)

Wikipedia. Website.
http://de.wikipedia.org/wiki/MC_(Musik) (20.02.2010)

Word Up Heidelberg. Website. U20-Workshops.
http://www.wordup-hd.de/content/e410/ (05.01.2010)

Writers' Room. Website.
http://www.writersroom.de/Angebote.htm (26.04.2010)

*Yedermann Verlag. Website.*
http://www.yedermann.de (18.03.2010)

*YouTube. PoetrySlam2009.*
http://www.youtube.com/user/PoetrySlam2009 (14.01.2010)

*YouTube. SZPoetry.*
http://www.youtube.com/szpoetry (05.01.2010)

*Zebra Award. Website.*
http://www.literaturwerkstatt.org/index.php?id=726 (02.03.2010)

*Zebra Award. Website.*
http://www.literaturwerkstatt.org/index.php?id=138 (03.03.2010)

*Zebra Award. Website.*
http://www.literaturwerkstatt.org/index.php?id=124&L=1%27andchar (03.03.2010)

*Zebra Award. Website.*
http://www.literaturwerkstatt.org/index.php?id=511&L=1%20AND%201%3D0 (03.03.2010)

**Artikel (online und print):**

Abendblatt Hamburg online. 21.06.2007. „Poetry-Slam – Liebe meines Lebens". http://www.abendblatt.de/kultur-live/article865285-/Poetry-Slam-Liebe-meines-Lebens.html (02.03.2010)

Alexander, Constantin. Massenerfolg Poetry Slam. Dichter dran am Kommerz. Spiegel Online, 18.04.2009.
http://www.spiegel.de/kultur/literatur/0,1518,602670,00.html (29.03.2010).

Biller, Maxim: Literarisches Grundsatzprogramm. In: Die Weltwoche, Zürich. (25.07.1991): 34.

Böttcher, Bastian: Mal eben überschlagen.

    http://www84.pair.com/tegernh/eigene2.html (10.05.2010)

Breunig, Werner: Die heiße Luft der Dichter. In: Frankfurter Allgemeine Zeitung, Frankfurt. (06.10.2003):49.

Carl, Verena. Hier spricht der Dichter! 10 Jahre Poetry Slam. 25.02.2005. Der Spiegel. Website.
    http://www.spiegel.de/kultur/literatur/0,1518,343597,00.html (03.04.2010)

DWDL Medienmagazin. Website. 02.08.2006.

    http://www.dwdl.de/story/7407/wdr_bleibt_experimentell_und_bringt_poetry_slam_ins_tv/ (11.04.2010)

Gelis, Jürgen: Dichter des devoten Despoten. In: Frankfurter Rundschau, Frankfurt. (06.10.2003).

Hippler, Marc. Zeitgeister bei den Poetry-Slam-Meisterschaften. Der Westen. 02.11.2009.
    http://www.derwesten.de/kultur/literatur/Zeitgeister-bei-den-Poetry-Slam-Meisterschaften-id62536.html (22.02.2010)

Hugendick, David: Planet Slam. Clubsessel No. 08, 2003. Website. Yedermann Verlag. http://www.yedermann.de/yslampresse3.htm (20.01.2010)

Jetzt. Süddeutsche Zeitung. „Die Zustände sind so krass, dass man sie nicht mehr zuspitzen kann". Interview mit Marc Uwe Kling. 03.04.2009.

    http://jetzt.sueddeutsche.de/texte/anzeigen/470878 (15.04.2010)

Jetzt.de. Süddeutsche Zeitung. Website. Redaktionsblog. 07.10.2007. http://jetzt.sueddeutsche.de/texte/anzeigen/401117/TrkHomeMagTsr3 (12.01.2010)

Karanfilovic, Nathalie: Poetry Slam – Literatur und Action.

    http://www.medienkultur-stuttgart.de/source/frameset.htm?../thema02/2archiv/news6/mks_6_PoetrySlam.htm (02.05.2010)

Kassner, Jens. Portrait Livelyrix. Website. PDF-Dokument.

    http://www.jens-kassner.de/wp-content/uploads/2009/01/portrait_livelyrix.pdf (18.01.2010)

Kerenski, Boris: Gespräch mit Tanja Dückers. http://www.titel-magazin.de/modules.php?op=modload&name=News&file=article&sid=428 (10.05.2010)

Klebs, Florian und Wolfgang Koschny: Ausgesprochen gut. Unicum Magazin. Mai 2001.
http://www.unicum.de/evo/UNICUMde/leben/hidden/Hobbies/2001/Ausgesprochen-gut (10.05.2010)

Krash Verlag. Website. Pressestimmen. Radio RPR. Vom 10.12.1993
http://www.krash.de/archiv/live/Lit._DM/DM_1993/dm_1993.html (07.05.2010)

Lehnen, Claudia. Erste schwule Dichterlesung Kölns. Kölner Stadtanzeiger online.
http://www.ksta.de/html/artikel/1260197474315.shtml (28.04.2010)

Lorenz, Dr. Christian. Doch, dafür muss man sogar eine Zeitschrift machen. 29.02.2008.
http://www.kritische-ausgabe.de/index.php/archiv/1165/ (15.04.2010)

Mandel, Marc. Darmstädter Echo. 25.02.2002.
http//www.dichterschlacht.de/presse_2002_02_25_decho.html (02.02.2004)

Mattern, Ulrike. Herold der Avantgarde in der Kulturbrauerei. Jump Cut Magazin.
http://www.jump-cut.de/zebrapoetryfilm.html (03.03.2010)

Moek, Hans Georg. Schwall im All. Frankfurter Rundschau. Lokales. 19.07.1999

MTV. Website. „Eminem Says If Tupac Were Alive, 'He Would Never Ride With Ja'" Artikel vom 04.11.2003. (25.02.2010)
http://www.mtv.com/news/articles/1471203/04112003/eminem.jhtml

Pilszek, Rafael Robert: HipHop aus dem Reihenhaus.
Die Zeit. April 1998.
http://www.zeit.de/1998/04/Der_HipHop_aus_dem_Reihenhaus (02.05.2010)

Schöppner, Boris: Poetry Slam: Wenn Freizeitpoeten um die Gunst des Publikums kämpfen. Fuldaer Zeitung.
http://www.slamffm.de/presse.html (10.05.2010)

Schröder, Christoph. Dichter Dran Pflichtlektüre. Frankfurter Rundschau, 19.03.2002.
http://www.slamffm.de/presse.html (20.02.2010)

Stahl, Enno: Social Beat vs. städtischer Raum vs. digitales Design. Kritische Ausgabe 2/2003, Bonn.
http://www.kritische-ausgabe.de/hefte/industrie/stahl.pdf (02.05.2010)

Stahl, Enno: Zeitgenössische deutsche Pop-Lyrik. II Konkrete Praxis.
http://satt.org/literatur/03_08_poplyrik.html (10.05.2010)

Stahl, Enno und Pokoyski, Dietmar.
http://www.ultimate-akademie.com/katalog/krashverlag.htm (07.05.2010)

Stielcke, Annette. Von Bunkerslam bis Tresenlesen. 18.09.2009.
http://www.abendblatt.de/kultur-live/article1273682/Von-Bunkerslam-bis-Tresenlesen-literarischer-Wettstreit-in-Hamburg.html (10.02.2010)

Stilper, Andrea: Poetry Slam und andere Literaturformate. Cool – Kult – Kunst?! Jugendliche als Kulturpublikum.
http://www.kunststiftungnrw.de/download/ckk_gesa.PDF?lang=de (10.05.2010)

Strasser, Katrin. Dichter suchen Nachwuchs. Stuttgarter Zeitung. 01.07.2004. http://medien.slam2004.de/pressespiegel_slam_01_u20.shtml (20.02.2010)

Tsan, Yin. Der Lehrer gehört zur Slamily. TAZ.de. Website. 11.01.2010. http://www.taz.de/1/leben/buch/artikel/1/der-lehrer-gehoert-zur-slamily/ (10.03.2010)

Tuschick, Jamal: Hauch von Größenwahn. Frankfurter Rundschau, 19.09.2003. http://www.slamffm.de/presse.html (14.03.2010)

Weddeling, Britta. Radikal poetisch – Slam-Poetry. Focus online, 18.11.2008. http://www.focus.de/kultur/buecher/tid-12530/marc-uwe-kling-radikal-poetisch_aid_347727.html (10.05.2010)

Weigend, David. Reden ist Gold. Süddeutsche Zeitung online. 19.02.2004. http://www.sueddeutsche.de/muenchen/446/365265/text/ (12.03.2010)

Wirth, Elisabeth. Angst vor dem Mädchenbonus. Das Magazin. Heft 09/2008.

**Sendeprotokoll:**

ARTE: Dittus, Sabine und Jens Hoffmann(Autoren): Saisonauftakt der Pop-Poeten. Sendung „Metropolis", 30.03.2002.

**E-Mails:**

Alexander Bach, Slammer und Veranstalter

Jela Bauer, Slammerin.

Tanja Dückers, Slammerin und Autorin.

Stephan Martin Meyer, Veranstalter.

Hendrik Schneller, Slamfotograf

Xóchil A. Schütz, Slammerin.

Moses Wolff, Slammer und Veranstalter.

## Protokoll des Telefoninterviews
## Stefanie Westermayr
mit
Claudia Brijbag,
Herausgeberin des
„Poetry magazin" No.1. Edition Slam,
am 26.01.2004

Wie kamst du darauf, ein Magazin über Slammer zu veröffentlichen?

C.B.:. Das Veranstaltungsformat „Poetry Slam" faszinierte mich schon länger, als ich anfing, Bühnenporträts der auftretenden Slammer zu machen. Doch ich habe gemerkt, dass es sich um eine recht abgeschlossene „Slam-Szene" handelt, deswegen habe ich angefangen, mich bei Slams unter die Slammer zu mischen, und sie zu fotografieren, und mich dieser Szene zu nähern.

Wie kam es dann zu diesem Projekt?

C.B.: Da ich Fotografie und Design studiere, dachte ich, ich kann mit dem Magazin und den darin enthaltenen Porträts meine Mappe erweitern. Ich wollte auch den Schwerpunkt auf die Bilder setzen, und das Design. Allerdings sollten natürlich auch die Texte nicht untergehen.

Und die Auswahl der porträtierten Slammer?

C.B.: Die Auswahl geschah einerseits bewusst und andererseits zufällig. Da ich vor allem im Raum Frankfurt und Darmstadt die großen Slams besuchte, hatte ich die Möglichkeit, viele Slammer aus ganz Deutschland kennen zu lernen. Zum Teil war die Entscheidung für einen Slammer, wegen eines Auftritts von ihm, den ich gesehen hatte, und zum Teil wollte ich natürlich auch die „großen" Namen im Heft haben. Wichtig war mir auch, eine repräsentative Auswahl an weiblichen Slammern zu haben.

Wie gestaltete sich der Kontakt?

C.B.: Erfreulicherweise konnte ich alle sofort von meinem Projekt überzeugen. Das war sehr positiv, da wirklich alle zugesagt hatten, die ich kontaktiert hatte. Am Ende konnte ich gar nicht alle porträtieren, da es sonst zu viele gewesen wären.

Wie verliefen die Foto-Sessions?

C.B.: Ach, das war schon viel Arbeit. Ich hätte im Vorfeld nie gedacht, dass das Magazin so viel Kraft und Zeit kosten würde, und vor allem Geld! Mit den Slammern hatte ich sogar einen Deal ausgemacht: Sie lassen sich von mir fotografieren, und bekommen jeweils zehn Abzüge von mir. Da hat natürlich keiner nein gesagt, wer hat denn nicht gerne einige repräsentative und schöne Fotos von sich...Allerdings mit

der Prämisse, dass die Fotos nur für Eigenwerbung, wie z. B. der eigenen Website benutzt werden dürfen, nicht für Vermarktung etc.
Aber ich habe bei einigen Terminen gemerkt, wie sehr „businesslike" manche von den Slammern schon sind – sie fühlen sich als Star, und wollen nur „vorteilhaft" oder ihrem „Image" gerecht fotografiert werden.

Wer war denn „problematisch"?

C.B.: Ich bin extra für einige Fototermine nach Berlin gereist, und das war finanziell und zeitlich schon sehr aufwendig für mich. Dort habe ich z. B. Sebastian Krämer und Xóchil A. Schütz getroffen. Die beiden sind ja wirklich inzwischen sehr bekannt, aber es hat mich dann doch überrascht, wie schüchtern Sebastian ist. Den musste ich wirklich aus der Reserve locken – den Fotos sieht man das aber nicht an!
Und Xóchil…sie ist eher ein harter Brocken. Sie wollte unbedingt bei der Wahl des Hintergrundmotivs, der Posen etc. mitreden. Eigentlich kein Problem, aber ich hatte mir vorher lange genug Gedanken gemacht, wie ich die Slammer in Szene setzten möchte.

Wie hast du das gemacht?

C.B.: Zum Teil kannte ich ja welche von ihren Auftritten. Da bekommt man schon einen ersten Eindruck. Dann habe ich von jedem Texte gelesen, und versucht, mir ein Bild vorzustellen, von der Person, die das geschrieben hat, und wie man das am besten umsetzen kann, z. B. jemand, der viele lustige Texte schreibt, oder jemand, bei dem sich alles um Beziehungen dreht. Nachdem ich mich mit den Texten beschäftigt habe, habe ich die Slammer angerufen, sofern ich sie noch nicht persönlich getroffen hatte, und habe mir so noch einmal einen Eindruck verschafft.

Wie kam es dann zu den einzelnen Motiven?

C.B.: Die Tendenz, wie ein Mensch wirklich ist, kann man nie ganz feststellen. Mit der Kamera kann ich nur die äußere Hülle zeigen. Also war die Location für mich auch sehr wichtig. Für Gunter Dommel z. B. hatte ich extra das Bad eines Bekannten „gemietet", um Gunther in ganz viel blauen Schaum mit gelber Quietscheente darzustellen. Für das Blau habe ich Lebensmittelfarbe genommen. Gunther hat eher lebensfrohe Texte, und ich wollte diese Lebensfreude in einer Fotoserie in der Badewanne zeigen.
Und die Serie von Lasse Samström ist die einzige spontane: Er hatte immer noch keinen Termin mit mir ausgemacht, und da traf ich ihn auf einer Party. Da beschloss ich, ihn mit der Kamera „abzuschießen", weil er mich so lange warten ließ. Ihn schien das nicht besonders zu stören, und das zeigt ja wieder, dass es ihm charakterlich nahe kommt.

Wie wurde die Textauswahl beschlossen?

C.B.: Nachdem die Fotos fertig waren, habe ich ca. drei oder vier Motive, die mir selbst am besten gefielen, an die Slammer geschickt. Daraufhin sollten sie den Text aussuchen, den sie am liebsten zu ihrem Bild sehen wollten. Diese Aufgabe konnte und wollte ich nicht übernehmen, denn es sollte alles so authentisch wie möglich sein. Ich konnte mich ja schon bei den Fotos künstlerisch betätigen.

Haben sie auch genaue Vorstellungen gehabt, wie die Texte gedruckt aussehen sollten?

C.B.: Ja, die Typographin Kristin Wicher hatte viel zu tun. Ich wollte ja auch ein anspruchsvolles Design, und sie auch. Aber einige Slammer intervenierten, als sie die ersten Probeausdrucke gesehen hatten – der Zeilenumbruch musste geändert werden, denn Design hält sich nicht immer an die Regeln des Slams...

Und wer hat die Biografien geschrieben?

C.B.: Das haben die Slammer auch selber gemacht. Na ja, alle, bis auf einen. André Michael Bolten hatte seine einfach vergessen, also steht auch nichts über ihn drin. Ich habe mich nur noch um die Slaminfos gekümmert, also sämtliche Websites der lokalen Slams in Deutschland aufgelistet, sowie einige aus dem Ausland, und auch einige Verlagsadressen. Das konnte ich aber leider nicht besonders ausführlich machen, da mir die Zeit dazu fehlte.

Wie groß war denn dein zeitlicher und finanzieller Aufwand?

C.B.: Das ganze Projekt hat ein Jahr gedauert. Da ich es mehr oder weniger neben meinem Studium machen musste, und auch noch Geld verdienen musste, war es schon sehr aufwändig für mich. Vor allem die Finanzen schlagen sehr zu Buche: Das genaue Budget waren € 3922, mehr oder weniger geliehen von Freunden, die an das Projekt glauben. Allerdings kommen gut und gerne noch mal € 2000 für meine persönlichen Ausgaben hinzu, für die Reisen und die Fotos.

Wie hoch ist die Auflage, und wie gestaltet sich die Distribution?

C.B.: Es wurden 800 Magazine vierfarbig gedruckt. Allerdings habe ich erst gute 250 Stück verkauft. Das mit der Distribution gestaltet sich schwieriger, als ich dachte: Ich habe mich beim GIPS 2003 selbst an einen Stand gestellt, um es zu verkaufen, und bei sämtlichen Slams in Darmstadt und Frankfurt. Doch der Preis von € 10 ist vielen zu hoch, das habe ich schon manches Mal zu hören bekommen. Doch selbst wenn ich alle Magazine verkaufe, ist es finanziell immer noch eine Nullnummer für mich. Also habe ich finanziell überhaupt keinen Vorteil. Das verstehen viele nicht.
Ich habe natürlich versucht, Slam-Veranstalter aus ganz Deutschland zu kontaktieren, um ihnen vorzuschlagen, das Magazin bei ihren Slams anzubieten. Da ich nicht zu jedem Slam fahren kann, waren viele sehr zögerlich, und die einzigen wenigen Vorschläge bestanden daraus, einige Hefte „in Kommission" zu nehmen, nachdem ich das einige Male gemacht habe, und nichts mehr gehört habe, nehme ich von dieser Idee Abstand.

Wie schaut es denn mit der Zusammenarbeit mit Verlagen aus, oder mit Sponsoren?

C.B.: Natürlich habe ich das Magazin einigen Verlagen angeboten, die schon Slam-Literatur veröffentlicht haben, z. B. der Ariel-Verlag. Aber das Problem ist, dass das Magazin vierfarbig ist, und dadurch natürlich zum einen aufwändig und zum anderen teuer ist. Das Magazin hat großen Anklang gefunden, aber die Vorschläge für eine Zusammenarbeit waren immer die gleichen: Erst sollte ich diese erste Ausgabe unter die Leute bringen, und einen „Leserstamm" aufbauen, damit man sicher sein kann, dass die nachfolgenden Ausgaben definitiv Absatz finden. Dann könnte man zusammenarbeiten. Das gleiche mit Sponsoren: Da mir leider die Zeit gefehlt hat, nachhaltig zu suchen, habe ich einige große Firmen angeschrieben, da kam aber keine Resonanz. Und ich wollte das Heft nicht mit irgendwelchen regionalen „Friseuranzeigen" verunstalten.

Wie war die bisherige Resonanz der Leser?

C.B.: Da habe ich einige interessante Beobachtungen gemacht. Das Magazin ist ja eher stylish, und trotzdem haben es vor allem die „älteren" Slam-Besucher gekauft. Die sehen es als etwas wie das du-magazin, etwas, was man als Literaturinteressierter einfach im Regal stehen haben muss. Ansonsten habe ich nur positives gehört, vor allem das Zusammenspiel zwischen Design, Fotos und Texten hat durchweg gefallen.

Wie sieht es mit einem Folgeprojekt aus?

C.B.: Natürlich würde ich das gerne machen, bin aber immer noch überwältigt von der Arbeit des ersten Magazins – und, ganz ehrlich, wenn ich das im Vorfeld gewusst hätte, hätte ich mich gar nicht an das Magazinmachen herangetraut! Aber irgendwie hat es mich gepackt, vor allem die positive Resonanz der Leser hat mich bestärkt, das wird allerdings durch den schleppenden Verkauf geschmälert. Mal sehen, wie es dieses Jahr weitergeht.

## Protokoll des Telefoninterviews
## Stefanie Westermayr
### mit
### Oliver Gaußmann,
Veranstalter des Darmstädter Slams „Dichterschlacht" und des „German International Slam 2003" in Darmstadt, am 08.01.2004

Wie ist denn deine persönliche Resonanz zum GIPS 2003?

O.G.: Also, eigentlich sind wir als Veranstalter sehr zufrieden. Vieles ist so eingetreten, wie wir es erwartet hatten. Allerdings war die Lösung, den GIPS in zwei Städten auszutragen, relativ problematisch, das würde ich nicht noch mal machen. Da gab es einige logistische Probleme, vor allem für das Publikum.

Stichwort Publikum, der GIPS wurde ja im Vorfeld schon als „Publikumsslam" angekündigt...wie kam es dazu?

O.G.: Natürlich spielt das Publikum bei jedem Slam eine große Rolle. Aber ich wollte das Publikum breiter gefächert sehen, weg vom „Germanistenpublikum", hin zu allen Alters- und Sozialschichten. Das haben wir ja auch geschafft, sofern wir das nachprüfen konnten. Es waren mehr ältere Leute da als sonst bei einem Slam, und vor allem in den Vorrunden, wo es noch Karten an der Abendkasse gab, viele Zuschauer, die sich spontan, durch Radiowerbung etc. dazu entschlossen haben, sich einen Slam mal anzuschauen. Wir wollten einen Slam für's Publikum.

Wie kam es zu dem Doppel-GIPS in Darmstadt und Frankfurt a.M.? Wie und von wem wird eigentlich entschieden, wo der GIPS ausgetragen wird?

O.G.: Es gibt in Deutschland die „Slamily", das heißt, alle MCs der nationalen Slams gehören dazu. Das ist aber kein Verein oder ähnliches, sondern einfach ein Überbegriff.
Wir treffen uns mindestens einmal im Jahr, dann wird entschieden, wo der nächste GIPS stattfindet. Da aber die Teilnahme, gemessen an den vielen Slams, die es in Deutschland inzwischen gibt, eher mau ist, das heißt, höchsten 15-18 MCs, meist aus den größeren Städten, ist die Auswahl auch eher begrenzt.
Obwohl es die Darmstädter „Dichterschlacht" erst seit 2000 gibt, und „nur" dreimal im Jahr stattfindet, haben wir, das heißt Alex Dreppec, Dirk Hülstrunk und ich, es uns dennoch zugetraut, so eine riesige Veranstaltung wie den GIPS durchzuführen. Allerdings hat die Lösung, die wir uns ausgedacht haben, eine Eigendynamik erhalten, die kaum noch steuerbar war. Das ist problematisch gewesen, ich würde das in Zukunft nicht mehr machen. Wir haben mit Frankfurt zusammengearbeitet, weil wir mit den dortigen Veranstaltern befreundet sind, und es den Darmstädter Slam erst seit 2000 gibt. Da hatte Frankfurt die größere Reputation und weil es sich die Veranstalter dort nicht zugetraut haben, den Slam 2003 auszutragen, machten wir es, haben sie jedoch an Bord geholt, um mehr Aufmerksamkeit zu erlangen. Unser Glück

ist, dass wir mit der „Centralstation" in Darmstadt einen Location-Partner haben, der sich mit großen Veranstaltungen auskennt.

Was gab es denn für Veränderungen beim GIPS 2003 im Gegensatz zu den vorherigen?

O.G.: Wir haben alte Strukturen aufgehoben: Zum einen wurde es dadurch ein Slam für's Publikum, weil wir die alte Regel der „Jury-Wertung" außer Kraft gesetzt haben. Das war unserer Meinung nach etwas, dass man viel früher hätte machen sollen. Zum Beispiel beim Slam 2002 in Bern bestimmte noch eine – willkürlich ausgesuchte – Jury, bestehend aus fünf Leuten aus dem Publikum die Wertung. Da waren solche Wirrköpfe dabei, das war kaum zu fassen. Die haben auch dementsprechend „sinnfrei" gewertet, um irgendwie Opposition zu sein, oder was auch immer ihr wirrer Anspruch war. Also nur Ärger für die Slammer und das restliche Publikum, die sich natürlich nicht gut repräsentiert gefühlt haben.
Dann haben wir noch die „Hessische Slamuhr" vorgestellt, die Slammer hatten genau sieben Minuten Zeit für ihren Vortrag, am Ende der Zeit wurde ihnen ein Bierchen auf die Bühne gebracht. Das kam ganz gut an…viel Freibier…

Hat sich denn das Darmstädter Publikum als gute „Jury" bewiesen?

O.G.: Auf jeden Fall. Es waren zumindest fast immer eindeutige Entscheidungen. Wir hatten zuerst Sorge, dass viele Zuschauer das Abstimmungssystem nicht verstehen, aber die Abstimmungsrate lag immer bei gut 90%. Die guten Slammer sind durch die Vorrunden gekommen, da hat man schon gemerkt, dass das Publikum merkt, wann sich jemand Mühe gibt und Talent hat. Es ist ja doch immer eine subjektive Entscheidung, aber generell wurde gut entschieden. Die Qualität siegt letztendlich immer.

Allerdings wurden die Team-Slams zumindest in den Vorrunden eher zwiespältig aufgenommen…

O.G.: Die Teams waren der Gau. Die Qualität hat nicht gestimmt, man hatte das Gefühl, die wollten sich nur ein Super-Wochenende machen. Klar, die Slammer waren im Maritim Hotel untergebracht, Freibier gab's und man kommt sich extrem wichtig vor, mit dem Ausweis um den Hals.
Dieses Mal hatten sich so genannte Teams angemeldet, die sich noch nie zuvor gesehen hatten, geschweige denn aufgetreten sind. Dazu meldeten sich ganz plötzlich MCs an, von deren Slam wir noch nie gehört hatten. Leider sind viele Slams nicht überprüfbar, da fehlt Zeit und Geld. Man glaubt ja an das Gute im Menschen, und denkt, dass in einer solchen Szene andere Werte zählen…aber viele sind dann doch von den netten „Extras" angelockt worden.
Die Auftritte der Mannschaften krankten daran, dass sich in den Städten beliebige Teams ohne Vorentscheidung aufstellen ließen, darunter solche, die bis zu diesem Abend nie zusammen auf der Bühne standen und auch nicht mit guten Texten glänzen konnten. Das hat das Publikum gemerkt, und sie abgestraft, allerdings nicht immer so, wie ich es mir gewünscht hätte! Vom Blatt abgelesen kommt selten gut an.

Da zeigt mal wieder die Bandbreite des Slams, dass man sich manchmal viel anhören und anschauen muss, bis man etwas Gutes präsentiert bekommt.

Wie wurden denn diese Probleme von der Slamily aufgenommen?

O.G.: Tja, es gibt Konsequenzen für die nachfolgenden GIPS-Wettbewerbe: Teams, die sich für einen GIPS anmelden bzw. qualifizieren wollen, MÜSSEN vorher zusammen aufgetreten sein, ähnlich wie bei den einzeln Auftretenden. Das kann man dann auch überprüfen. Da muss man wirklich an die Veranstalter appellieren, damit das nächste Mal auch wieder die Qualität und vor allem die Einstellung stimmt. Die Team-Slams sind nun mal eine Herausforderung, und bestimmt auch aufwändiger, aber gerade das sollte Antrieb genug sein.

Ihr als Veranstalter habt euch ja während des GIPS eher zurückgehalten, was Bühnenpräsenz angeht...

O.G.: Ja, ich habe mich da gar nicht eingemischt. Auch bei der „Dichterschlacht" halte ich mich eher zurück, sehe mich als jemand, der im Hintergrund die Fäden zieht, sich um Gäste kümmert, Presse usw. Alex und Dirk haben jeweils eine Vorrunde moderiert, aber eigentlich haben wir die MCs „eingekauft". Da sie ja meistens „nur" ihr Stammpublikum vor sich haben, wollten wir ihnen die Chance geben, ihre Moderationsfähigkeiten vor so großem Publikum auszuprobieren.
Das hat teilweise geklappt...

O.G.: Genau, eigentlich war die Idee sehr gut, und wurde auch von den MCs dankbar angenommen. Doch einer zum Beispiel bekam kurz vor seinem Auftritt in der Vorrunde so Muffensausen, dass wir schnell Ersatz herbeischaffen mussten...das war dann die Etta Streicher, die eigentlich gut moderieren kann, aber weil sie nur ein paar Minuten Zeit für die Vorbereitung hatte, kam es wirklich recht improvisiert rüber. Aber ansonsten haben die Moderatoren tolle Arbeit geleistet, das kam auch beim Publikum gut an.

Gerne wird ja ein möglicher „Ausverkauf" des Slam prophezeit. Wie sah es bei euch mit Finanzierung und Profit aus?

O.G.: Also mit Profit – den gibt es bei uns gar nicht. Die Darmstädter „Dichterschlacht" ist ein gemeinnütziger Verein, also mit Kassenwart, Offenlegung der Finanzen etc., da geht nichts in die eigene Tasche. Dafür können wir auch konstante Zuschauerzahlen zwischen 700 und 800 Leuten anbieten, und ein Preisgeld von € 300.
Ebenso beim slam2003: Wir haben Fördergelder von der Stadt Darmstadt, der Stadt Frankfurt, dem hessischen Ministerium für Wissenschaft und Kunst sowie der Sparkassen Kulturstiftung. Ansonsten hatten wir noch Sponsoren wie entega und als Medienpartner die Frankfurter Rundschau und Radio XXL des hessischen Rundfunks.
Als Fördergelder haben wir € 50.000 bekommen. Damit konnten wir dann auch gut finanzieren, und z. B. Bands und andere Künstler engagieren. Und davon durften die

Slammer auch im Maritim übernachten, und nicht im 10-Bett Zimmer einer Jugendherberge.

Was wurde mit den übrig gebliebenen Fördergeldern gemacht?

O.G.: Wir haben uns bei den Sponsoren mit einem „Galaabend" beglückt. Also der Versuch, Slam und Anzug zu verbinden…das hat auch super geklappt. Wir wussten ja genau, was für ein Publikum uns erwartet, 200 Damen und Herren von der Sparkasse…da wurde dann im Anzug und im Abendjäckchen erst einmal ein Prosecco gereicht, und dann wurden die Slammer auf sie losgelassen. Aber dadurch, dass wir den Rahmen ein wenig geändert haben, waren die Leute total entspannt, was da an künstlerischem Output auf sie zukommt, denn die wenigsten wussten bis zu diesem Zeitpunkt nicht was ein Slam überhaupt ist. Es kam aber so gut an, dass sich viele danach persönlich bei uns bedankt haben!

## Protokoll des Telefoninterviews
Stefanie Westermayr
mit
Wolfgang Hogekamp,
Produzent und Regisseur der „Poetry Clips",
am 02.03.2004

Woraus besteht das technische Equipment für die „Poetry Clips"?

W.H.: Wir drehen auf Video, das heißt Mini-DV. Die Kameras sind aus dem semiprofessionellen Bereich. Im Unterschied zu den Amateur-Video-Kameras werden die Farben dort genauer aufgenommen, da mehrere Farb-Chips enthalten sind.

Was war Ihre Intention für die Entwicklung der „Poetry Clips"?

W.H.: Ich wollte ein Format schaffen. Es gibt ja schon Poetryfilme, aber das war nicht das, was ich machen wollte. Meine Idee war: Die Erweiterung der Rezeptionsform von Poetry.
Aber gewiss nicht, wie mir schon manchmal unterstellt wurde, um bei MTV ins Programm zu kommen. Das wollen die auch gar nicht: Ich bin beim ersten ZEBRA-Filmfestival mit einigen Leuten von MTV ins Gespräch gekommen, und sie zeigten sich meinen Clips gegenüber recht uninteressiert.

Wie trafen Sie die Entscheidung, welcher Slammer in einem „Poetry Clip" vortragen soll?

W.H.: Ich habe schon eine genaue Vorstellung von den Slammern gehabt, mit denen ich gerne einen Clip drehen wollte. Ich habe sie mir aufgrund ihrer Texte ausgesucht, und auch weil ich viele von ihnen persönlich durch den Berliner Slam kenne, auch wegen ihrer eindrucksvollen Performance und Persönlichkeit. Wenn man sich auf einen Text geeinigt hat – wichtig ist, dass der ganze Clip nicht länger als fünf Minuten dauert, deswegen ist die Textlänge entscheidend – dann beginnt der Dreh.

Und wie entstanden die vielen Set-Ideen?

W.H.: Ich versuche, dem Poeten gerecht zu werden. Nachdem der Text feststeht, der vorgetragen wird, überlege ich mir Bilder, wie man den Dichter und seinen Text ins richtige Bild umsetzen kann. Diese Bild-Ideen wurden bisher immer angenommen, nur mit Bastian Böttcher, der mit mir zusammen produziert, entsteht während des Drehs ein reger
Ideenaustausch. Aber ansonsten steht der Rahmen für den Dreh: Für Tanja Dückers' Clip sind wir in ein Berliner Hotel, bei dem jedes Zimmer von einer Designerin anders eingerichtet ist. Somit hatten wir die Möglichkeit, mit verschiedenen Zimmern den Text anders wirken zu lassen.

Wie ist die Resonanz auf Ihre „Poetry Clips"?

W.H.: Die Clips sind vor allem auf Berliner Filmfestivals, wie ZEBRA zu sehen. Ansonsten ist das Interesse deutschlandweit groß. Einige Clips laufen besonders gut, am meisten gefragt ist momentan der „Drogen" Clip von mir.

Und wie schätzen Sie die Entwicklung des Formats „Poetry Clip" ein?

W.H.: Ich habe schon früh das Internet als Vertriebssystem erkannt. Deswegen sind auch viele Clips im Netz. Es gibt aber auch eine DVD zu kaufen. Aber für die Zukunft stelle ich mir vor, dass das Internet, das ja jetzt schon einen hohen Stellenwert in vielen Haushalten hat, das Fernsehen noch mehr als abendliches Unterhaltungsprogramm ablösen wird. Dann werden Menschen Poetry Clips aus dem Netz runterladen, und sich abends diese Clips dann anschauen, anstatt vor dem Fernseher zu sitzen.

Ich lege auch dann Wert auf einen hohen künstlerischen Anspruch bei den Clips: Tödlich wäre für Poetry Clips, wenn die Bilder versuchen würden, den Text zu erklären. Denn nur wenn die Fantasie angesprochen wird, bleibt der Respekt für den Poetry Slam erhalten.

# Protokoll des Telefoninterviews
## Stefanie Westermayr
### mit
### Volker Keidel,
### Veranstalter des Poetry Slams in Gröbenzell,
### am 03.02.2004

Wie kamst du darauf, nahe der Slam-Hochburg München einen neuen Poetry Slam zu initiieren?

V.K.: Tja, ich bin Buchhändler, und somit natürlich auch privat sehr an Literatur interessiert. Da ich ab und zu selber etwas schreibe, wollte ich die „offene Liste" im Substanz-Slam nutzen, um aufzutreten. Nachdem ich mich sage und schreibe neunmal im Laufe von zwei Jahren eingetragen hatte, aber nie „gezogen" wurde, wollte und musste ich selber etwas auf die Beine stellen.
Nachdem ich das bei einer Freundin, Angelika Wiese, geäußert hatte, war sie Feuer und Flamme, und machte sich gleich an das Design für einen Flyer. Ich habe dann erstmal den Ort ausgesucht, das „Musiklokal Gröbenzell", ehemals „Hexe" schien mir am geeignetsten, da eine Bühne vorhanden war, und eine nette Kneipenatmosphäre herrscht.

Wer ist aufgetreten, und wie lief der Slam ab?

V.K.: Ich habe bei drei Bekannten, die schon bei Slams aufgetreten sind, angefragt, die waren gleich dabei. Dann habe ich noch Moses Wolff und Axel Sanjosé eingeladen, die ich mal bei einem Slam in München gesehen hatte. Wir hatten also fünf eingeladene Slammer und fünf aus der offenen Liste waren geplant. Allerdings waren zu unserem Erstaunen gleich elf Leute auf der Liste, die auch zum Teil enttäuscht waren, dass nicht alle drankommen konnten. Da hatten wir einen Fehler auf dem Flyer gemacht, da stand nämlich drauf, dass jeder mitmachen kann. Dann hatten wir eine Jury die die Punktzahl von 0 bis 10 vergab, und das Publikum hatte auch eine Stimme. Der Gewinner bekam einen 30 Euro Büchergutschein und einen Pokal, der wurde diesmal zwischen dem ersten und dem zweiten Gewinner aufgeteilt. Der drittplazierte bekam ein Sixpack.

Gibt es Unterschiede vom Gröbenzeller Slam zum Ur-Slam in München?

V.K.: Ich will sichergehen, dass jeder, der sich in die offene Liste einträgt, auch mal drankommt. Das „Auslosen" in München erscheint mir doch manchmal zu überlegt, soll heißen, es kommt nur der dran, den die Veranstalter auch wollen. Also wer bei uns einmal nicht drangekommen ist, bekommt das nächste Mal zwei Zettel mit seinem Namen in den Loshut, das nächste Mal drei Zettel usw.
Dann fand ich noch bemerkenswert, dass das Publikum wirklich sehr bunt gemischt war, wir hatten viele junge Leute so um die 17 Jahre.

Wie viele Leute waren da, wie habt ihr den Slam bekannt gemacht?

V.K.: Wir haben viele Flyer verteilt, aber ausschließlich in der Region um Fürstenfeldbruck und Gröbenzell, in den kleineren Städten und Dörfern, in Kneipen und Schulen. Die Resonanz war dann auch überwältigend, wir hatten 170 Zuschauer! Das heißt, Gröbenzell und Umgebung war reif für einen Slam.

Wie wirst du die Auswahl der Slammer das nächste Mal gestalten? Wo bleiben die Frauen?

V.K.: Es haben sich schon die ersten „Freiwilligen" bei mir gemeldet, darunter auch endlich mal eine Frau. Ich fand es bisher schade, dass es sowenig Frauen auf den Slam-Bühnen gibt, vielleicht haben sie eine größere Hemmschwelle, machen sich über ihre Texte mehr Gedanken, sind selbstkritischer. Allerdings fand ich die Slammerinnen, die ich bisher vor allem im Substanz gehört habe, eher fad, die hören sich alle gleich an. Aber wahrscheinlich ist das wieder auf die Veranstalter und ihrer „Auslos-Taktik" zurückzuführen.

Wie wird sich die Veranstaltungsreihe fortsetzen?

V.K.: Es wird definitiv noch bis April 2004 einen monatlichen Slam geben. Dann machen wir Pause, bis voraussichtlich Herbst. Der erste Slam ist einfach so gut angekommen, dass wir weitermachen wollen und müssen.

## Protokoll des Telefoninterviews Stefanie Westermayr mit Dominik Siegmann, Veranstalter der Poetry Slams im Rahmen der Winterthurer Musikfestwochen (22.08.2003 bis 07.09.2003), am 29.01.2004

Du hast bei den Musikfestwochen mehrere Slams veranstaltet, darunter die bekannten Formate eines „U-20 Slams" und eines „Offenen Slams". Wie kamst du aber auf die Idee, einen „Deaf Slam" und einen „Frauen Slam" zu veranstalten?

D.S.: Ich bin schon lange von der Gebärdensprache, und von dem Umgang, den Gehörlose z. B. mit Musik und Tanzen haben, fasziniert. Die eigentliche Idee des Deaf Slam kam allerdings von Tom Combo, einem bekannten Schweizer Slammer und Slam-Veranstalter. In Zusammenarbeit mit deafzone.ch, einer Gehörlosen-Plattform im Internet, entstand dann die Veranstaltung.

Wie kann man sich so einen „Deaf Slam" vorstellen?

D.S.: Gehörlosigkeit ist ein Kommunikationsproblem, kein Kreativitätsproblem. Also mussten nur gewisse logistische und Slam-technische Hürden genommen werden: Da der Deaf Slam im Albani Musicclub stattfand, einer kleinen, aber feinen Kneipe, musste geklärt werden, wie die gehörlosen Zuschauer z. B. eine Bestellung aufgeben konnten. Das haben wir so gelöst, dass wir Kellner und Barpersonal, die die Gebärdensprache können, extra für diesen Abend engagiert haben. Auch das Publikum wurde auf die neue Situation eingestimmt: Da gut zwei Drittel der Zuschauer Hörende waren, aber alle Slammer gehörlos, wurde beschlossen, dass man seine Akklamation durch die Gebärde des „Klatschens" zeigt. Das wurde begeistert aufgenommen, da die Geste auch Hörenden nicht unbekannt ist: Mit beiden Händen über dem Kopf winken. Es war eine Dolmetscherin für die Hörenden anwesend, und für die Gehörlosen hat man eine große Leinwand genutzt, die über der Bühne hängt, um die Gebärden der Slammer für jeden sichtbar zu machen.

Wie hat man das Problem des Zeitlimits gelöst? Normalerweise erfolgt das ja auch sprachlich...

D.S.: Da hatte jemand auch einen netten Einfall: Wir haben einfach eine Art „Polizei-Blaulicht" neben der Bühne installiert, dass nach Ablauf der Zeit wild blinkte.

Wie kam die Veranstaltung bei Hörenden und Gehörlosen an?

D.S.: Wir hatten im Vorfeld unglaublich viel Presse, deswegen war der Andrang groß. Der Club war gerappelt voll, ca. 70 Personen. Davon zwei Drittel Hörende. Wir hatten auch das Glück, vom Gehörlosen-Fond der „Sichtbar Zürich" teilfinanziert zu werden, da alle an die Idee geglaubt haben. Es war auch kein Problem, genügend gehörlose Slammer zu finden, die ihre Texte vortragen wollten, wir mussten eher einige abweisen.

Wenn man von einem „normalen" Slam ausgeht, gab es denn Unterschiede?

D.S.: Wenige. Wir hatten einen MC, MiCCool, einen DJ, der Platten aufgelegt hat, zwölf Slammer, ein Zeitlimit und eine Jury. Also eigentlich alles wie bei jedem anderen Slam – mit dem Unterschied, das der MC wie die Slammer, gehörlos ist, der DJ schwerhörig und die Jury aus zwei Gehörlosen wie auch zwei Hörenden bestand. Vor allem bei den Texten hat man gemerkt, dass es eigentlich wie ein offener Slam war: An Qualität war alles dabei.
Richtig besonders war jedoch die Stimmung, denn der Event hatte nichts von einer „Behinderten-Veranstaltung", von den Slammern hat auch keiner die „Diskriminierungsnummer" gebracht. Es war auch von der Performance so intensiv, da die Slammer ihre Gebärden teilweise sehr „ausweiteten", um Spannungspunkte deutlich zu machen, und sehr mit der Mimik arbeiteten.
Es war sehr entspannt und die Hörenden waren so fasziniert, dabei war wahrscheinlich auch die Umgebung, der Musicclub, ein Beitrag dazu, dass sich alle so wohl gefühlt haben.

Und wie verlief der „Frauen Slam"?

D.S.: Die Organisation für den Frauen Slam war da schon schwieriger. Ich habe eine Menge schweizerischer und deutscher Slammerinnen anschreiben müssen, bis ich genügend positive Antworten hatte. Dafür war dann aber die Auswahl sehr gut, u. a. Susanne Zahn, die das Ganze auch moderiert hat, Xóchil A. Schütz und Marlene Stomerjohann waren auch dabei. Über Xóchils Besuch habe ich mich sehr gefreut, denn ich schätze ihre Arbeit sehr.

Und warum ein Frauen Slam?

D.S.: Gute Frage. Die hat Moderatorin Susanne Zahnd auch gleich in ihrer Eröffnungsrede beantwortet: Warum ein Frauen Slam? Einfach so.
Na ja, aber ich muss schon zugeben, dass die Frauenanzahl in der Slam-Szene sehr gering ist. Warum das so ist? Vielleicht liegt es daran, dass Frauen eine größere Hemmschwelle haben, auf die Bühne zu gehen und zu performen, denn kreativ sind sie genau so wie Männer, keine Frage. Aber normalerweise kann man davon ausgehen, dass bei einem „normalen" Slam von zehn Slammern einer weiblich ist.
Auch kann man beobachten, dass die Themenauswahl bei den weiblichen Slammern eine eigene ist, auch wenn da mal etwas „rotziger" gesprochen wird, sind viele noch fern der „Schweinereien", die so manch männlicher Kollege darbietet.

Wie hat das Publikum dieses „Experiment" aufgenommen?

D.S.: Obwohl dieser Slam von den vier, die ich während der Musikfestwochen veranstaltet habe, finanziell der aufwendigste war, hat er sich dennoch gelohnt. Als Sponsor hatten wir kurzfristig einen Frauenbuchladen gewonnen, was finanziell eine Bereicherung war. Dann beschlossen wir, den Veranstaltungsort, das Gaswerk, etwas gemütlicher herzurichten, als er sonst ist, mit kleinen Tischgruppen, Kerzen etc. Das Publikum war sehr gemischt, lustig war vor allem, dass kurz vor dem Slam noch zaghafte Anfragen kamen, ob Männer als Zuschauer auch bei der Veranstaltung zugelassen seien. Aber das legte sich im Laufe des Abends, es war zwar ein leichter Frauenüberschuss, aber den gibt es meistens bei Slams. Aber das durch und durch feministische Publikum war es nicht, klar waren auch ein paar „Kampflesben" dabei, die nur „wegen der Sache an sich" da waren, aber die sind nicht weiter aufgefallen.

Wirst du bei diesen neuen Formaten bleiben?

D.S.: Ich wiederhole etwas ungern, es gibt soviel, dass man noch ausprobieren kann. Aber einen Deaf Slam wird es sicherlich wieder geben, ebenso einen Frauen Slam. Ich habe mich auch dazu entschlossen, beim nächsten großen Open-Air Slam, der im Sommer stattfindet, zwei Deaf-Slammer dazu einzuladen, weil sie wirklich hervorragend waren.

## Protokoll des Interviews
## Stefanie Westermayr
## mit
## Moses Wolff,
## Slammer, Rapper, Schauspieler und Stand-Up-Comedian,
## am 31.01.2004

Wie bist du zum Poetry Slam gekommen?

M.W.: Irgendwann 1997 haben ich und ein paar andere Künstler bei einer Lesung Rayl Patzak kennen gelernt. Der hat uns von einem neuen Event erzählt, den er im Substanz veranstaltet. Er wäre vom Konzept, also dem Poetry Slam, wirklich begeistert, allerdings hätte er Probleme, „den Laden voll zu bekommen". Beim ersten Slam waren gerade Mal 20 Zuschauer da. Mir hat das mit der „Slam Poetry" gut gefallen, also bin ich zum nächsten Slam hin. Und es war tatsächlich eine Underground-Veranstaltung mit sehr schönen und krassen Performances. Rayl las damals teilweise selbst, auch das war, meist unfreiwillig, sehr „undergroundig"...
Ich bin dann mehrmals im „Substanz" aufgetreten, und war auch bei mehreren National Slams dabei.

Wie beurteilst du die Einflüsse des HipHop in der Slam Poetry? Was ist Rappen überhaupt?

M.W.: Der HipHop ist gar nicht mehr wegzudenken! Ich bevorzuge selbst die Form des Sprechgesangs bei meinen Slam-Auftritten, ich finde, damit lässt sich schnell und vor allem leicht eine gute Atmosphäre schaffen. Rappen bedeutet, neben dem rhythmischen, harten Sprechgesang eigentlich „Predigen", du kannst einen Rapper also mit „moderner Prediger" oder „Geschichtenerzähler" übersetzen.

Und wie sieht es mit der Comedy aus?

M.W.: Es stimmt in der Tat, dass Performances beim deutschen Publikum, anders als beim amerikanischen, besser ankommen wenn der Inhalt lustig ist und der Vortrag lässig abgehalten wird. Die Comedy-Texte sind meistens die Gewinner des Abends, die Leute wollen unterhalten werden. Jaromir Konecny ist da das beste Beispiel. Die Amis stehen auch stark auf Wortaneinanderreihungen ohne tieferen Sinn, wobei bei solchen Darbietungen meist einzelne Silben oder Buchstaben betont werden.

Wie würdest du die verschiedenartigen Slam Poetrys beschreiben?

M.W.: Auf den Slams gibt es, würde ich mal sagen, drei Sorten Slammer. Die inhaltlichen, die technischen und die improvisierenden. Die inhaltlichen schreiben Texte, die entweder eine Aussage, eine Meinung oder ein Gefühl vermitteln möchten, oder die lustig sind. Die technischen stellen z. B. ihr Beatbox-Können unter Beweis oder ihre Vortragsgeschwindigkeit. Die improvisierenden haben meist ein paar Fragmente in ihren Rhymes, bauen diese aber nach Gusto um und können teilweise sogar Zurufe des Publikums in ihre Strophen mit einbauen. Am beliebtesten sind nach meiner Einschätzung die improvisierenden und die inhaltlichen. Bei den Prosa-Vorträgen fehlt natürlich die Spontaneität, da wird auch immer am meisten abgelesen. Das ist keine Kritik, ich finde das gut, denn dann kommt auch für den Hörer eine gute Akzentuierung der Wörter rüber, das wird dann nicht so trocken. Das sollen Slams ja auch nicht sein.

Was ist für dich eine gute Slam-Veranstaltung?

M.W.: Gute Slams sind Abende, an denen alle Auftretenden eine reelle Chance bekommen, sprich, sich nicht die Fangemeinde des einen oder anderen Slammers eingeschlichen hat und dann nur für „ihre Leute" klatschen. Auch ist wichtig, wie abgestimmt wird. Am besten ist erfahrungsgemäß, wenn eine Jury, bestehend aus drei ‚Personen, freu aus dem Publikum bestimmt wird und das Publikum, sozusagen als vierter Juror, applaudierend mitvoten darf. Dann wird in der Regel die Jury nach der Pause ausgewechselt, so wird das Ergebnis letztlich von sechs Personen plus Meute ermittelt, was an sich (finde ich), das Fairste ist.

Wie siehst du die Entwicklung des Slams seit 1997 in Deutschland?

M.W.: Ich kann da natürlich hauptsächlich nur vom Münchner Slam sprechen, da ich dort sehr regelmäßig als Besucher und Slammer war und bin. Natürlich habe ich mich aber schon mit allem beschäftigt, was in Deutschland sonst so abging. Denn irgendwann wurde der Slam immer erfolgreicher. Jede kleine Gemeinde, die etwas auf sich hielt, veranstaltete ähnliche Veranstaltungen. Es folgten nationale und sogar internationale Ausscheidungen. Resultat: Es wanzten sich einige ein.

Saisonauftakt der Pop-Poeten
Sendedatum:30.03.2002
Fernsehsender: ARTE
Sendung: Metropolis
Sendedauer: 007'01
Autoren: Sabrina Dittus und Jens Hoffmann
Produktionsnummer: 00210/00639
Archivnummer:0027203105
der ZDF Programm-Datenbank


Schnittbilder Lesungen und Bühnenaufbau für die „Dichterschlacht" in Darmstadt.

OFF: Es wird wieder gedichtet – nicht im einsamen Kämmerlein, sondern auf der Bühne und um die Wette. Poetry Slam heißt die Disziplin, wie Rap entstand sie in Amerikas Großstädten.
Von Kritikern als kurzlebiger Hype abgetan, dringt sie in den USA derzeit ins abendliche Fernsehprogramm vor. In Japan und Europa füllt sie immer größere Hallen wie z. B. bei der Darmstädter Dichterschlacht; Auftakt der deutschen Slam-Saison.

Schnittbilder Ankunft Etta Streicher

OFF: Und sie kamen...aus allen Ecken des Landes, angetrieben vom kollektiven Ethos eines anderen, demokratischeren Literaturbetriebes.

O-Ton Etta Streicher

OFF: Geladen ist, wer immer sich berufen fühlt. Gewinnen wird, wer nicht nur dichten, sondern auch unterhalten kann. Lyrik als Performance. Einzige Regel: maximal sieben Minuten darf sie dauern. Ansonsten ist alles erlaubt.

O-Ton Alex Dreppec, Veranstalter: Es ist keine Literaturgattung in dem Sinne, weil es ja keinerlei stilistische Vorgaben oder so gibt. Also es ist schon so, dass sich die Leute gegenseitig beeinflussen, und dass bestimmte Dinge besser ankommen als andere, also es braucht eine unmittelbare Wirksamkeit, anders als bei der zeitgenössischen Lyrik, wo man sehr viel doppelbödiger vorgehen kann oder sehr viel hermetischer, beim Poetry Slam muss das Publikum schon mitkommen können, damit es auch reagieren kann und es auch funktioniert.

Ausschnitt Slam-Auftritt Alex Dreppec

OFF: Wie beim Rap haben viele amerikanische Slam-Poeten den Anspruch, soziale Probleme aufzugreifen. Gleiches gilt für die rapid wachsende Slam-Szene Frankreichs. In Deutschland hingegen sucht man eher die Nähe des Kabaretts.

Ausschnitt Slam-Auftritt Jaromir Konecny

OFF: Der schnelle Griff zur Pointe stört die einen mehr, die anderen weniger.

O-Ton Alex Dreppec: Ich habe keine Bedenken, dass die Comedy überhand nimmt, ich mag auch diese Verschubladung Comedy nicht, das ist so eine deutsche bierernste Angewohnheit. Eigentlich werden hier literarische Traditionen aufgegriffen, und neu belebt, die früher ein großes Gewicht hatten in der deutschen Literatur. Da kann man Namen nennen wie Ringelnatz, Tucholsky, Morgenstern...Diese literarische Schiene ist eigentlich untergewichtet in der Literatur insgesamt, deswegen freue ich mich ganz besonders, dass sie im Poetry Slam wieder auflebt, und dass da neue Talente nachwachsen.

OFF: Eines von ihnen: Wehwalt Koslovsky. Neben rein literarischen Qualitäten versucht er gerne auch mit Zotigem zu punkten.

Ausschnitt Slam-Auftritt Wehwalt Koslovsky

OFF: Dichtung als „Unterhaltungsakrobatik". Unvereinbar mit ernstzunehmender Literatur?

O-Ton Frau Dr. Frauke Meyer-Gosau, Deutscher Literaturfond: Wenn es eine literarisch künstlerische Entwicklung geben soll, dann sind Grenzen - welcher Art auch immer - überhaupt nicht hilfreich. Und insofern denke ich, wenn Menschen das so empfinden, dass z. B. das Genre Lyrik aufgeweicht und verwässert wird, dann mag das in ihrem Empfinden so sein, und andere Leute, wie ich, sehen das nicht.

OFF: Einer, der beweist, dass die Grenzen durchlässig sind, ist Bastian Böttcher.

Ausschnitt Video-Clip Bastian Böttcher „Nachtfahrt"

OFF: Böttcher gewann 1997 den ersten deutschen National Slam. Startpunkt für eine Karriere auch im etablierten Kulturbetrieb. Heute gibt er eigene Lesungen, seine Texte sind in bedeutenden Anthologien deutschsprachiger Lyrik aufgenommen.

Schnittbilder Bücherstand

OFF: Der Boom des Poetry Slam schafft sich seinen eigenen Markt. Inzwischen führen nicht mehr nur kleine Verlage, sondern auch große Häuser wie Rowohlt oder Hoffmann und Campe Slam-Dichtung im Programm. Neuester Trend: Poetry Slam als Hör-CD.

O-Ton Frau Dr. Frauke Meyer-Gosau: Es ist einfach eine Form von jungen Leuten, die durch die Erfahrung der Popmusik gegangen sind. Und diese Erfahrung spiegelt sich auch in diesen rhythmisierten Texten wider, denn ohne Rhythmus ist Poetry Slam gar nichts.

Ausschnitt Video-Clip Till Müller-Klug „Dein Freund, der Baum"

OFF: Und die Pop-Generation pulsiert schon einen Schritt weiter: Spoken Word-Videos sollen nun in das Terrain von MTV und VIVA vordringen, und Teenager für das gesprochene Wort begeistern. Hoch- und Populärkultur verschmelzen endgültig.

Ausschnitt Video-Clip Xóchil A. Schütz „Madame Murmelspiel"

OFF: Und unvermeidbar: Auch das Englische hält nun Einzug in die deutsche Dichtung.

Ausschnitt Video-Clip Tracy Splinter „Word Poem"

Schnittbilder Abstimmung „Darmstädter Dichterschlacht"

OFF: Trotz Medienhype und Farbenpracht, die *echten* Slammer setzen sich dem Schiedsspruch der Menge aus. In Darmstadt belohnen die Zuschauer ihre Favoriten mit einem Dichtring, deren Zahl bestimmt den Sieger des Abends. Wer hier besteht, kann neue Hürden nehmen, wer nicht, war wenigstens dabei – wenn auch nicht immer zur Freude des Publikums.
Ob neues Genre, Talentschmiede oder kritische Plattform – in der Nische zwischen Underground und etablierten Literaturbetrieb ziehen Poetry Slams ein Publikum an, von dem herkömmliche Lesungen nur träumen können.

Ausschnitt Video-Clip Boris Preckwitz „Valentine"

OFF: Die Dichter können also hoffen. Wenn schon nicht der Alltag poetischer wird, so vielleicht die Poesie alltäglicher. Aber Vorsicht: am Ende scheut so mancher Pop-Poet womöglich *doch* die Öffentlichkeit. Der Mythos des verkannten Genies geht dabei nämlich leicht verloren.

# E-Mail von Jela Bauer an Stefanie Westermayr

Von: <jelabauer@web.de>
Gesendet: Dienstag, 2. Dezember 2003 12:30:44
An: "Stefanie Westermayr" <stefaniewestermayr@hotmail.com>
Betreff: Re: GIPS2003/Interview

hallo stefanie!

das hört sich ja spannend an was du da machst. in welchem fach schreibst du denn die magisterarbeit, will heißen was studierst du? ich überleg nämlich auch schon die ganze zeit wie man das thema poetryslam zu einer diplomarbeit in psychologie verarbeiten könnte, die zündende idee fehlt mir da aber noch. würd mich interessieren wies mit deiner arbeit weiterläuft!!!und viel erfolg dabei auf jeden fall!

viele grüße
jela

1. Wie bist du zum Poetry Slam gekommen, was war deine Ambition?
das ist etwas ulkig. ich hab meine facharbeit fürs abi, is schon ein paar jährchen her, über "poesie in popsongs" geschrieben. es ging darum ob sich hinter aktuellen liedern die im radio rauf und runter laufen so etwas wie ein gedicht versteckt. bei meinen recherchen über verschiedenste richtungen und ströme in der poesie bin ich dan auf den ausdruck "slam poetry" gestoßen, hab aber damals noch nicht gewusst, dass es sich dabei um einen dichterwettbewerb handelt. wiederbegegnet bin ich diesem wort auf der damentoilette in der alten mälze, hier in regensburg das naja so einzige kulturzentrum für junge leute würd ich mal sagen. "erster regensburger poetry slam" stand da und da bin ich dann sofort hin, war total begeistert, hab dann beim nächsten mal mitgemacht und bin daran kleben geblieben wie man sieht.

2. Was verbindest du persönlich mit dem Begriff "Poetry Slam"?
faszination gedicht - am gedicht spass haben, das ist was poetry slam für mich ist! daneben eine plattform für dichter oder solche die es werden wollen sich vor dem publikum auszuprobieren und zu bestätigen, gleichzeitig stätte für andauernde anregung durch andere. der gedanke des wettbewerbs ist erstmal nebensache. Man geht nicht hin um zu gewinnen. allein schon da oben stehen bringt die extase. wenn es aber doch passiert ist das natürlich ein höhepunkt.

3. Hast du ein Vorbild?
ich hab viele vorbilder. jeder der ein gedicht so schreibt, dass es mich frontal voll in die magengegend rammt ist ein vorbild: die kunst mit sprache menschen zu erreichen und zu fassen ist das was mich dabei fasziniert. bastian böttcher ist so einer, der das mit einigen seiner gedichte schafft. Aber besonders schätze ich seine art zu reimen was sich teilweise dann auch in meinen gedichten wiederspiegelt

4. Was für einen Stellenwert hat der Slam für dich, die Auftritte etc.? z. B.

Teilzeitbeschäftigung, purer Spaß, Profilierung.... spaß an der freud. aber natürlich bin ich auch bestrebt weiterzukommen ;)

5. Wie beurteilst du die Entwicklung der Slams in Deutschland in den letzten 2-3 Jahren?
ich kann da so wirklich eigentlich nur für regensburg sprechen. da halt ich mich die meiste zeit auf. der regensburger slam ist ja auch erst so 3 jahre alt. Man kann sagen, dass sich so eine kleine szene gebildet hat von dichtern die regelmäßig auftreten. viele vom salamander literaturzirkel zu dem ich gehöre treten bei den slams auf. sonst sind zu diesem kern immer wieder neue gesichter und sachen zu erleben. ich hoffe das bleibt auch so.

6. Wie siehst du die Zukunft des Slams national/international?
ich glaube um den gips braucht man sich keine sorgen zu machen. das ist der event des jahres zu dem jeder muss&will der sich auch nur irgendwie dem poetry slam verschrieben hat. geben wird es ihn immer, wie ist die andere frage.

7. Was bedeutet dir die Teilnahme an großen Wettbewerben wie dem GIPS?
der gips ist erstmal adrenalin pur und zum anderen sieht man andere mitstreiter die es soweit geschafft haben wie du oder sich schon einen namen über die slamszene hinaus gemacht haben. es ist spannend wie eine tüte fantasiaharibo. überall neues, interessantes....

8. Was kritisierst du an den deutschen Slam-Veranstaltungen?
zum beispiel, dass zu wenig werbung dafür gemacht wird (vorallem in regensburg). viele hier wissen immer noch nicht was slam eigentlich ist.

9. Was kritisierst du an anderen Slammern/Performern?
ach ja das gute alte "unter die gürtellinie" problem. versautes kommt gut an, da ist noch etwas tabu dabei und das bringt die leute zum verschämten kichern "wow der traut sich das auszusprechen" blabla... ich finds schade, dass es so viele slammer sind, die sich dieser simplen technik verschreiben ernst ist selbstmord heißt es ja auch is halt die frage was für einen anspruch man an den poetry slam stellt...

10. Wenn du etwas bei Slams ändern könntest, wäre das....
...den literarischen anspruch höher schrauben (zu 9) aber ob da das publikum mitschraubt mit seinem schrei nach "let me entertain you"?!

11. Warum ist deiner Meinung nach die Teilnehmer-Zahl der weiblichen Slammer eher gering?
.....wenn man die reinen "unter der gürtellinie texter" weglässt halten sich männlein und weiblein die waage...mehr sog i ned ;)

# E-Mail von Tanja Dückers an Stefanie Westermayr

Von: <tanja.dueckers@astronomie.de>
Gesendet: Samstag, 13. Juli 2002 16:34:57
An: stefaniewestermayr@hotmail.com
Betreff: Betr.: Infos


liebe stefanie westermayr,

ja, ich bin bei einigen slams aufgetreten (ab circa 1995), tue es immer noch ab und an. die orte in berlin waren die "aurora-bar" vom tresor-club, "meiers schoener fleischsalon" in der "kulturfabrik", das "maria am ostbahnhof" und das "institut", in hamburg der "foolsgarden", das "substanz" in muenchen, der "schlachthof" in wiesbaden ... die fallen mir jetzt gerade ein, es waren bestimmt noch ein paar mehr.
meine eindruecke waren: amuesante abende, die eher von guter stimmung als von der darbietung qualitativ guter texte geprägt waren. manchen gingen "sensiblere", weniger "laute" texte unter, weil das publikum (zu) sehr auf klamauk eingestellt war. leider weibl. unterrepräsentation in der slamszene, vile mehr maennl. autoren, ich fuerchte, frauen haben im kreativen bereich immer noch leider weniger selbstbewusst sein als maenner und sitzen eher zuhause allein bei hagenbuttentee neben der schublade ... oft war ich die einzige frau unter einigen maennern, ich kann mich aber ganz gut behaupten.

leider kann ich nicht unfangreicher auf ihre fragen antworten, da ich meinen roman in wenigen wochen abgeben muss, mich gerade auf eine einsame schwed. insel zwecks endspurt verzogen habe...

schoene gruesse,

tanja dueckers

## E-Mail von Xóchil A. Schütz an Stefanie Westermayr

Von: xochil <xochillen@gmx.de>
Gesendet: Samstag, 7. Februar 2004 20:05:20
An: "Stefanie Westermayr" <stefaniewestermayr@hotmail.com>
Betreff: AW: Bräuchte Infos zu "tschi tschi"

hi stefanie,

ich schreib dir gern was zu deinen fragen.

- tschi tschi hab ich schon bei einer reihe slams vorgetragen, eher ruhig und rhythmisch. (falls du den text hören willst und technisch ausgestattet bist, könnte ich ihn dir auch mal als mp3 schicken.)

- was die entstehungsgeschichte des textes betrifft: ich würde sagen, dass sich hier die erinnerung an eine liebe in eine sehnsucht nach ihr verwandelt hat

- mein bevorzugtes thema ist auf jeden fall die liebe, bilder für sie finde ich v.a. in der natur und der stadt

- nennen tu ich meine texte meistens einfach poetry, genau betrachtet trage ich aber klassische gedichte, spokenword-poetry, story poems, lyrische performance-prosa, performance-prosa und kurzgeschichten vor. formal kann ich da also unterschiede machen, aber so wahnsinnig wichtig finde ich sie nicht, außerdem sind die grenzen oft doch fliessend.

- den text kannst du übernehmen wie er im magazin steht; nur eine kleine wendung könntest du streichen, weil ich sie beim vortrag automatisch weggelassen und also gestrichen habe: das erste "pflück mich" (zweite zeile).

denn wünsch ich dir viel glück für deine arbeit!
besten gruß aus berlin,
xochil

# E-Mail von Moses Wolff an Stefanie Westermayr

Von: Moses <moooses@yahoo.com>
Gesendet: Dienstag, 10. Februar 2004 08:53:26
An: Stefanie Westermayr <stefaniewestermayr@hotmail.com>
Betreff: RE: Nachtrag

Liebe Stefanie,

die Seite: www.oszillation.de

das Lied ist entstanden, als ich einmal sinnierte, dass es unglaublich viele übersehene Wahnsinns-Songs gibt, z. B. "Wir zerstören unser Glück" von Ideal oder "Endicott" von Kid Creole. Dazu hatte ich gerade einen Auftritt abbrechen müssen, weil die Veranstalter fanden, dass "es genug gewesen" sei. Anschließend traten so Brit-Pop-Cover-Typen auf...

Da habe ich erstmal "Wir müssen hier raus" von Ton Steine Scherben gehört und anschließend "Das Lied" geschrieben. Beim nächsten Slam habe ich es vorgetragen, als Gedicht, also eher leise vorgelesen (wie auch in der Musikversion). Später habe ich es dann auch mal hart und laut gerappt, doch der leise Stil gefällt mir besser.

Die Ich-Form habe ich gewählt, weil ich meistens Lieder in der Ich-Form schreibe.

Bis bald,

Moses